Administração do Capital de Giro

O GEN | Grupo Editorial Nacional – maior plataforma editorial brasileira no segmento científico, técnico e profissional – publica conteúdos nas áreas de ciências sociais aplicadas, exatas, humanas, jurídicas e da saúde, além de prover serviços direcionados à educação continuada e à preparação para concursos.

As editoras que integram o GEN, das mais respeitadas no mercado editorial, construíram catálogos inigualáveis, com obras decisivas para a formação acadêmica e o aperfeiçoamento de várias gerações de profissionais e estudantes, tendo se tornado sinônimo de qualidade e seriedade.

A missão do GEN e dos núcleos de conteúdo que o compõem é prover a melhor informação científica e distribuí-la de maneira flexível e conveniente, a preços justos, gerando benefícios e servindo a autores, docentes, livreiros, funcionários, colaboradores e acionistas.

Nosso comportamento ético incondicional e nossa responsabilidade social e ambiental são reforçados pela natureza educacional de nossa atividade e dão sustentabilidade ao crescimento contínuo e à rentabilidade do grupo.

Alexandre Assaf Neto
César Augusto Tibúrcio Silva

Administração do Capital de Giro

4ª Edição

- Os autores deste livro e a editora empenharam seus melhores esforços para assegurar que as informações e os procedimentos apresentados no texto estejam em acordo com os padrões aceitos à época da publicação, *e todos os dados foram atualizados pelos autores até a data de fechamento do livro.* Entretanto, tendo em conta a evolução das ciências, as atualizações legislativas, as mudanças regulamentares governamentais e o constante fluxo de novas informações sobre os temas que constam do livro, recomendamos enfaticamente que os leitores consultem sempre outras fontes fidedignas, de modo a se certificarem de que as informações contidas no texto estão corretas e de que não houve alterações nas recomendações ou na legislação regulamentadora.

- Os autores e a editora se empenharam para citar adequadamente e dar o devido crédito a todos os detentores de direitos autorais de qualquer material utilizado neste livro, dispondo-se a possíveis acertos posteriores caso, inadvertida e involuntariamente, a identificação de algum deles tenha sido omitida.

- **Atendimento ao cliente: (11) 5080-0751 | faleconosco@grupogen.com.br**

- Direitos exclusivos para a língua portuguesa
  Copyright © 1995, 2022 (6ª impressão) by
  Editora Atlas Ltda.
  Uma editora integrante do GEN | Grupo Editorial Nacional

- Travessa do Ouvidor, 11
  Rio de Janeiro – RJ – 20040-040
  www.grupogen.com.br

- Reservados todos os direitos. É proibida a duplicação ou reprodução deste volume, no todo ou em parte, em quaisquer formas ou por quaisquer meios (eletrônico, mecânico, gravação, fotocópia, distribuição pela Internet ou outros), sem permissão, por escrito, da Editora Atlas Ltda.

- Capa: Zenário A. de Oliveira

- Editoração eletrônica: Formato Serviços de Editoração Ltda.

- Ficha catalográfica

CIP-BRASIL. CATALOGAÇÃO NA PUBLICAÇÃO.
SINDICATO NACIONAL DOS EDITORES DE LIVROS, RJ

Assaf Neto, Alexandre, 1946-
    Administração do capital de giro / Alexandre Assaf Neto, César Augusto Tibúrcio Silva. – 4. ed. [6ª Reimp.] - São Paulo: Atlas, 2022.

    Bibliografia
    ISBN 978-85-224-6731-0

1. Capital de giro 2. Capital de giro – Administração I. Silva, César Augusto Tibúrcio. II. Título.

95-1395   CDD-658.15244

Marina, mesmo já tendo partido, você continua sendo uma presença sempre viva (A.A.N.).

Conceição, sua presença e carinho constantes fizeram possíveis inúmeras coisas (C.A.T.S.).

Material Suplementar

Este livro conta com os seguintes materiais suplementares:

- Planilhas em Excel (acesso livre)
- Manual de Solução dos Exercícios (acesso livre)
- Slides (exclusivo para professores)

O acesso ao material suplementar é gratuito. Basta que o leitor se cadastre e faça seu *login* em nosso *site* (www.grupogen.com.br), clicando em Ambiente de Aprendizagem, no *menu* superior do lado direito.

O acesso ao material suplementar online fica disponível até seis meses após a edição do livro ser retirada do mercado.

Caso haja alguma mudança no sistema ou dificuldade de acesso, entre em contato conosco (gendigital@grupogen.com.br).

GEN-IO (GEN | Informação Online) é o ambiente virtual de aprendizagem do GEN | Grupo Editorial Nacional

SUMÁRIO

Prefácio, xi

1 Introdução à Administração do Capital de Giro, 1
    1.1 Natureza e definições da administração do capital de giro, 2
    1.2 Ciclo operacional, 8
    1.3 Conflito risco-retorno na administração do capital de giro, 12
    1.4 Equilíbrio financeiro, 14
    1.5 Estrutura das taxas de juros, 16
    1.6 Alternativas de financiamento do capital de giro, 18
    1.7 Indicadores de liquidez, 20
    1.8 *Duration* e liquidez, 25
    Exercícios, 30

2 Fluxos de Caixa, 33
    2.1 Abrangência do fluxo de caixa, 34
    2.2 Metodologias de apuração e análise do fluxo de caixa, 38
        2.2.1 Apuração do fluxo de caixa por balanços consecutivos, 40
        2.2.2 Fluxo de caixa no sentido restrito e amplo, 41
        2.2.3 Fluxo de caixa efetivo, 44
        2.2.4 Fluxo Indireto, 46
    2.3 Fluxo do capital circulante líquido, 47

2.4 Fluxo de caixa operacional, 48

    2.4.1 Fluxo de caixa operacional e amortização dos passivos, 50

2.5 Fluxos de caixa incrementais (marginais) e residuais, 51

2.6 Análise do fluxo de caixa, 53

Exercícios, 58

3 Análise e Dimensionamento dos Investimentos em Capital de Giro, 65

3.1 Ativos e passivos operacionais (cíclicos), financeiros e permanentes, 66

3.2 Necessidades de investimento em capital de giro e saldo de disponível, 67

    3.2.1 Ilustrações de estruturas patrimoniais, 70

3.3 Necessidade de investimento em capital de giro e capital de giro (circulante) líquido, 73

3.4 Volatilidade e financiamento do investimento necessário em capital de giro, 76

3.5 Cálculo de necessidades de investimento em capital de giro a partir do ciclo financeiro, 81

    3.5.1 Necessidade de investimento em capital de giro com base em dias de vendas, 85

3.6 *Overtrading* – superexpansão das vendas, 87

    3.6.1 Dinâmica do *overtrading*, 88

3.7 Sincronia do ciclo financeiro e necessidade de capital de giro, 91

Exercícios, 96

4 Administração do Disponível, 99

4.1 Razões para demanda de caixa, 100

4.2 Modelos de administração de caixa, 103

    4.2.1 Modelo do caixa mínimo operacional, 103

    4.2.2 Modelo de Baumol, 104

    4.2.3 Modelo de Miller e Orr, 108

    4.2.4 Modelo de dia da semana, 113

4.3 Análise dos modelos de administração de caixa, 114

4.4 Mensurando a liquidez da empresa, 116

4.5 Administração de contas bancárias, 120

    4.5.1 Compensação e sistema brasileiro de pagamentos, 120

    4.5.2 Centralizar ou descentralizar, 121

    4.5.3 *Float*, 121

Exercícios, 123

5 Administração de Valores a Receber, 125

5.1 Política de crédito, 127

5.2 Elementos de uma política de crédito, 128

    5.2.1 Concessão de desconto, 129

    5.2.2 Prazo de crédito, 130

5.3 Relação entre medidas financeiras e elementos de uma política de crédito, 131

5.4 Análise da alteração da política de crédito, 132

5.5 Mudança da política de crédito: abordagem do valor presente líquido, 136

5.6 Concessão de crédito, 139

    5.6.1 Decisão de concessão pelo sistema de pontuação, 141

    5.6.2 Decisão de concessão de crédito pela análise das demonstrações contábeis, 144

    5.6.3 Estabelecendo o limite de crédito, 145

    5.6.4 Exemplo de um sistema de concessão de crédito, 147

    5.6.5 Agências de classificação de crédito (*ratings*), 153

5.7 Análise multiperíodo na concessão de crédito, 154

5.8 Custo da informação, 155

5.9 Valores a receber em inflação, 158

5.10 Risco na decisão de crédito, 162

    5.10.1 RAROC, 163

    5.10.2 *Duration*, 163

Exercícios, 165

6 Análise e Controle de Valores a Receber, 169

6.1 Giro dos valores a receber, 169

6.2 Créditos duvidosos e cronologia dos valores a receber, 171

6.3 Valores a receber em dias de vendas, 173

6.4 Cronologia dos valores a receber e o DVR, 175

6.5 Causas das movimentações na carteira de valores a receber, 178

6.6 Valores a receber e inflação, 182

6.7 Gestão de risco de crédito, 185

    6.7.1 Estudo da transição do risco de crédito, 185

Exercícios, 193

7 Administração Financeira de Estoques, 196

7.1 Lote econômico de compra, 198

7.2 Situações especiais do lote econômico de compra, 206

    7.2.1 Situação de produção, 206

    7.2.2 Desconto, 208

    7.2.3 Falta planejada, 210

7.3 Inflação e investimento em estoques, 212

7.4 Estoque de segurança, 214

7.5 Custo de oportunidade em investimento em estoque, 217

7.6 LEC simplificado, 219

7.7 *Just-in-time*, 221

7.8 Conciliação entre o *just-in-time* e o lote econômico de compra, 225

7.9 *Manufacturing Resources Planning II* – MRP II, 226

7.10 *Optimized Production Technology* – OPT, 230

Exercícios, 232

8 Avaliação da Decisão de Estocagem, 235

8.1 Estoques em situações de variações de preços, 236

    8.1.1 Estoques com inflação, 236

    8.1.2 Estoques com variações específicas de preços, 237

8.2 Retorno sobre investimento em estoque, 239

8.3 Curva ABC, 244

8.4 Política de estoques através de demonstrativos contábeis, 247

8.5 Retorno sobre o ciclo financeiro, 250

Exercícios, 254

Respostas dos problemas, 256

Bibliografia, 261

Índice remissivo, 265

Prefácio

A evolução do ensino de Finanças vem determinando crescente necessidade de material de estudo, principalmente com um conteúdo conceitual e operacional voltado para os problemas na gestão das modernas empresas.

Neste contexto, a administração do capital de giro vem sendo cada vez mais reconhecida como uma área importante para o equilíbrio financeiro das empresas, tendo participação decisiva no sucesso dos negócios. Efetivamente, a qualidade das decisões que envolvem capital de giro é dependente da capacidade analítica do administrador para compreender o problema em toda a sua extensão, e do conhecimento técnico para definir a melhor solução.

É dentro desta perspectiva que o livro se apresenta; focaliza a análise, o controle e a administração do capital de giro dentro de uma realidade prática, sem prescindir do embasamento teórico necessário.

O livro está dividido em oito capítulos, desenvolvendo os temas dentro de uma sequência lógica e ordenada. São retratados na obra, de maneira bastante acessível ao leitor, os mais importantes modelos da administração do capital de giro, além das inovações teóricas absorvidas pela matéria ao longo do tempo.

A expectativa é de que este livro, ao tratar dos fundamentos da matéria, contribua para melhor difundir o ensino da Administração do Capital de Giro, considerando a qualidade e a sofisticação de seus modelos.

Mudanças na 4ª edição

- foram atualizados os aspectos societários decorrentes das alterações da Lei nº 11.638, do final de 2007;
- foram inseridos, ao final de cada capítulo, exercícios e estudos de casos. As respostas dos problemas estão no final do *Manual de soluções*, que encontra-se disponível no *site* da Editora Atlas;
- foram minimizados os aspectos que tratam da inflação com estoques;
- foi mantida a preocupação dos autores na revisão de todo o conteúdo do livro. Apesar de nossos esforços, alguns pequenos erros e omissões podem eventualmente ser encontrados. Desde já, agradecemos a todos os leitores comentários e críticas relativos à obra.

Os Autores

1

Introdução à Administração do Capital de Giro

O *capital de giro* tem participação relevante no desempenho operacional das empresas, cobrindo geralmente mais da metade de seus ativos totais investidos.

Uma administração inadequada do capital de giro resulta normalmente em sérios problemas financeiros, contribuindo efetivamente para a formação de uma situação de insolvência.

É importante ter em conta que a administração do capital de giro trata dos ativos e passivos correntes como decisões interdependentes. Por exemplo, a perda da liquidez pela maior participação de estoques no ativo circulante deve ser compensada por um maior volume de caixa; a presença de passivos de prazos mais curtos exige, por seu lado, ativos correntes mais líquidos, e assim por diante.

A presença de ativos correntes na estrutura financeira das empresas é importante para viabilizar financeiramente seus negócios e contribuir para a formação do retorno econômico do investimento realizado.

Diante de seu contexto de mercado, as empresas formalizam estratégias operacionais de atuação, principalmente em relação à administração do capital de giro, avaliando seus investimentos correntes e selecionando os passivos mais adequados. Por exemplo, uma possível alternativa de retomada das vendas pode processar-se pelo incentivo das vendas a prazo, exigindo-se, neste caso, maior volume de investimento em circulante.

A definição do montante de capital de giro é uma tarefa com sensíveis repercussões sobre o sucesso dos negócios, exercendo evidentes influências sobre a liquidez e rentabilidade das empresas. Sob determinado enfoque, uma empresa deve investir em capital de giro enquanto o retorno marginal dos ativos correntes se mantiver acima do custo dos recursos alocados para seu financiamento. Apesar de a quantificação destas medidas de custo e do retorno nem sempre ser operacionalmente simples na prática, a proposição é relevante principalmente como uma orientação teórica para as decisões que envolvem investimentos em capital de giro.

A importância e o volume do capital de giro para uma empresa são determinados principalmente pelo volume de vendas, o qual é lastreado pelos estoques, valores a receber e caixa; sazonalidades dos negócios, que determina variações nas necessidades de recursos ao longo do tempo; fatores cíclicos da economia, como recessão, comportamento do mercado etc.; tecnologia, principalmente aplicada aos custos e tempo de produção; e políticas de negócios, centradas em alterações nas condições de venda, de crédito, produção etc.

O presente capítulo tem por objetivo dar suporte conceitual ao tema da administração do capital de giro conforme é desenvolvido neste livro. A administração do capital de giro encontra-se inserida no contexto decisorial das finanças das empresas, permitindo melhor entendimento de como as organizações geram, aplicam e gerenciam seus recursos financeiros. Constitui-se, em outras palavras, num conjunto de regras que tem por objetivo a preservação da saúde financeira da empresa.

A área financeira promoveu nas últimas décadas notável evolução teórica em seus conceitos, absorvendo o processo decisório das empresas significativa melhoria de qualidade técnica. Ao abranger as decisões financeiras de curto prazo das empresas, a administração do capital de giro também incorpora este desenvolvimento técnico, assumindo importância relevante na gestão das organizações.

1.1 NATUREZA E DEFINIÇÕES DA ADMINISTRAÇÃO DO CAPITAL DE GIRO

O termo giro refere-se aos recursos correntes (curto prazo) da empresa, geralmente identificados como aqueles capazes de serem convertidos em caixa no prazo máximo de um ano. A delimitação de um ano não costuma ser seguida por empresas cujo ciclo produção-venda-produção ultrapasse caracteristicamente este prazo (estaleiros, atividade rural etc.), prevalecendo nesta situação o ciclo operacional para se definirem os recursos correntes.

A Figura 1.1, ao resumir o balanço patrimonial de uma empresa apresentando seus principais itens, permite que se identifiquem algumas definições da administração do capital de giro.[1]

---

[1] O Balanço apresentado na Figura 1.1 mostra apenas os principais componentes da estrutura patrimonial de uma empresa. Em algumas partes desta edição será usado o termo *permanente* para

Ativo Circulante (AC)	Passivo Circulante (PC)
Disponibilidades	Fornecedores
Valores a Receber	Salários e Encargos Sociais
Estoques	Empréstimos e Financiamentos
Ativo Não Circulante	**Passivo Não Circulante**
Investimentos	
Imobilizado	**Patrimônio Líquido**
	Capital Social
	Reservas de Lucros
	Ajustes de avaliação Patrimonial

Figura 1.1 *Balanço patrimonial e capital de giro.*

Os elementos de giro, diante da definição apresentada, são identificados no ativo circulante e passivo circulante, ou seja, no curto prazo.

O capital de giro ou capital circulante é representado pelo ativo circulante, isto é, pelas aplicações correntes, identificadas geralmente pelas disponibilidades, valores a receber e estoques. Num sentido mais amplo, o capital de giro representa os recursos demandados por uma empresa para financiar suas necessidades operacionais identificadas desde a aquisição de matérias-primas (ou mercadorias) até o recebimento pela venda do produto acabado.

Os elementos que compõem o ativo circulante não costumam apresentar sincronização temporal equilibrada em seus níveis de atividade. Evidentemente, se as atividades de seus vários elementos ocorressem de forma perfeitamente sincronizada, não haveria necessidade de se manterem recursos aplicados em capital de giro. *Por exemplo*, se todas as vendas fossem realizadas a vista, inexistiriam investimentos em valores a receber. Identicamente, se se verificasse sincronização entre a produção e as vendas, isto é, se as atividades ocorressem de maneira totalmente integrada, tornar-se-iam desnecessários investimentos em estoques de produtos acabados.

Desta forma, pelo fato de as atividades de produção, venda e cobrança não serem sincronizadas entre si, faz-se necessário o conhecimento integrado de suas evoluções como forma de se dimensionar mais adequadamente o investimento necessário em capital de giro e efetivar seu controle. O enfoque da área financeira para a realização desta tarefa centra-se, basicamente, na procura da eficiência na gestão de recursos, o que é feito através da maximização de seus retornos e minimização de seus custos.

---

se referir aos ativos e passivos não circulantes, bem como ao patrimônio líquido. De igual forma, também é utilizado o termo *corrente* como sinônimo de circulante em certos trechos deste livro.

O capital de giro, por sua vez, pode ser segmentado em *fixo* (ou permanente) e *variável* (ou sazonal).

O capital de giro permanente refere-se ao volume mínimo de ativo circulante necessário para manter a empresa em condições normais de funcionamento. O capital de giro variável, por seu lado, é definido pelas necessidades adicionais e temporais de recursos verificadas em determinados períodos e motivadas, principalmente, por compras antecipadas de estoques, maior morosidade no recebimento de clientes, recursos do disponível em trânsito, maiores vendas em certos meses do ano etc. Estas operações promovem variações temporais no circulante, e são, por isto, denominadas de sazonais ou variáveis.

O comportamento fixo e sazonal do capital de giro é ilustrado na Figura 1.2 admitindo-se um período de quatro anos.

> Uma forma simples de determinar o capital de giro sazonal é fazer a mensuração do capital de giro quando a empresa tiver um volume mínimo de operação e quando a empresa estiver operando na sua capacidade máxima. No primeiro caso, o volume de estoques e valores a receber deverá ser bastante reduzido em comparação com a situação de capacidade máxima.

Observe na ilustração que foi considerada uma ligeira evolução no capital de giro fixo ao longo dos anos, acompanhando o crescimento da empresa. A parte variável do capital de giro é de $ 2 milhões no primeiro ano, inexistindo no período seguinte. O nível volta novamente a crescer nos dois últimos anos, atingindo $ 3 milhões no último ano.

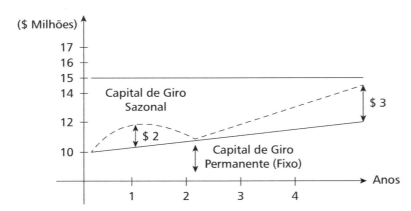

Figura 1.2   *Comportamento fixo e sazonal do capital de giro.*

A administração do capital de giro diz respeito à administração das contas dos elementos de giro, ou seja, dos ativos e passivos correntes (circulantes), e às inter--relações existentes entre eles. Neste conceito, são estudados fundamentalmente o nível adequado de estoques que a empresa deve manter, seus investimentos em créditos a clientes, critérios de gerenciamento do caixa e a estrutura dos passivos correntes, de forma consistente com os objetivos enunciados pela empresa e tendo por base a manutenção de determinado nível de rentabilidade e liquidez.

O capital de giro (circulante) líquido – CCL – é mais diretamente obtido pela diferença entre o ativo circulante e o passivo circulante. Reflete a folga financeira da empresa e, dentro de um conceito mais rigoroso, o CCL representa o volume de recursos de longo prazo (exigibilidades e patrimônio líquido) que se encontra financiando os ativos correntes (de curto prazo).

Em verdade, o entendimento mais correto do capital circulante líquido processa-se de baixo para cima, ou seja, através da parcela de recursos de longo prazo que excede as aplicações de mesma maturidade. Algebricamente, tem-se:

$$\text{CCL} = \text{Ativo Circulante} - \text{Passivo Circulante}$$

ou:

$$\text{CCL} = (\text{Patrimônio Líquido} + \text{Passivo Não Circulante}) - \text{Ativo Não Circulante}$$

Ilustrativamente, admita a seguinte estrutura patrimonial de uma empresa representada na Figura 1.3.

O valor do capital circulante líquido (CCL) apresenta, utilizando-se as identidades de cálculo enunciadas, o mesmo resultado:

CCL = $ 35 – $ 20 = $ 15, ou:

CCL = ($ 50 + $ 30) – $ 65 = $ 15

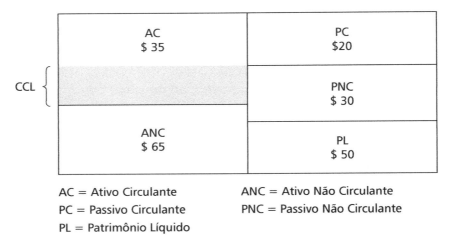

Figura 1.3 *Empresa com capital de giro líquido positivo.*

Observe na ilustração que, do total de $ 35 aplicados no ativo circulante, $ 20 são financiados por créditos de curto prazo (passivo circulante), e os $ 15 restantes, que representam o capital de giro líquido da empresa, oriundos de recursos de longo prazo (passivo não circulante e patrimônio líquido).

Em outras palavras, dos $ 80 captados a longo prazo, $ 65 estão aplicados em ativos também de longo prazo (não circulante) e os $ 15 excedentes são direcionados para financiar o capital de giro da empresa, denotando certa folga financeira.

Uma empresa com capital de giro líquido negativo, isto é, com passivo circulante maior que ativo circulante, denota que os recursos de longo prazo da empresa não são suficientes para cobrir suas aplicações de longo prazo, devendo utilizar recursos do passivo circulante para tal fim. Ou seja, um CCL negativo revela que a empresa está usando recursos passivos correntes para financiar seus investimentos permanentes.

A Figura 1.4 ilustra a estrutura financeira de uma empresa com capital de giro líquido negativo.

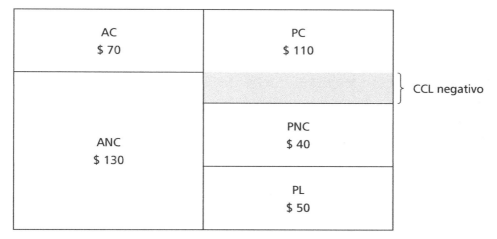

Figura 1.4 *Empresa com capital de giro líquido negativo.*

A folga financeira é negativa pela presença de exigibilidade de curto prazo financiando aplicações com prazos de retorno maiores. Em outras palavras, parte da dívida da empresa tem prazo de resgate menor que o retorno da aplicação destes recursos.

Na Figura 1.4, o CCL é de $ 40, indicando que $ 40 dos $ 130 aplicados em ativo não circulante são financiados por dívidas de curto prazo.

De outra maneira, observa-se que a empresa tem levantado $ 90 de recursos de longo prazo (passivo não circulante e patrimônio líquido). No entanto, este montante não é suficiente para cobrir suas aplicações permanentes de $ 130, sendo a diferença de $ 40 coberta por obrigações correntes (passivo circulante).

Esta situação de aperto de liquidez é, muitas vezes, uma decisão de estrutura financeira da empresa, optando-se por uma preferência em relação ao dilema risco-retorno. A posição de liquidez é decidida com base na estrutura que melhor satisfaça às necessidades e aos objetivos da empresa. Por exemplo, empresas com fluxos de caixa bastante previsíveis podem operar com capital circulante líquido baixo ou, até mesmo, negativo, como costuma ser o caso de companhias prestadoras de serviços públicos.

No entanto, para a maioria das empresas a presença de um CCL positivo é básica a seus negócios, principalmente ao se constatar que as saídas de caixa (pagamentos) são eventos relativamente previsíveis, enquanto as entradas de caixa (recebimentos) são geralmente de difícil previsibilidade.

É muitas vezes adotada na prática, ainda, o conceito de capital de giro próprio, que é apurado pela diferença entre o patrimônio líquido e o ativo não circulante, ou seja:

> Capital de Giro Próprio = Patrimônio Líquido – Ativo não Circulante

Esta medida de liquidez revela basicamente os recursos próprios da empresa que estão financiando suas atividades correntes (ativo circulante). É um indicador limitado, notadamente por pretender identificar a natureza (origem) dos recursos de longo prazo – próprios ou de terceiros – que se encontram financiando as atividades circulantes.

As instituições financeiras e as empresas públicas prestadoras de serviços, por exemplo, costumam operar com este indicador financeiro para avaliar sua posição de liquidez. Admitem na apuração, implicitamente, que o patrimônio líquido se encontra vinculado ao financiamento do ativo permanente, somente ocorrendo capital de giro próprio positivo quando os recursos dos proprietários excederem ao montante do investimento permanente. Com isso, a medida financeira assume a identificação da origem dos recursos que sustentam o capital circulante.

1.2 CICLO OPERACIONAL

Além da já comentada falta de sincronização temporal, o capital de giro convive com duas outras importantes características: curta duração e rápida conversão de seus elementos em outros do mesmo grupo, e a consequente reconversão. É nítido nos ativos correntes a presença de um fluxo contínuo e permanente de recursos entre seus vários elementos, estabelecendo forte inter-relação no grupo e tornando seus valores bastante mutáveis. Por exemplo, o disponível é reduzido por compras de estoques; os estoques, por sua vez, são transformados em vendas; se as vendas forem a vista, ocorre uma elevação do disponível; se as vendas forem realizadas a prazo, a conta de valores a receber é alterada, transformando-se em disponível quando do recebimento; e assim por diante.

Uma boa administração do capital de giro envolve imprimir alta rotação (giro) ao circulante, tornando mais dinâmico seu fluxo de operações. Este incremento de atividade no capital de giro proporciona, de forma favorável à empresa, menor necessidade de imobilização de capital no ativo circulante e consequente incentivo ao aumento da rentabilidade.

Na consecução de seus negócios, a empresa busca sistematicamente a produção e venda de bens e serviços de maneira a produzir determinados resultados para satisfazer às expectativas de retorno de suas várias fontes de financiamento.

É no entendimento deste processo que se identifica, de forma natural e repetitiva, o ciclo operacional da empresa, que se inicia na aquisição da matéria-prima para produção – caso de uma empresa industrial – e se finaliza no recebimento pela venda do produto final. Em outras palavras, o ciclo operacional incorpora sequencialmente todas as fases operacionais presentes no processo empresarial de produção-venda-recebimento, conforme é ilustrado linearmente na Figura 1.5.

onde:
- PME (Mp) = prazo médio de estocagem de matérias-primas;
- PMF = prazo médio de fabricação;
- PMV = prazo médio de venda (prazo médio de estocagem dos produtos acabados);
- PMC = prazo médio de cobrança (prazo médio de recebimento).

Figura 1.5   *Ciclo operacional de uma empresa industrial.*

Cada uma das fases operacionais retratadas apresenta determinada duração. Assim, a compra de matérias-primas denota um prazo de estocagem; a fabricação, o tempo que se despende para transformar os materiais em produtos acabados; os produtos acabados, o prazo necessário à venda; e o recebimento, o período de cobrança das vendas realizadas a prazo. Evidentemente, de acordo com as características operacionais da empresa, uma ou mais dessas fases podem não existir. Por exemplo, se as vendas são realizadas somente a vista, o prazo médio de cobrança é considerado nulo. Da mesma forma, empresas que produzem somente sob encomenda não apresentam prazo de estocagem de produtos acabados, e assim por diante.

A soma destes prazos operacionais indica o tempo médio decorrido desde a compra de matéria-prima até o momento do recebimento do valor da venda. Quanto mais longo se apresentar este período, maior será, evidentemente, a necessidade de recursos para financiar o giro da empresa. Em verdade, o ciclo operacional representa o intervalo de tempo em que não ocorrem ingressos de recursos financeiros na empresa, demandando-se capital para financiá-lo.

> Para uma empresa comercial, a fase de produção não estará presente. Já no caso de uma empresa com mais de um produto, a análise realizada do ciclo operacional poderá ser feita em termos médios ou, de uma forma mais completa, para cada um dos produtos. Obviamente que a essência da análise desenvolvida no capítulo permanece.

O ciclo operacional varia em função do setor de atividade e das características de atuação da empresa. Inúmeras empresas têm ciclo operacional com prazo inferior a um ano; entende-se, nestas situações, que o ciclo operacional se repete várias vezes no ano, evidenciando maior giro (rotação) para os investimentos operacionais.

Outras empresas, como construtoras e determinadas atividades rurais, costumam apresentar um ciclo operacional caracteristicamente mais longo, exigindo a presença de volume maior de financiamento de capital de giro.

Cada fase do ciclo operacional demanda, de forma crescente, certo montante de recursos para financiar suas atividades, elevando-se estas necessidades em consonância com a amplitude do ciclo operacional.

A Figura 1.6 representa o ciclo operacional a partir do volume de recursos necessários.[2]

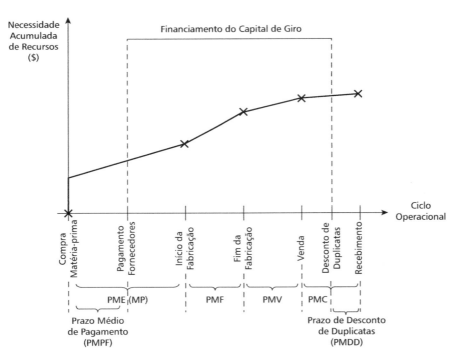

Figura 1.6   *Ciclo operacional e necessidades de recursos.*

A estocagem das matérias-primas e as vendas a prazo são fases que podem receber certa parcela de financiamento proveniente de créditos de compras a prazo

---

[2] Adaptado de ASSAF NETO, Alexandre. *Estrutura e análise de balanços*. 9. ed. São Paulo: Atlas, 2010. p. 170.

de fornecedores e de descontos de duplicatas. Para as demais fases operacionais devem ser alocados recursos financeiros de outras origens.

Uma observação importante retratada na Figura 1.6 é que as necessidades financeiras de cada fase operacional não são constantes ao longo do tempo, apresentando incrementos em cada período pela absorção dos dispêndios correspondentes. Por exemplo, o investimento demandado no período de estocagem das matérias-primas é menor que o verificado no período de fabricação, em razão de serem agregados nesta fase os custos de produção. Da mesma forma, a necessidade de financiamento cresce ainda mais durante os prazos de vendas e cobrança pela presença de custos e despesas específicos.

Por outro lado, os financiamentos provenientes de fornecedores, por exemplo, mantêm-se inalterados ao longo dos períodos, exigindo que a empresa demande cada vez mais recursos à medida que avança em seu ciclo operacional. Em verdade, os prazos de pagamentos em geral (assim como os descontos de duplicatas) partem de determinado valor, não absorvendo nenhum dispêndio que se foi verificando nas fases operacionais.

É importante que se registre que a gestão de uma empresa é um processo bastante dinâmico, requisitando um sistema de informações gerenciais objetivo e intuitivo. Não é suficiente conhecer somente as durações das fases operacionais da empresa para chegar-se a suas efetivas necessidades de financiamento e ao montante ideal de capital de giro. A demanda por financiamento para capital de giro precisa estar vinculada a algum parâmetro que a transforme, sempre que necessário, em valores monetários.

Capítulos posteriores dedicam-se mais profundamente ao estudo do ciclo operacional, apurando o volume ideal de capital de giro, as necessidades de financiamento permanente e a geração interna de caixa como fonte própria de recursos.

A partir do ciclo operacional, ainda, podem ser identificados o ciclo financeiro (de caixa) e o ciclo econômico, conforme ilustrados na Figura 1.7.

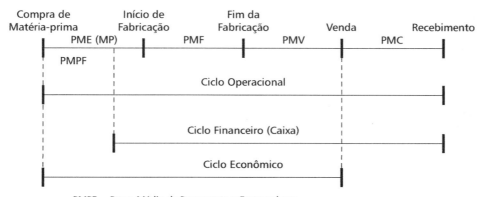

Figura 1.7 *Ciclo financeiro e econômico.*

O *ciclo financeiro* mede exclusivamente as movimentações de caixa, abrangendo o período compreendido entre o desembolso inicial de caixa (pagamento de materiais a fornecedores) e o recebimento da venda do produto. Em outras palavras, representa o intervalo de tempo que a empresa irá necessitar efetivamente de financiamento para suas atividades. Evidentemente, ocorrendo desconto dos títulos representativos da venda a prazo, o ciclo de caixa e, consequentemente, o período de necessidade de caixa reduzem-se pelo prazo da operação.

O *ciclo econômico* considera unicamente as ocorrências de natureza econômica, envolvendo a compra dos materiais até a respectiva venda. Não leva em consideração, pelo próprio enunciado do ciclo, os reflexos de caixa verificados em cada fase operacional, ou seja, os prazos de recebimentos das vendas e os pagamentos dos gastos incorridos.

Assim, o ciclo operacional, o ciclo financeiro e o ciclo econômico correspondem às seguintes expressões:

- Ciclo Operacional = PME(Mp) + PMF + PMV + PMC
- Ciclo Financeiro = Ciclo Operacional − PMPF − PMDD
- Ciclo Econômico = Ciclo Operacional − PMC

Considere um *exemplo* de uma empresa com um prazo de estocagem de matéria-prima de 10 dias, 20 dias para fabricar um produto, 30 dias para vendê-lo. A empresa leva 25 dias para pagar seus fornecedores e recebe dos clientes com 90 dias. Neste caso tem-se: PME (Mp) = 10; PMF = 20; PMV = 30; PMPF = 25; e PMC = 90. Substituindo nas expressões:

Ciclo Operacional = 10 + 20 + 30 + 90 = 150 dias

Ciclo Financeiro = 150 − 25 = 125 dias

Ciclo Econômico = 150 − 90 = 60 dias

1.3 CONFLITO RISCO-RETORNO NA ADMINISTRAÇÃO DO CAPITAL DE GIRO

Como regra geral, as decisões financeiras, incluindo aqui aquelas de capital de giro, são baseadas na comparação entre o risco e o retorno.

Uma empresa pode decidir minimizar o montante de seus investimentos em capital circulante como estratégia para reduzir seus custos, notadamente os provenientes de suas fontes de financiamento.

Neste objetivo de cortar custos e promover maiores lucros, a unidade decisória envolve-se com o dilema risco-retorno, cuja conciliação traz normalmente conflitos ao processo decisório. É aceito que quanto maior o CCL mantido por uma empresa, mais ampla é sua folga financeira e menor seu risco de insolvência, ou seja, apresenta-se bastante estreita a relação entre capital de giro, folga financeira e insolvência.

É preciso não ignorar, por outro lado, que uma maior segurança mantida por uma folga financeira crescente incorpora um custo de oportunidade mais elevado para a empresa, pressionando negativamente seus resultados.

Para qualquer volume de atividade, quanto maior o montante de recursos aplicados em ativos correntes menor tende a ser a rentabilidade oferecida pelo investimento e, em contrapartida, menos arriscada se apresenta a política de capital de giro adotada. Nesta situação, revela-se maior imobilização de capital em giro (maior folga financeira), que promove retornos relativos inferiores àqueles apurados ao optar-se por uma estrutura financeira de menor liquidez, com mais reduzido volume de capital de giro.

De maneira inversa, um montante mais reduzido de CCL, ao mesmo tempo em que sacrifica a margem de segurança da empresa elevando seu risco de insolvência, contribui positivamente para a formação da rentabilidade do investimento ao restringir o volume de fundos imobilizados em ativos de menor rentabilidade.

Esta relação risco-retorno comporta-se de forma que nenhuma alteração na liquidez ocorre sem que se promova, em sentido contrário, modificações na rentabilidade. Assim, na definição do nível adequado de recursos a serem imobilizados em ativos correntes, a empresa deve levar em conta sua opção entre risco e retorno.

Considere, *ilustrativamente*, no Quadro 1.1 dois níveis alternativos de investimentos em capital de giro em avaliação por uma empresa.

Para melhor ilustrar o conceito risco-retorno, manteve-se nas alternativas a estrutura das fontes de financiamento proporcionalmente constantes. Os passivos correntes financiam 20%, os de longo prazo 30% e o patrimônio líquido 50% do total dos ativos.

No ativo, ainda, a variação ocorre somente nas aplicações em circulante, permanecendo inalterado o investimento permanente nas duas alternativas apresentadas.

Quadro 1.1   *Alternativas de investimentos em giro.*

	Alto Risco	Baixo Risco
Ativo Circulante	$ 210.000	$ 380.000
Ativo Permanente	$ 320.000	$ 320.000
Total	$ 530.000	$ 700.000
Passivo Circulante	$ 106.000	$ 140.000
Exigível a Longo Prazo	$ 159.000	$ 210.000
Patrimônio Líquido	$ 265.000	$ 350.000

A alternativa definida como de alto risco é a que apresenta menor investimento em capital de giro e, provavelmente, maior rentabilidade. Ao contrário, a redução do risco verifica-se pelo aumento do CCL, promovendo, pela mais elevada imobilização de capital, uma redução do retorno percentual.

Admitindo-se *ilustrativamente* que o lucro operacional tenha atingido a $ 140.000 para ambas as alternativas de capital de giro, e o lucro líquido $ 62.000 na situação de maior risco e $ 43.000 na de menor risco, são apuradas as seguintes taxas de retorno, conforme ilustradas no Quadro 1.2.

Quadro 1.2   *Taxas de retorno para diferentes situações de risco.*

	Alto Risco	**Baixo Risco**
Retorno s/ Ativo (Lucro Operacional/Ativo Total)	140.000/530.000 = 26,4%	140.000/700.000 = 20,0%
Retorno s/ Patrimônio Líquido (Lucro Líquido/Patr. Líquido)	62.000/265.000 = 23,4%	43.000/350.000 = 12,3%

Observe no exemplo ilustrativo que quanto maior for a participação do CCL, ou seja, menos arriscada se apresentar a estrutura financeira da empresa, menor tende a ser a rentabilidade. Posturas empresariais de maior risco, exemplificadas por menor nível de CCL, costumam promover retornos compensatoriamente mais elevados.

A definição do nível ótimo de CCL, conforme comentado, passa necessariamente pelo dilema risco-retorno, sendo avaliada pelas características de atuação da empresa, suas expectativas futuras e grau de aversão ao risco.

Participações maiores de passivos circulantes costumam promover, ao mesmo tempo, maior risco financeiro pela redução da liquidez e incremento no retorno do investimento. Para uma situação de financiamento inversa, conflitam-se uma liquidez crescente e uma rentabilidade decrescente.

Nesta posição de conflito, conclui-se que uma empresa não pode decidir por uma posição de mais alta liquidez e rentabilidade simultaneamente, devendo optar por um CCL que lhe proporcione um nível de segurança e rentabilidade adequados aos padrões definidos pela relação risco/retorno.

1.4 EQUILÍBRIO FINANCEIRO

O entendimento de capital de giro insere-se no contexto das decisões financeiras de curto prazo, envolvendo a administração de ativos e passivos circulantes.

Toda empresa precisa buscar um nível satisfatório de capital de giro de maneira a garantir a sustentação de sua atividade operacional.

O conceito de equilíbrio financeiro de uma empresa é verificado quando suas obrigações financeiras se encontram lastreadas em ativos com prazos de conversão em caixa similares aos dos passivos. Em outras palavras, o equilíbrio financeiro exige vinculação entre a liquidez dos ativos e os desembolsos demandados pelos passivos.

Segundo este conceito, somente a presença de um CCL positivo não se torna indicador, seguro de um equilíbrio financeiro. É necessário que se identifiquem nos ativos circulantes as contas de longo prazo (permanentes) e as variáveis (sazonais), conforme foram definidas anteriormente no item 1.1.

A Figura 1.8 ilustra a necessidade total de recursos de uma empresa.

Os ativos totais necessários compõem-se, para cada período de planejamento, dos recursos sazonais e fixos do capital de giro e do capital permanente aplicado.

Para se manter em equilíbrio financeiro, uma alternativa da empresa é financiar suas necessidades variáveis com dívidas de curto prazo, utilizando os recursos de longo prazo para financiar todas suas necessidades financeiras permanentes.

A Figura 1.8, utilizada para ilustrar a necessidade total de recursos de uma empresa, permite também que se avalie sua posição teórica de equilíbrio financeiro.

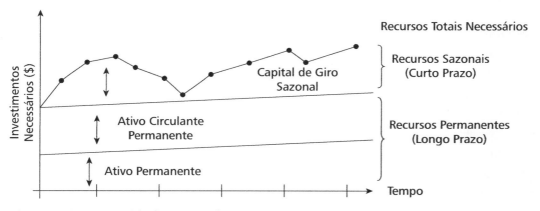

Figura 1.8 *Necessidades totais de recursos.*

Em verdade, a estrutura financeira registrada na Figura 1.8 reflete uma posição mais ajustada aos ciclos financeiros da administração do capital de giro, denotando certo equilíbrio entre os prazos dos ativos e passivos. O nível de capital circulante líquido exigido por esta abordagem é igual à parcela permanente do ativo circulante, revelando uma proteção ao investimento mínimo necessário do capital de giro.

Ao prever que as necessidades temporárias de capital de giro devam ser financiadas por fontes de curto prazo à medida que forem surgindo, a abordagem evita, ainda, recursos correntes em excesso em períodos de menores demandas por ativos correntes.

Observe, outrossim, que na definição das fontes permanentes de financiamento do capital de giro, não é possível uma clara identificação da natureza destes fundos. São, essencialmente, fundos de longo prazo, podendo ter origens de terceiros (exigível de longo prazo) ou próprias (patrimônio líquido), conforme captados pela empresa.

1.5 ESTRUTURA DAS TAXAS DE JUROS

Apesar de num sistema econômico podermos encontrar diferentes taxas de juros, todas elas, no entanto, exprimem fundamentalmente a remuneração sobre o capital emprestado. A variedade de taxas disponíveis no mercado deve-se, entre outras razões, aos prazos envolvidos, às condições estabelecidas entre aplicadores e captadores de recursos, ao risco inerente à operação, às garantias estabelecidas e às condições gerais da economia.

Em essência, a noção de taxa de juros é desenvolvida com base na preferência temporal dos agentes possuidores de recursos e no retorno dos investimentos daqueles que demandam os recursos oferecidos. De certa maneira, os juros medem a confiabilidade dos vários agentes de mercado no desempenho global da economia. Em momentos de incerteza ou instabilidade econômica, observa-se geralmente uma elevação das taxas de juros do mercado como reflexo da maior ansiedade dos agentes.

Diversas decisões empresariais devem adequar-se continuadamente ao comportamento seguido pelas taxas de juros. Por exemplo, condições de venda a prazo, modalidades de compras e pagamentos a fornecedores, estocagem etc. são decisões tomadas em consonância com o nível alcançado pelas taxas de juros.

Para uma empresa, a taxa de juros de mercado representa, basicamente, o preço a ser pago pelos recursos emprestados ou o custo de oportunidade de utilizar capital próprio nas decisões de ativo. Para Keynes, a taxa de juros é considerada uma taxa referencial nas decisões de investimentos; a aceitação de uma alternativa de investimento somente ocorre quando a rentabilidade esperada superar a taxa de juros.[3]

---

[3] KEYNES, John Maynard. *A teoria geral do emprego, do juro e da moeda.* São Paulo: Atlas, 1982.

Em teoria, as taxas de juros de longo prazo são mais altas que as de curto prazo. Este comportamento permite supor que os financiamentos por passivos circulantes são mais baratos à empresa do que os fundos de longo prazo.

Esta diferença entre taxas de juros de curto prazo e de longo prazo é explicada basicamente pelo risco presente na maturidade do empréstimo. Um empréstimo de maior prazo de resgate atribui maior risco ao credor do que aquele que compromete a devolução do principal empregado em curto prazo. Este risco adicional é devido às menores condições de previsibilidade do retorno do capital comprometido no longo prazo e a eventual dificuldade de adequar a taxa contratada às mudanças que venham a verificar-se no mercado financeiro.

Por outro lado, o devedor a longo prazo assume o compromisso de remunerar as expectativas de flutuações nas taxas de juros por um tempo também maior, responsabilizando-se pela incerteza associada à duração do empréstimo. Logo, na conclusão de Assaf e Martins,[4] quanto maior for o prazo de concessão de um empréstimo, maior será seu custo em razão do risco que o credor assume em não obter um retorno condizente com os padrões de juros da época.

Neste aspecto do risco, deve ser ressaltada a presença de taxas de juros flexíveis em diversos empréstimos, as quais apresentam validade somente para determinado período do prazo da operação, repactuando-se novos percentuais para outros intervalos de tempo. Esta prática visa, em verdade, reduzir o risco das taxas de juros contratadas a longo prazo.

Em diversos momentos de desajustes da economia, com taxas de juro em geral bastante elevadas, é possível observar o custo do dinheiro a curto prazo situar-se acima do de longo prazo. Esta situação, no entanto, deve ser tratada como consequência de um desequilíbrio momentâneo da economia, um ciclo atípico, sendo improvável que prevaleça por períodos mais longos de tempo.

Sempre que este desequilíbrio se fizer presente na economia, no entanto, a análise risco-retorno, conforme descrita, tem suas conclusões alteradas. Com capital de longo prazo mais barato, torna-se possível a uma empresa promover, simultaneamente, um aumento em sua rentabilidade e uma redução de seu risco financeiro.

Em condições inflacionárias, a taxa real de juros difere substancialmente da taxa nominal. Mais efetivamente, as taxas reais e nominais de juros somente se igualam na hipótese de estabilidade nos níveis gerais de preços. Em momentos de inflação, uma parte relevante dos juros de uma operação é oriunda de variações no poder aquisitivo da moeda, não identificando rigorosamente receita ou despesa financeira.

---

[4] ASSAF NETO, Alexandre; MARTINS, Eliseu. *Administração financeira*. São Paulo: Atlas, 1986. p. 290.

O fenômeno inflacionário afeta as expectativas futuras das taxas de juros à medida que os agentes econômicos são incapazes de prever, com segurança, variações que venham a ocorrer nos níveis inflacionários. Evidentemente, quanto maior se apresentar o prazo da operação financeira, maior o risco de alterações nos níveis gerais de preços e suas influências sobre as taxas de juros. Em consequência, as taxas nominais de juros também crescem para prazos maiores.

1.6 ALTERNATIVAS DE FINANCIAMENTO DO CAPITAL DE GIRO

Ficou demonstrado que quanto maior a participação de recursos de longo prazo e, consequentemente, de CCL, menos arriscada se apresenta a política de capital de giro da empresa. A posição de equilíbrio financeiro demonstrada no item 1.4 prevê que os recursos de longo prazo devem cobrir o capital de giro permanente, deixando para o passivo circulante o financiamento das necessidades sazonais dos ativos correntes.

Outras opções de financiamento de capital de giro podem ser selecionadas de acordo com as considerações apresentadas sobre o dilema risco-retorno.

A Figura 1.9 retrata, de maneira extrema, uma posição de risco mínimo, em que a empresa compromete os recursos de longo prazo integralmente com os ativos, inclusive as necessidades sazonais de capital circulante.

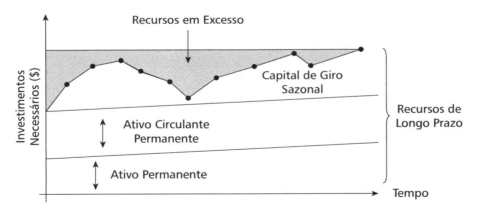

Figura 1.9   *Estrutura de risco mínimo.*

A posição de risco mínimo apresentada é uma estrutura financeira, que envolve a maturidade dos ativos e passivos, de pouca aplicação prática em que o risco é mínimo em razão de não apresentar dívidas de curto prazo, que poderiam ser tomadas em situações imprevistas.

Em princípio, o custo desta abordagem é mais elevado em razão da predominância de créditos de longo prazo, caracteristicamente mais onerosos, e da ociosidade destes recursos em diversos momentos, conforme mostrado na área sombreada da figura.

Uma preferência por esta estrutura de financiamento é dependente das condições dos créditos de longo prazo na economia. Em certos momentos, verificam-se algumas linhas de empréstimos de longo prazo com custos inferiores aos créditos circulantes, além de o mercado financeiro oferecer retornos bastante elevados às aplicações de curto prazo de eventuais excedentes de caixa. Prevalecendo esta situação, a empresa consegue reduzir seus custos de financiamento além de obter retornos financeiros atraentes em períodos de maior disponibilidade de fundos.

Outras alternativas de financiamento poderiam também ser sugeridas. As Figuras 1.10 e 1.11 retratam ilustrativamente duas estruturas, que se diferenciam pelo volume de CCL investido.

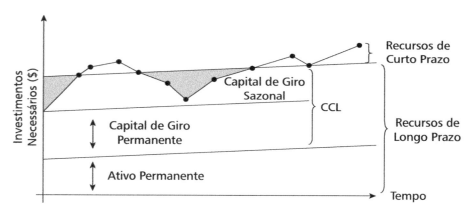

Figura 1.10   *Estrutura alternativa de menor risco.*

Ambas as alternativas apresentam CCL positivo. A estrutura apresentada na Figura 1.10 utiliza os recursos de longo prazo para financiar todas as necessidades permanentes de fundos (ativo permanente e capital de giro fixo) além de uma parcela do capital de giro sazonal. Nesta situação, somente uma parte de suas necessidades sazonais encontra-se financiada por créditos correntes, mantendo a empresa em certos períodos recursos disponíveis para eventuais aplicações financeiras.

A empresa definida na Figura 1.11, por seu lado, revela maior participação de passivos de curto prazo, que cobrem todas as necessidades sazonais de fundos além de parte das necessidades permanentes. É uma abordagem de maior risco que pode ser compensada pelo menor custo do dinheiro a curto prazo.

Outras opções de financiamentos poderiam, evidentemente, ser desenvolvidas. A seleção da melhor estrutura de financiamento, conforme foi exposto, é uma decisão inserida no contexto risco-retorno. Ao optar por uma maior presença de recursos correntes e, consequentemente, assumir maiores riscos, a empresa deve ser recompensada pela presença de dinheiro mais barato. Esta posição mais arriscada deve ainda despertar na empresa a necessidade de operar com maior nível de flexibilidade em levantar dinheiro no mercado sempre que surgirem necessidades inesperadas de capital de giro.

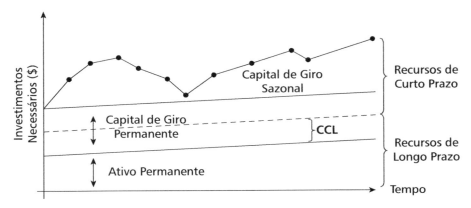

Figura 1.11 *Estrutura alternativa de maior risco.*

1.7 INDICADORES DE LIQUIDEZ

Um importante indicador de liquidez empresarial é o volume de capital circulante líquido, que é medido, conforme largamente comentado, pela diferença entre o ativo circulante e o passivo circulante.

Em princípio, quanto maior for este valor, melhor será a posição de liquidez de curto prazo da empresa, ou seja, maior se apresenta sua folga financeira.

É importante destacar que a avaliação da liquidez com base no valor do CCL não é suficiente para conclusões mais definitivas, o que é explicado principalmente por seu volume depender das características operacionais de atuação da empresa (política de estocagem, prazo de produção e venda etc.), das condições de seu setor de atividade e da sincronização entre pagamentos e recebimentos.

Na prática, é possível deparar com empresas que apresentam um CCL baixo ou, eventualmente, negativo, mas que convivem com boa liquidez de caixa. Ao contrário, também podem ser verificadas empresas com CCL mais elevado mas que trabalham em situação de restrição de caixa (dificuldade financeira), refletindo um nível desfavorável de sincronização entre os prazos de realização de seus ativos e pagamentos de seus passivos circulantes.

Empresas de mesmo porte e setor de atividade podem ainda apresentar volumes diferenciados do CCL em função de suas características operacionais internas e de suas posturas perante o risco. Nestes casos, pode-se concluir, de forma mais genérica e estritamente vinculada ao objetivo da liquidez, que aquela empresa que apresentar maior CCL será a de maior folga financeira.

Deve ser acrescentado também que o crescimento absoluto ou percentual do CCL não fornece base totalmente adequada para conclusões a respeito da liquidez de uma empresa. É importante que se trabalhe complementarmente com índices financeiros de liquidez, que relacionam também valores correntes compatíveis entre si.

Por exemplo, pelos valores apresentados no Quadro 1.3 observa-se um crescimento de $ 120.000 no CCL; isto indica que, em termos percentuais, existem 33,33% a mais de recursos de longo prazo financiando os ativos correntes da empresa. No entanto, sua folga financeira, medida pelo índice de liquidez corrente[5] caiu sensivelmente de um período para outro, passando de 4,0 em X8 para 2,0 em X9.

Quadro 1.3   *Crescimento do CCL e a liquidez da empresa.*

	X8	X9	Crescimento	
			$	%
Ativo Circulante	$ 480.000	$ 960.000	$ 480.000	100,0
Passivo Circulante	$ 120.000	$ 480.000	$ 360.000	300,0
CAPITAL CIRCULANTE LÍQUIDO	$ 360.000	$ 480.000	$ 120.000	33,3
Liquidez Corrente (Ativo Circulante/Passivo Circulante)	4,0	2,0		

Em relação às suas dívidas correntes, a empresa mantém menos recursos em seu ativo circulante. Em X8, para cada $ 1 de exigibilidades a curto prazo, a empresa mantinha $ 4 aplicados em seu ativo circulante, reduzindo esta proporção pela metade no período seguinte.

A seguir, são identificados os principais índices de liquidez que medem, através de relações entre valores afins, a folga financeira da empresa.

---

[5]   A liquidez corrente, conforme será mais detalhada adiante, relaciona o ativo circulante com o passivo circulante.

Liquidez Imediata

$$\frac{Disponível}{Passivo\ Circulante}$$

Identifica a capacidade da empresa em saldar seus compromissos correntes utilizando-se unicamente de seu saldo de disponível. Em outras palavras, revela o percentual das dívidas correntes que podem ser liquidadas imediatamente.

Liquidez Seca

$$\frac{Ativo\ Circulante - Estoques - Despesas\ Antecipadas}{Passivo\ Circulante}$$

Mede o percentual das dívidas de curto prazo em condições de serem liquidadas mediante o uso de ativos monetários de maior liquidez (basicamente, disponível e valores a receber).

Liquidez Corrente

$$\frac{Ativo\ Circulante}{Passivo\ Circulante}$$

Identifica, para cada $ 1 de dívida de curto prazo, quanto a empresa mantém em seu ativo circulante. É importante ratificar que o capital circulante líquido de per si não é um indicador incontestável para se conhecer a situação de curto prazo de uma empresa, pois engloba, sem qualquer ponderação, contas de giro com diferentes níveis de liquidez.

> Em situações práticas, quando se compara um grande número de empresas, verifica-se uma elevada relação estatística entre a liquidez seca e a liquidez corrente. Isto seria um indício de que nos estudos deste conjunto de empresas poder-se-ia usar tanto um índice quanto outro. Entretanto, nas situações particulares de uma empresa é temeroso dizer que bastaria usar um dos índices.

O Quadro 1.4 é um detalhamento do exemplo apresentado na ilustração anterior (Quadro 1.3), onde é mostrada a composição do ativo e do passivo circulante. Evidentemente, o nível de liquidez do caixa é claramente diferente dos estoques, das duplicatas a receber e das aplicações financeiras de curto prazo. E é essa diferenciação de liquidez dentro do âmbito dos ativos correntes de uma empresa que não se encontra devidamente tratada no cálculo do CCL.

Quadro 1.4   *Estrutura do CCL e liquidez de seus elementos – 31-12-X8.*

Caixa	$ 45.000
Aplicações Financeiras	185.000
Duplicatas a Receber	120.000
Estoques	130.000
Ativo Circulante	$ 480.000
Fornecedores	$ 65.000
Salários a Pagar	15.000
Financiamentos	40.000
Passivo Circulante	$ 120.000
Capital Circulante Líquido (CCL)	$ 360.000

Outras Informações:

> Rotação dos estoques = dez vezes
> Rotação das duplicatas a receber = cinco vezes
> Rotação das duplicatas a pagar = oito vezes
> Data de vencimento das aplicações financeiras = 10-01-X9
> Data de pagamento dos salários = 05-01-19X9
> Data de vencimento do financiamento = 15-11-X9

Uma metodologia bastante prática de se avaliar os diferentes níveis de liquidez existentes no âmbito do capital circulante líquido, em determinado momento, é processada através do cálculo do montante de cada conta circulante que supera ao investimento médio mantido neste item.

Seja, *por exemplo*, o volume de duplicatas a receber de $ 120.000, conforme apurado no exemplo ilustrativo do Quadro 1.4. Como a rotação verificada nestes ativos atinge cinco vezes, tem-se um investimento de $ 24.000 ($ 120.000/5) em X8 nesta conta. Logo, a liquidez da conta "duplicatas a receber" atinge $ 96.000 ($ 120.000 – $ 24.000), ou seja:

Liquidez de Duplicatas a Receber = 120.000 – (120.000/5) = $ 96.000.

Os mesmos cálculos podem ser aplicados aos estoques tomando-se, no entanto, cuidado adicional: a transformação do estoque em caixa passa, também, pelo recebimento das vendas. Desta maneira, a liquidez da conta "Estoques" é determinada por:

> Liquidez dos Estoques = Estoques – (Estoques/Giro dos Estoques) –
> (Estoques/Giro de Duplicatas)

Admitindo-se na ilustração que as vendas do período tenham sido realizadas a prazo, tem-se:

Liquidez dos Estoques: 130.000 – (130.000/10) – (130.000/5) = $ 91.000

Como o prazo de vencimento das aplicações financeiras é de dez dias, tem-se que o seu giro é dado por: 360/10 = 36 vezes. Dessa forma, o valor das aplicações financeiras que excede o investimento médio mantido no período é apurado:

> Liquidez das Aplicações Financeiras = Aplicações Financeiras – (Aplicações Financeiras/Giro)

Substituindo-se os valores:

Liquidez das Aplicações Financeiras = 185.000 – (185.000/36) = $ 179.861

A mesma metodologia de apuração da liquidez das contas é válida para o passivo circulante. Com isto, tem-se:

Liquidez de Fornecedores: 65.000 – (65.000/8) = $ 56.875

Liquidez de Salários a Pagar: 15.000 – (15.000) (5/360) = $ 14.792

Liquidez de Financiamentos: 40.000 – (40.000) (315/360) = $ 5.000

Deste modo, o montante do capital circulante líquido, apurado a partir da liquidez de cada um de seus elementos, é dado por:

Liquidez do Capital Circulante Líquido = (45.000 + 179.861 + 96.000 + 91.000) –
– (56.875 + 14.792 + 5.000)

= 411.861 – 76.667

= $ 335.194

o que evidencia, em outras palavras, o montante adicional de recursos em giro em relação aos valores médios mantidos por seus elementos no período.

1.8 *DURATION* E LIQUIDEZ

Um aspecto importante na avaliação da liquidez da empresa é a distribuição do fluxo financeiro futuro de uma empresa no tempo. Considere a situação de uma empresa com um índice de liquidez corrente elevado. Se suas obrigações de curto prazo tiverem vencimento nos próximos dias, é necessário ou que o fluxo de recebimentos seja compatível com essas necessidades de recursos ou que a empresa possua disponibilidade suficiente para garantir o cumprimento das obrigações. Nessa situação, a liquidez corrente não informa nada sobre a falta de sincronia do fluxo financeiro futuro. Essa situação torna-se mais delicada, ainda quando a empresa apresentar dificuldades de obter recursos no mercado financeiro.

Para melhor *ilustrar*, considere uma empresa com os seguintes valores para seu ativo e passivo de curto prazo:

Bancos	1.000	Fornecedores	14.000
Aplicações Financeiras	5.000	Empréstimos	6.000
Valores a Receber	15.000		
Estoques	18.000		
Ativo Circulante	$ 39.000	Passivo Circulante	$ 20.000

Com base nessas informações, é possível determinar os valores dos principais indicadores financeiros vinculados à liquidez da empresa:

Liquidez Corrente = Ativo Circulante / Passivo Circulante = $ 39.000/$ 20.000 = 1,95

Liquidez Seca = (Ativo Circulante – Estoques) / Passivo Circulante =
$ 39.000 – $ 18.000/$ 20.000 = 1,05

Capital Circulante Líquido = Ativo Circulante – Passivo Circulante =
$ 39.000 – $ 20.000 = $ 19.000

Nota-se que a empresa apresenta expressiva liquidez. Entretanto, esses indicadores revelam pouco o impacto dos ativos e passivos de curto prazo no fluxo de caixa. Considere as seguintes informações adicionais:

1. Aplicação Financeira = corresponde a dois investimentos realizados pela empresa: o primeiro, com valor de $ 2.000 e com prazo de vencimento

de 30 dias, a uma taxa de remuneração de 1,20% ao mês; e o segundo, de $ 3.000, com prazo de vencimento de 90 dias, a 1,30% ao mês.

2. Valores a Receber = correspondem a três duplicatas, de $ 3.750, $ 5.250 e $ 6.000, que deverão ser recebidas em 74, 108 e 254 dias, respectivamente. A taxa de juros mensal é de 1,8% para a primeira duplicata, 2,3% para a segunda, e 2,8% para a terceira.

3. Estoques = os estoques serão inicialmente convertidos em valores a receber. Estima-se que o mesmo será convertido em disponível em quatro datas: em 100, 180, 280 e 340 dias. As parcelas serão iguais a $ 4.500 e a taxa de juros mensal é de 1,9%; 2,5%; 2,7%; e 3%, nesta ordem.

4. Fornecedores = essa conta corresponde a dois títulos de igual valor, o primeiro vencendo em 15 dias e o segundo vencendo em 30 dias. A taxa de juros mensal é de 1,2% e 1,3%.

5. Empréstimos = a empresa possui dois empréstimos, um a vencer em 30 dias, no valor de $ 4.200 e 1,6% de taxa de juros mensal, e outro, a vencer em 60 dias, no valor de $ 1.800, taxa de juros de 1,8%.

Com esses valores, pode-se calcular o valor presente desse fluxo de caixa. A Figura 1.12 traduz o fluxo de caixa da empresa no tempo. Como pode ser observado, a quantidade de recursos existentes na conta-corrente é insuficiente para fazer face aos compromissos com fornecedores e instituições financeiras. Assim, a informação gerada pelos índices de liquidez pode iludir, uma vez que todos os valores são tratados como possuindo idêntico nível de liquidez.

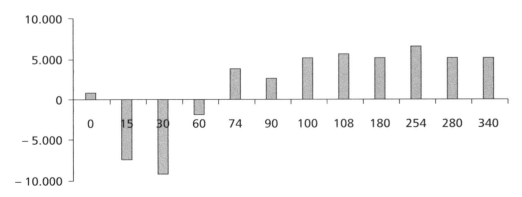

Figura 1.12 *Fluxo de caixa.*

Uma possível alternativa é trazer o fluxo futuro a valor presente, utilizando a taxa de juros de cada operação. Os cálculos seriam os seguintes:

$$\text{Aplicação Financeira} = \frac{2.000}{1,012} + \frac{3.000}{1,013^3} = 1.976 + 2.886 = 4.862$$

$$\text{Valores a Receber} = \frac{3.750}{1,018^{74/30}} + \frac{5.250}{1,023^{108/30}} + \frac{6.000}{1,028^{254/30}} = 13.175$$

$$\text{Estoques} = \frac{4.500}{1,019^{100/30}} + \frac{4.500}{1,025^{180/30}} + \frac{4.500}{1,027^{280/30}} + \frac{4.500}{1,03^{340/30}} = 14.835$$

$$\text{Fornecedores} = \frac{7.000}{1,012^{15/30}} + \frac{7.000}{1,013^{30/30}} = 13.869$$

$$\text{Empréstimos} = \frac{4.200}{1,016^{30/30}} + \frac{1.800}{1,018^{60/30}} = 5.871$$

$$\text{Bancos} = 1.000$$

O resultado final aponta um ativo circulante, a valor presente, de $ 33.872, e um passivo circulante de $ 19.739. Com isso, a liquidez corrente reduz de 1,92 para 1,72. De igual modo, a liquidez seca apresenta redução de 1,05 para 0,96, indicando que a liquidez da empresa é menor do que inicialmente calculada. Entretanto, mesmo quando se determina a liquidez a valor presente, nada parece indicar os problemas de curto prazo da empresa.

Cálculo alternativo pode ser feito utilizando a liquidez ponderada, conforme explicitado no item 1.7. Os cálculos necessários são os seguintes:

	Prazo (dias)	Valor ($)	Giro	Liquidez	
Aplicações Financeiras	30	2.000	12	= 2.000 – 2.000/12,00 = 1.833	$ 4.083
	90	3.000	4	= 3.000 – 3.000/4,00 = 2.250	
Valores a Receber	74	3.750	4,86	= 3.750 – 3.750/4,86 = 2.979	$ 8.421
	108	5.250	3,33	= 5.250 – 5.250/3,33 = 3.675	
	254	6.000	1,42	= 6.000 – 6.000/1,42 = 1.767	
Estoques	100	4.500	3,60	= 4.500 – 4.500/3,60 = 3.250	$ 6.750
	180	4.500	2,00	= 4.500 – 4.500/2,00 = 2.250	
	280	4.500	1,29	= 4.500 – 4.500/1,29 = 1.000	
	340	4.500	1,06	= 4.500 – 4.500/1,06 = 250	
Empréstimos	30	4.200	12,00	= 4.200 – 4.200/12,00 = 3.850	$ 5.350
	60	1.800	6,00	= 1.800 – 1.800/6,00 = 1.500	
Fornecedores	15	7.000	24,00	= 7.000 – 7.000/24 = 6.708	$ 13.125
	30	7.000	12,00	= 7.000 – 7.000/12 = 6.417	

Com esses valores, é possível calcular o valor da liquidez corrente, liquidez seca e capital circulante líquido:

Ativo Circulante = 1.000 + 4.083 + 8.421 + 6.750 = 20.254

Passivo Circulante = 13.125 + 5.350 = 18.475

Liquidez Corrente = 20.254/18.475 = 1,10

Liquidez Seca = 0,73

Capital Circulante Líquido = 20.254 – 18.475 = 1.779

Nesse exemplo, o indicador de liquidez ponderada é muito mais ilustrativo da situação real de liquidez da empresa do que os índices tradicionais. Outra opção de avaliar a liquidez é por meio da determinação da duração (*duration*) dos ativos e passivos de curto prazo. Procura-se obter o número de dias correspondente em que o fluxo financeiro será convertido num fluxo equivalente com uma única entrada, para o caso de ativos, ou uma única saída, para o caso de passivos.

Considere as duas aplicações financeiras da empresa apresentada no exemplo. Trazendo a aplicação com prazo de 30 dias a valor presente tem-se o valor de $ 1.976 ou 2.000/1,012. Fazendo o mesmo procedimento para a segunda aplicação, com prazo de 90 dias, tem-se $ 2.886 ou $3.000/1,013^3$. Com isso, o valor presente da aplicação financeira é de $ 4.862. Demonstra-se, a seguir, a obtenção da duração para a aplicação financeira:

- Duração da Aplicação Financeira =

$$\frac{\sum_{k=1}^{j} tk \times \dfrac{M_k}{(1 + i_k)^t}}{\sum_{k=1}^{j} \dfrac{M_k}{(1 + i_k)^t}} = \frac{30 \times \dfrac{2.000}{1,012} + 90 \dfrac{3.000}{1,013^3}}{\dfrac{2.000}{1,012} + \dfrac{3.000}{1,013^3}} = 66 \text{ dias}$$

Nessa situação, a aplicação financeira, cujo valor contábil é de $ 5.000, corresponde a uma aplicação de $ 4.862 com prazo médio de 66 dias a uma taxa de juros de 1,2854% ao mês.[6]

Esse mesmo cálculo pode ser feito para as outras contas do ativo circulante e do passivo circulante:

- Duração de Valores a Receber =

$$\frac{74 \times \dfrac{3.750}{1,018^{74/30}} + 108 \times \dfrac{5.250}{1,023^{108/30}} + 254 \times \dfrac{6.000}{1,028^{254/30}}}{\dfrac{3.750}{1,018^{74/30}} + \dfrac{5.250}{1,023^{108/30}} + \dfrac{6.000}{1,028^{254/30}}} = 151 \text{ dias}$$

---

[6] O valor da taxa de juros pode ser obtido por $[(5.000/4.862)^{30/66} - 1]$.

- Duração de Estoques =

$$\frac{100 \times \dfrac{4.500}{1,019^{100/30}} + 180 \times \dfrac{4.500}{1,025^{180/30}} + 280 \times \dfrac{4.500}{1,027^{280/30}} + 340 \times \dfrac{4.500}{1,03^{340/30}}}{\dfrac{4.500}{1,019^{100/30}} + \dfrac{4.500}{1,025^{180/30}} + \dfrac{4.500}{1,027^{280/30}} + \dfrac{4.500}{1,03^{340/30}}} = 216 \text{ dias}$$

- Duração de Fornecedores =

$$\frac{15 \times \dfrac{7.000}{1,012^{0,5}} + 30 \times \dfrac{7.000}{1,012}}{\dfrac{7.000}{1,012^{0,5}} + \dfrac{7.000}{1,012}} = 22 \text{ dias}$$

- Duração de Empréstimos =

$$\frac{30 \times \dfrac{4.200}{1,016} + 60 \times \dfrac{1.800}{1,018^2}}{\dfrac{4.200}{1,016} + \dfrac{1.800}{1,018^2}} = 39 \text{ dias}$$

Resumindo o resultado da duração, tem-se o seguinte balanço:

Bancos	0 dia	Fornecedores	22 dias
Aplicações Financeiras	66 dias	Empréstimos	39 dias
Valores a Receber	151 dias		
Estoques	21 6 dias		
Ativo Circulante[7]	163 dias	Passivo Circulante	27 dias

Agora tem-se um quadro mais esclarecedor da situação de curto prazo da empresa. Pode-se perceber que o prazo das obrigações é menor que o prazo dos ativos de curto prazo, indicando que a empresa deve buscar novas linhas de financiamento ou antecipações de recebimentos para suprir essas eventuais necessidades de recursos.

---

[7] Os valores totais do ativo circulante e do passivo circulante foram calculados com base em cada fluxo individual.

EXERCÍCIOS

Questões

1. Diferencie capital de giro de capital de giro líquido.

2. A partir das expressões estudadas no item 1.1, indique os dois significados do capital de giro líquido.

3. Conceitue ciclo operacional; financeiro e econômico.

4. Explique o conflito risco-retorno na gestão do capital de giro.

5. Quais as vantagens de uma empresa manter liquidez?

6. Como a taxa de juros influencia na gestão do capital de giro?

7. Qual a vantagem da liquidez ponderada em relação à liquidez corrente?

8. Uma empresa pode ter uma elevada liquidez corrente e possuir problemas de sincronia do fluxo financeiro?

Problemas

1. A seguir são apresentadas informações[8] sobre o ciclo operacional e financeiro de uma empresa. Faça uma análise da evolução e explique o comportamento

	t5	t6	t7	t8	t9	t10	t11	t12	t13	t14
PME	98	103	102	105	103	106	106	102	104	114
PMR	3	4	6	5	6	8	8	8	10	13
Ciclo Operacional	101	107	108	110	109	114	114	110	114	127
PMP	41	43	42	43	42	37	35	35	35	43
Ciclo Financeiro	60	64	66	67	67	77	79	75	79	84

---

[8] Adaptado de WHITE, Gerald et al. *Financial statements*. New York: John Wiley, 1998. p. 158.

2. Considere a empresa *Líquida* com as seguintes informações:

	31-12-x7	30-11-x7		31-12-x7	30-11-x7
Caixa	2.696	2.561	Salários a Pagar	5.118	3.582
Aplicação Financeira	3.955	4350	Fornecedores	6.142	4.298
Clientes	17.797	15.127	Imposto a Pagar	529	716
Estoques	14.237	13.098	Empréstimos	4.943	4.647
Ativo Circulante	**$ 38.684**	**$ 35.136**	**Passivo Circulante**	**$ 16.732**	**$ 13.244**
Terrenos	15.472	12.379	Empréstimo a Longo Prazo	7.168	6.810
Máquinas e Equip.	46.421	46.421	**Passivo não Circulante**	**$ 7.168**	**$ 6.810**
Depreciação Acumulada	(14.390)	(13.926)			
Ativo Não Circulante	**$ 47.504**	**$ 44.874**	Capital Social	37.500	30.000
			Reserva de Lucros	24.788	29.957
			Patrimônio Líquido	**62.288**	**59.957**
ATIVO TOTAL	**$ 86.188**	**$ 80.010**	**PASSIVO e PL**	**$ 86.188**	**$ 89.010**

Determine o valor da *liquidez corrente* (LC) e da *liquidez seca* (LS) da empresa no final de X7 (novembro e dezembro).

3. Considere as seguintes informações adicionais sobre a empresa *Líquida*, do exercício anterior:

Data Vencimento Aplicação	15-01-x8
Data Venc. Empréstimo	30-06-x8
Pagamento Salário	05-01-x8
Pagamento Imposto	10-01-x8
Prazo de Estocagem	14,13 dias
Prazo Recebimento Clientes	11.84 dias
Prazo Pagamento Fornecedores	5,88 dias

Calcule a *liquidez ponderada* de 31.12.X7. Demonstre todos os cálculos realizados.

4. A empresa *Líquida* apresentava, no dia 31 de dezembro de X0, às 4 horas da tarde, a seguinte estrutura patrimonial:

Ativo		**Passivo**	
Caixa	30	Fornecedores	50
Aplicações	20	Empréstimos	65
Clientes	90	IR a Pagar	10
Estoques	85		

Para esta posição patrimonial a empresa apresenta um índice de liquidez corrente de 1,8. O gerente financeiro sabe, no entanto, que para obter empréstimo no banco o índice de liquidez é de fundamental importância. É de seu conhecimento, também, que o banco exige uma liquidez corrente mínima de dois. (O banco trabalha com o conceito de quanto maior, melhor.) Sabedor destas informações, o gerente decide, neste instante, pagar $ 25 de sua dívida para com fornecedores.

a. Determine o novo índice de liquidez corrente.

b. A empresa *Líquida* apresenta, após o pagamento feito pelo gerente, uma melhor posição de liquidez?

c. De que forma a decisão do gerente poderia ser captada em termos de liquidez efetiva?

5. Com respeito ao exercício anterior, determine a liquidez seca, a liquidez imediata e a liquidez ponderada para nova situação. As informações necessárias são as seguintes:

> Rotação de estoques = 5 vezes;
>
> Rotação de duplicatas a receber = 6 vezes;
>
> Rotação de fornecedores = 2 vezes;
>
> Prazo de pagamento de empréstimo = 30-6-01
>
> Prazo de pagamento de impostos = 30-1-01
>
> Prazo de vencimento das aplicações financeiras = 15-1-01

6. Uma empresa possuía o seguinte balanço patrimonial: Aplicações Financeiras = $ 4.000; Valores a Receber = 15.000; Fornecedores = 8.000 e Empréstimos = 25.000. Em outras palavras, a liquidez corrente da empresa era de 0,58. Apesar de reduzida liquidez, o gestor, utilizando os conceitos de liquidez ponderada e *duration*, verificou que a situação não era tão preocupante. Com base nas seguintes informações, determine o valor da liquidez ponderada e da *duration* da empresa:

	Valor ($)	Juros	Prazo
Aplicações Financeiras	4.000	1,00%	15
Valores a Receber 1	12.000	1,50%	20
Valores a Receber 2	3.000	1,50%	30
Fornecedores	8.000	1,80%	40
Empréstimos 1	15.000	3,00%	150
Empréstimos 2	10.000	2,80%	270

2

Fluxos de Caixa

Contextos econômicos modernos de concorrência de mercado exigem das empresas maior eficiência na gestão financeira de seus recursos, não cabendo indecisões sobre o que fazer com eles. Sabidamente, uma boa gestão dos recursos financeiros reduz substancialmente a necessidade de capital de giro, promovendo maiores lucros pela redução principalmente das despesas financeiras.[1]

Em verdade, a atividade financeira de uma empresa requer acompanhamento permanente de seus resultados, de maneira a avaliar seu desempenho, bem como proceder aos ajustes e correções necessárias. O objetivo básico da função financeira é prover a empresa de recursos de caixa suficientes de modo a respeitar os vários compromissos assumidos e promover a maximização da riqueza.

É neste contexto que se destaca o *fluxo de caixa* como um instrumento que possibilita o planejamento e o controle dos recursos financeiros de uma empresa. Gerencialmente, é indispensável ainda em todo o processo de tomada de decisões financeiras.

Conceitualmente, o fluxo de caixa é um instrumento que relaciona os ingressos e saídas (desembolsos) de recursos monetários no âmbito de uma empresa em determinado intervalo de tempo. A partir da elaboração do fluxo de caixa é possível prognosticar eventuais excedentes ou escassez de caixa, determinando-se medidas saneadoras a serem tomadas.

---

[1] Até o item 2.5 deste capítulo foi adaptado do trabalho: ASSAF NETO, Alexandre. *O fluxo de caixa e sua importância para a gestão empresarial.* Temática contábil e balanços. IOB, Bol. 21/89.

O fluxo de caixa é de fundamental importância para as empresas, constituindo-se numa indispensável sinalização dos rumos financeiros dos negócios. Para se manterem em operação, as empresas devem liquidar corretamente seus vários compromissos, devendo como condição básica apresentar o respectivo saldo em seu caixa nos momentos dos vencimentos. A insuficiência de caixa pode determinar cortes nos créditos, suspensão de entregas de materiais e mercadorias, e ser causa de uma séria descontinuidade em suas operações.

O conflito básico da administração financeira resume-se no conhecido dilema *risco × retorno,* conforme comentado no capítulo anterior. A manutenção de saldos de caixa propicia folga financeira imediata à empresa, revelando melhor capacidade de pagamento de suas obrigações. Neste posicionamento, a administração não deve manter suas reservas de caixa em níveis elevados como forma de maximizar a liquidez. Ao contrário, deve buscar um volume mais adequado de caixa sob pena de incorrer em custos de oportunidades crescentes. É indispensável que a empresa avalie criteriosamente seu ciclo operacional, conforme apresentado no capítulo anterior, de maneira a sincronizar as características de sua atividade com o desempenho do caixa.

Os fluxos de caixa costumam apresentar-se sob diferentes formas: restritos, operacionais e residuais, podendo ainda relacionar o conjunto das atividades financeiras da empresa dentro de um sentido amplo, decorrente das operações.

É importante que se avalie também que limitações de caixa não se constituem em característica exclusiva de empresas que convivem com prejuízo. Empresas lucrativas podem também apresentar problemas de caixa como consequência do comportamento de seu ciclo operacional. Por outro lado, problemas de caixa costumam ocorrer, ainda, em lançamentos de novos produtos, fases de expansão da atividade, modernização produtiva etc.

Cabe destacar ainda que as várias informações financeiras consideradas neste capítulo são obtidas de relatórios contábeis normalmente apurados pelas empresas. Dependendo evidentemente da qualidade do controle e complexidade de atuação da empresa, os dados financeiros necessários para a elaboração do fluxo de caixa podem ser levantados segundo outros critérios pelos analistas internos, inclusive a partir de sistemas de informações *online.* O objetivo básico deste capítulo constitui-se, em essência, na interpretação e análise dos fluxos de caixa, não centrando maiores preocupações nos sistemas de informações disponíveis nas empresas.

2.1 ABRANGÊNCIA DO FLUXO DE CAIXA

Foi comentado que o fluxo de caixa descreve as diversas movimentações financeiras da empresa em determinado período de tempo, e sua administração tem por objetivo preservar uma liquidez imediata essencial à manutenção das atividadades da empresa. Por não incorporar explicitamente um retorno operacional, seu saldo deve ser o mais baixo possível, o suficiente para cobrir as várias necessidades associadas aos fluxos de recebimentos e pagamentos. Deve-se ter em conta que saldos mais reduzidos de caixa podem provocar, entre outras consequências, perdas de descontos financeiros vantajosos pela incapacidade de efetuar compras a vista junto aos fornecedores. Por outro lado, posições de mais elevada liquidez imediata, ao mesmo tempo que promovem segurança financeira para a empresa, apuram maior custo de oportunidade. Em essência, este é o dilema *risco e rentabilidade* presente nas finanças das empresas.

Ao apurar o saldo líquido destes fluxos monetários, o instrumento do fluxo de caixa permite que se estabeleçam prognósticos com relação a eventuais sobras ou faltas de recursos, em função do nível de caixa desejado pela empresa.

O fluxo de caixa não deve ser enfocado como uma preocupação exclusiva da área financeira. Mais efetivamente, deve haver comprometimento de todos os setores empresariais com os resultados líquidos de caixa, destacando-se:

- a área de *produção,* ao promover alterações nos prazos de fabricação dos produtos, determina novas alterações nas necessidades de caixa. De forma idêntica, os custos de produção têm importantes reflexos sobre o caixa;

- as decisões de *compras* devem ser tomadas de maneira ajustada com a existência de saldos disponíveis de caixa. Em outras palavras, deve haver preocupação com relação à sincronização dos fluxos de caixa, avaliando-se os prazos concedidos para pagamento das compras com aqueles estabelecidos para recebimento das vendas;

- políticas de *cobrança* mais ágeis e eficientes, ao permitirem colocar recursos financeiros mais rapidamente à disposição da empresa, constituem-se em importante reforço de caixa;

- a área de *vendas,* junto com a meta de crescimento da atividade comercial, deve manter um controle mais próximo sobre os prazos concedidos e hábitos de pagamentos dos clientes, de maneira a não pressionar negativamente o fluxo de caixa. Em outras palavras, é recomendado que toda decisão envolvendo vendas deve ser tomada somente após uma prévia avaliação de suas implicações sobre os resultados de caixa (exemplos: prazo de cobrança, despesas com publicidade e propaganda etc.);

- a área *financeira* deve avaliar criteriosamente o perfil de seu endividamento, de forma que os desembolsos necessários ocorram concomitantemente à geração de caixa da empresa.

Uma adequada administração dos fluxos de caixa pressupõe a obtenção de resultados positivos para a empresa, devendo ser focalizada como um segmento lucrativo para seus negócios. A melhor capacidade de geração de recursos de caixa promove, entre outros benefícios à empresa, menor necessidade de financiamento dos investimentos em giro, reduzindo seus custos financeiros.

Dessa forma, o objetivo fundamental para o gerenciamento dos fluxos de caixa é atribuir maior rapidez às entradas de caixa em relação aos desembolsos ou, da mesma forma, otimizar a compatibilização entre a posição financeira da empresa e suas obrigações correntes.

As principais áreas que podem contribuir para melhor desempenho do fluxo de caixa, acelerando os ingressos ou retardando os desembolsos, inserem-se basicamente nas fases do ciclo operacional discutidas no capítulo anterior. É sabido que a extensão do ciclo operacional é o fator determinante das necessidades de recursos do ativo circulante; ele é administrado através de:

- negociações com fornecedores e outros credores visando alongar os prazos de pagamento;
- medidas mais eficientes de valores a receber, sem prejuízo de vendas futuras, objetivando reduzir o volume de clientes em atraso e inadimplentes;
- decisões tomadas na área com intuito de diminuir os estoques e incrementar seu giro;
- concessão de descontos financeiros, sempre que economicamente justificados, na expectativa de redução dos prazos de recebimentos das vendas etc.

Os sistemas de cobrança, por seu lado, devem ser avaliados com base em sua facilidade de pagamento e rapidez de emissão e entrega das faturas/duplicatas aos clientes. A agilidade do sistema revela-se mais indispensável, ainda, no caso de clientes que pagam somente em determinado(s) dia(s) do mês, ou que apresentam um processo lento de pagamento.

De maneira *ampla,* o fluxo de caixa é um processo pelo qual uma empresa gera e aplica seus recursos de caixa determinados pelas várias atividades desenvolvidas. Neste enfoque, ainda, o fluxo de caixa focaliza a empresa como um todo, tratando das mais diversas entradas e saídas (movimentações financeiras) de caixa refletidas por seus negócios.

O comportamento genérico do fluxo de caixa é ilustrado na Figura 2.1.

No esquema apresentado na Figura 2.1, podem ser visualizados como os recursos monetários se movimentam em função das diversas atividades operacionais, financeiras e legais executadas pela empresa, envolvendo a administração do capital de giro e as decisões financeiras de longo prazo.

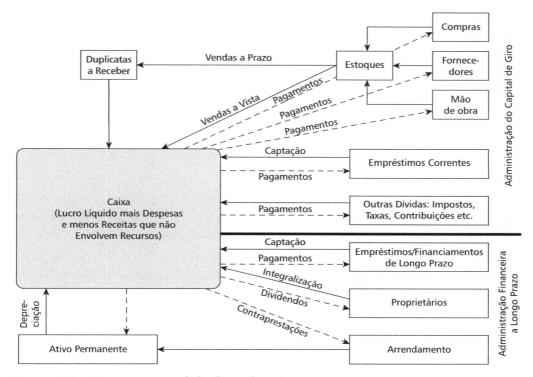

Figura 2.1 *Diagrama geral do fluxo de caixa.*

O fluxo de fundos representado ilustra os movimentos dos *fluxos operacionais* (compra/venda de ativos, depreciação, recebimentos de vendas, despesas e custos de produção etc.), e *financeiros e legais* (pagamentos de empréstimos e financiamentos, integralização de capital social, distribuição de dividendos, recolhimentos de tributos etc.) verificados no período. O conhecimento destas transações é fundamental para a determinação e análise das mutações ocorridas tanto nos fluxos do capital circulante líquido como nos de caixa da empresa em determinado intervalo de tempo.

Por outro lado, o entendimento do fluxo de caixa pode dar-se também dentro de um sentido mais restrito, definido por *fluxo de caixa proveniente das operações*. Este fluxo é formado de maneira progressiva, determinado como um resultado monetário, no sentido de realização de caixa, proveniente das operações realizadas pela empresa. Em outras palavras, são os recursos gerados por suas próprias operações em determinado período, também denominados por *geração interna de caixa*.

O fluxo de caixa proveniente das operações é apurado, na hipótese de realização financeira plena de todas as operações, pela soma do lucro líquido (após o Imposto de Renda e antes dos dividendos e participações) com os custos e despesas caracteristicamente não desembolsáveis, ou seja, aqueles que afetaram o resultado do período, mas não consumiram efetivamente recursos (depreciação, apropriação de encargos financeiros por competência etc.) nesse mesmo período. Deste resultado, ainda, devem ser subtraídas as receitas consideradas na apuração do lucro, mas que não envolveram efetivamente ingressos de recursos, tais como receita de equivalência patrimonial, juros ativos apropriados contabilmente etc.

Observe na Figura 2.2 que o valor resultante em caixa, após ter sido completado o ciclo operacional da empresa, é o proveniente das operações. Nesta situação, admite-se que todas as receitas tenham sido recebidas e todos os credores por custos e despesas pagos integralmente.

Nestas condições, a forma mais rápida de se apurar o fluxo de caixa proveniente das operações a partir do demonstrativo de resultados de um período é somar ao lucro líquido aquelas despesas classificadas como não desembolsáveis e subtrair as receitas tidas como não realizadas financeiramente.

Não obstante sua simplicidade, o método de cálculo exposto constitui-se numa medida aproximada do fluxo de caixa proveniente das operações. Em determinadas situações, a demonstração de resultados, conforme convencionalmente elaborada pela contabilidade, já não revela claramente os elementos que afetaram o lucro líquido sem consumir recursos de caixa. Por outro lado, a elaboração do fluxo de caixa decorrente das operações implica também a hipótese discutida de realização plena, em termos de caixa, de todos os itens que participaram da formação do lucro.

Para uma conclusão mais correta sobre o comportamento dos fluxos de caixa das operações, é indispensável o conhecimento destas informações adicionais. O item seguinte desenvolve uma metodologia completa de apuração dos fluxos de caixa.

2.2 METODOLOGIAS DE APURAÇÃO E ANÁLISE DO FLUXO DE CAIXA

Esquematicamente, o modelo usualmente adotado como padrão de apuração do fluxo de caixa encontra-se representado na Figura 2.2.

ORIGENS DE RECURSOS (Operações que elevam o fluxo de caixa)	$
Lucro (Prejuízo) do Período	XXX
(±) Despesas/Receitas que não envolvem recursos	XXX
Fluxo de Caixa Proveniente das Operações:	XXX
(+) Aumentos no Passivo e Patrimônio Líquido	XXX
(+) Reduções no Ativo	XXX
A. Total dos Aumentos (Origens) de Caixa:	**XXX**
APLICAÇÕES DE RECURSOS (Operações que diminuem o fluxo de caixa)	
Aumento no Ativo	XXX
(+) Reduções no Passivo e Patrimônio Líquido	XXX
B. Total das Reduções (Aplicações) de Caixa:	**XXX**
C. Variações Líquidas nas Disponibilidades (A – B)	**XXX**

Figura 2.2   *Origens e aplicações de caixa.*

O demonstrativo das origens e aplicações de caixa, conforme ilustrado, permite que se analisem as movimentações dos recursos financeiros que foram manuseados pela empresa e que resultaram em determinada variação em seu saldo final de caixa. As *origens* ou *fontes* de recursos são identificadas em aumentos de passivos e patrimônio líquido e reduções de ativos, tais como elevações em valores a pagar, em dívidas por financiamentos e em empréstimos bancários, aporte de capital acionário, venda de imobilizado etc. As *aplicações* ou *usos* dos recursos ocorrem por incrementos nos ativos ou reduções de passivos e patrimônio líquido, como compras de imobilizado e outros bens permanentes, amortizações de dívidas, pagamentos de dividendos etc.

Deve ser observado que não são as operações que promovem variações no caixa. Transações que não envolvem dinheiro, como compras a prazo, aumento de capital por incorporação de reservas etc., em nada afetam o resultado de caixa.

De maneira simplista, a elaboração do fluxo de caixa processa-se pela comparação de demonstrativos contábeis de início e de fim de período. Um nível maior de detalhamento e qualidade do relatório gerado ocorre somente pelo acesso a informações adicionais àquelas produzidas pelos demonstrativos convencionais, revelando-se os vários movimentos do caixa.

> É importante destacar que a apresentação a seguir considera que a empresa não faz a apuração regular da Demonstração dos Fluxos de Caixa (DFC). Esta demonstração tornou-se obrigatória a partir da Lei 11.638, de 2007, sendo possível ter estas informações a partir das demonstrações divulgadas ao público externo. No entanto, muitas empresas não elaboram ou divulgam esta demonstração, apesar de sua relevância.

2.2.1 Apuração do fluxo de caixa por balanços consecutivos

Ilustrativamente, suponha os seguintes balanços patrimoniais elaborados pela Cia. FLOW, referentes aos exercícios de X6 e X7, conforme apresentados na Figura 2.3.

	31-12-x7	31-12-x6
Disponibilidades	$ 675.000	$ 720.000
Valores a Receber	6.300.000	3.500.000
Estoques	2.625.000	2.580.000
Ativo Circulante	**9.600.000**	**6.800.000**
Imobilizado	4.560.000	2.400.000
(–) Depreciação Acumulada	(945.000)	(480.000)
Ativo não Circulante	**$ 3.615.000**	**$ 1.920.000**
Ativo total	**$ 13.215.000**	**$ 8.720.000**
Fornecedores	1.800.000	1.200.000
Provisão para IR	600.000	200.000
Empréstimos Bancários	3.000.000	1.800.000
Passivo Circulante	**$ 5.400.000**	**$ 3.200.000**
Passivo não Circulante	**$ 1.965.000**	**$ 1.320.000**
Capital	3.150.000	2.400.000
Reservas	2.700.000	1.800.000
Patrimônio Líquido	**$ 5.850.000**	**$ 4.200.000**
Passivo e Patr. Líquido	**$ 13.215.000**	**$ 8.720.000**

Figura 2.3 *Balanços da Cia. FLOW.*

Os balanços da Cia. FLOW revelam uma redução de $ 45.000 ($ 675.000 – $ 720.000) em seu saldo de caixa ao final do exercício de X7. Comparando-se simplistamente os dois balanços elaborados, pode-se explicar o desempenho das disponibilidades através das seguintes mutações financeiras:

A. Origens de Recursos para o Caixa	
Provenientes de:	
Fornecedores: $ 1.800.000 – $ 1.200.000	$ 600.000
Empréstimos Bancários: $ 3.000.000 – $ 1.800.000	1.200.000
Provisão para IR: $ 600.000 – $ 200.000	400.000
Financiam. a Longo Prazo: $ 1.965.000 – $ 1.320.000	645.000
Patrimônio Líquido: $ 5.850.000 – $ 4.200.000	1.650.000
TOTAL:	**$ 4.495.000**
B. Aplicações de Recursos de Caixa	
Aplicados em:	
Valores a Receber: $ 6.300.000 – $ 3.500.000	$ 2.800.000
Estoques: $ 2.625.000 – $ 2.580.000	45.000
Imobilizado: $ 3.615.000 – $ 1.920.000	1.695.000
TOTAL:	**$ 4.540.000**
Variação nas Disponibilidades (A – B):	**($ 45.000)**

Apesar de apurar exatamente a variação líquida no caixa, a metodologia mais simples de comparação de dois balanços consecutivos não fornece elementos para uma boa análise. Ela é pouco analítica; não evidencia as transações realizadas pela empresa no período e trabalha somente com os resultados finais das contas patrimoniais.

2.2.2 Fluxo de caixa no sentido restrito e amplo

Para o aprimoramento da qualidade analítica do fluxo de caixa, considere a seguinte *demonstração de resultados* da Cia. FLOW, apurada para o exercício de X7.

Receitas de Vendas	$ 20.200.000
Custo dos Produtos Vendidos	(12.000.000)
Lucro Bruto:	**$ 8.200.000**
Despesas com Vendas	(2.500.000)
Despesas Administrativas	(2.950.000)
Despesa de Depreciação	(465.000)
Lucro Operacional:	**$ 2.285.000**
Despesas Financeiras	(785.000)
Lucro Antes do IR:	**$ 1.500.000**
Provisão para IR	(600.000)
Lucro Líquido	**$ 900.000**

Figura 2.4   *Demonstração de resultado da Cia. FLOW.*

Suponha ainda que o *demonstrativo de mutação do patrimônio líquido*, de forma resumida, apresente os seguintes resultados para o exercício de X7, conforme é retratado na Figura 2.5.

Patrimônio Líquido (31-12-X6)	4.200.000
Aumento de Capital por Integralização	750.000
Lucro Líquido do Exercício de X7	900.000
Patrimônio Líquido (31-12-X7):	**$ 5.850.000**

Figura 2.5   *Mutação do patrimônio líquido da Cia. FLOW.*

Admitia também as seguintes *informações adicionais* da Cia. FLOW:

Imobilizado	
Saldo Inicial (31-12-X6)	2.400.000
Aquisições Realizadas no Exercício	2.160.000
Saldo em 31-12-X7	**$ 4.560.000**
Financiamento a Longo Prazo	
Saldo Inicial (31-12-X6)	1.320.000
Novos Financiamentos Contraídos no Exercício	645.000
Saldo em 31-12-X7:	**$ 1.965.000**

A partir dos demonstrativos contábeis e informações adicionais da Cia. FLOW, apura-se a seguir seu fluxo de caixa no sentido restrito e amplo para X7 (Figura 2.6). O que se procura, em verdade, é evidenciar as razões de as disponibilidades de caixa da empresa terem diminuído em $ 45.000 num período em que o lucro líquido alcançou o montante de $ 900.000.

ORIGENS DOS RECURSOS	
Lucro Líquido	900.000
Depreciação	465.000
Fluxo de Caixa Proveniente das Operações	*$ 1.365.000*
Aumentos nos Passivos e Patrimônio Líquido:	
Fornecedores	600.000
Empréstimos Bancários de Curto Prazo	1.200.000
Provisão para IR	400.000
Financiamentos de Longo Prazo Contraídos no Exercício	645.000
Aumento de Capital por Integralização	750.000
A. Total dos Aumentos (Origens) de Caixa:	**$ 4.960.000**
APLICAÇÕES DE RECURSOS	
Aumentos no Ativo:	
Aquisições de Imobilizado no Exercício	2.160.000
Estoques	45.000
Valores a Receber	2.800.000
B. Total das Reduções (Aplicações) de Caixa:	**$ 5.005.000**
Variações Líquidas nas Disponibilidades (A – B)	**$ (45.000)**

Figura 2.6   *Origens e aplicações de caixa da Cia. FLOW.*

O demonstrativo das origens e aplicações de caixa revela que as atividades da empresa no exercício de X7 geraram um incremento de $ 1.365.000 em suas disponibilidades. Este valor foi formado pela soma do lucro líquido com as despesas de competência do período, mas que não exigem desembolsos financeiros.

No período, ainda, a empresa gerou caixa por ingressos de novos recursos de passivos e patrimônio líquido. Estes valores, somados ao fluxo de caixa decorrente das operações, determinam o total do aumento das disponibilidades da Cia. FLOW em $ 4.960.000.

No entanto, foram consumidos $ 5.005.000 de disponibilidades no exercício, sendo a maior parte destinada para aquisição de novos imobilizados e financiamento de clientes (valores a receber). Como o total das aplicações de caixa excedeu os aumentos em $ 45.000, fica demonstrada a variação líquida negativa ocorrida no período.

O raciocínio desenvolvido de montagem do fluxo de caixa restrito constitui--se uma medida financeira não totalmente exata. O critério adotado não leva em consideração os elementos que afetaram o lucro líquido, mas que efetivamente não consumiram recursos de caixa. Assume a hipótese de realização plena, em termos de caixa, de todos os itens que formam a demonstração de resultados.

2.2.3 Fluxo de caixa efetivo

Deve ser observado que o resultado de $ 1.365.000 oriundo das próprias operações da empresa não indica necessariamente um acréscimo nas disponibilidades de caixa. Nos cálculos dos fluxos de caixa, devem ser conhecidos, entre outros, o saldo líquido entre os valores recebidos, por conta de vendas realizadas, e os pagamentos executados, determinados por compras e despesas.

Em verdade, de suas receitas de vendas, a empresa pode não ter realizado, em termos estritamente de caixa, uma parte maior que os desembolsos efetuados, ocorrendo, por conseguinte, um resultado negativo de caixa decorrente das operações do período. De outra maneira, a empresa pode ter consumido disponibilidades no exercício para financiar suas atividades.

É importante ter em consideração que o lucro líquido é um conceito contábil, apurado tradicionalmente pelo regime de competência, enquanto o fluxo de caixa é um conceito elaborado a partir de transações que afetaram efetivamente o disponível da empresa.

Desta maneira, para um cálculo mais rigoroso do fluxo de caixa que leva em conta estes aspectos, devem ser levantadas informações adicionais àquelas geralmente descritas nos demonstrativos e processados os seguintes cálculos:

- *Recebimento de Vendas* – Efetivamente, entraram no caixa da empresa as vendas realizadas no exercício mais a variação verificada na conta de valores a receber, ou seja:

Receitas de Vendas do Exercício	$ 20.200.000
(–) Acréscimo nos Valores a Receber	(2.800.000)
Vendas Efetivamente Recebidas:	**$ 17.400.000**

- *Pagamentos a fornecedores* – Pode ser obtido da forma seguinte:

Saldo Inicial de Fornecedores (31-12-X6)	$ 1.200.000
(+) Aumento de Estoques no Período	45.000
(+) Custo dos Produtos Vendidos	12.000.000
(–) Saldo Final de Fornecedores (31-12-X7)	(1.800.000)
Fornecedores Efetivamente Pagos:	**$ 11.445.000**

- *Pagamentos de despesas* – Admite-se, ilustrativamente por inexistência de qualquer variação mais específica nos demonstrativos contábeis, que as despesas operacionais e financeiras foram efetivamente pagas no exercício, atingindo o montante de:

Despesas com Vendas	$ 2.500.000
Despesas Administrativas	2.950.000
Despesas Financeiras	785.000
Despesas Efetivamente Pagas:	**$ 6.235.000**

- *IR pago* – Como prática adotada, considera-se que o IR de competência de X7 é pago somente no exercício seguinte. Desta forma, em X7 foi pago o IR provisionado no exercício anterior, no valor de $ 200.000.

A partir destas informações, pode-se agora elaborar o efetivo *fluxo de caixa* da Cia. FLOW para o exercício de X7, conforme apresentado na Figura 2.7.

ORIGEM DOS RECURSOS	
Vendas recebidas	17.400.000
(–) Pagamentos a Fornecedores	(11.445.000)
(–) Pagamentos de Despesas Operacionais e Financeiras	(6.235.000)
(–) Pagamento de Imposto de Renda	(200.000)
Fluxo de Caixa Proveniente das Operações	*(480.000)*
Empréstimos Bancários de Curto Prazo	1.200.000
Financiamentos de Longo Prazo Contraídos no Exercício	645.000
Aumento de Capital por Integralização	750.000
A. Total dos Aumentos (Origens) de Caixa	**$ 2.115.000**
APLICAÇÕES DE RECURSOS	
Aquisições de Imobilizado no Exercício	2.160.000
B. Total das Reduções (Aplicações) de Caixa	**$ 2.160.000**
Variações Líquidas nas Disponibilidades (A – B)	**$ (45.000)**

Figura 2.7 *Fluxo de caixa efetivo da Cia. FLOW.*

O fluxo de caixa efetivo da Cia. FLOW revela que o resultado de caixa gerado por suas operações foi negativo, ou seja, foram consumidas $ 480.000 das disponibilidades, que resultaram num déficit financeiro no sentido *restrito de* caixa no exercício (geração interna de caixa decorrente das operações).

Apesar de apresentar um lucro de $ 900.000, as entradas de caixa oriundas das vendas do período, e acrescidas dos recebimentos das vendas efetuadas no exercício anterior, foram insuficientes em seu total para cobrir os pagamentos por compras e despesas incorridas, revelando-se daí o referido déficit de caixa.

Através do desenvolvimento nesta análise, é possível ter uma posição mais efetiva dos resultados de caixa de uma empresa. É interessante notar que, muitas vezes, a empresa pode apresentar elevações no saldo de seu disponível no exercício em que apura um déficit em seu fluxo de caixa decorrente das operações realizadas. Uma análise centrada unicamente no saldo do disponível pode fornecer uma falsa impressão de geração positiva de caixa motivada pelas operações do período. Nestas condições, é recomendável que se trabalhe com as informações provenientes da Demonstração de Origens e Aplicações de Recursos – DOAR – que relaciona, em seu sentido mais abrangente, as mutações de todas as operações ocorridas.

2.2.4 Fluxo Indireto

A obtenção do fluxo de caixa proveniente das operações pode ser feita de forma indireta, partindo do lucro líquido do exercício. Simplificadamente, devem-se agregar ao valor do lucro líquido as variações do capital de giro, exceto os empréstimos bancários; somar (ou subtrair) as despesas e receitas que não representam desembolso de recursos; e retirar os itens que estão na demonstração do resultado que não estão diretamente relacionados com as operações da empresa, com por exemplo, o resultado da venda de imóveis.

Admita, novamente, a situação da Cia. Flow, onde o fluxo de caixa proveniente das operações atingiu menos $ 480.000, segundo demonstrado na Figura 2.7. Tem-se que o valor do lucro do exercício foi $ 900.000. Para obter o fluxo de caixa proveniente das operações pelo método indireto é necessário efetuar os seguintes cálculos:

Lucro Líquido	$ 900.000
+ Variação de Valores a Receber	(2.800.000)
+ Variação em Estoques	(45.000)
+ Variação em Fornecedores	600.000
+ Variação em Imposto de Renda a Pagar	400.000
+ Depreciação	465.000
= *Fluxo de Caixa Proveniente das Operações*	(480.000)

Como pode ser observado, o fluxo de caixa é idêntico, tanto pelo método direto (Figura 2.7) quanto pelo método indireto, conforme apresentado. Apesar dos valores numéricos serem idênticos, o método direto tem sido mais indicado, *a priori*, por apresentar, de forma mais clara, a movimentação dos recursos financeiros da empresa. Entretanto, pesquisas práticas têm mostrado que o método indireto, obtendo o fluxo das operações com base no lucro, é o mais utilizado pelas empresas.

Um aspecto positivo do método indireto é que ele parte de uma informação muito utilizada na prática financeira, o resultado do exercício, para chegar ao fluxo de caixa, demonstrando as razões das diferenças entre ambos os itens. Em outras palavras, o fluxo de caixa indireto representa uma forma de conciliação entre o regime de caixa e o regime de competência.

2.3 FLUXO DO CAPITAL CIRCULANTE LÍQUIDO

A Demonstração de Origens e Aplicações de Recursos – DOAR – descreve o fluxo do capital circulante líquido de uma empresa. Através deste relatório, podem ser avaliadas as transações que promoveram variações no saldo do CCL e, consequentemente, na posição de folga financeira da empresa.

Em sentido mais amplo, a DOAR permite que se identifiquem os fluxos financeiros que promoveram alterações no CCL, indicando suas origens (aumentos do CCL) e aplicações (reduções do CCL).

Em razão da alteração da Lei nº 6.404, a DOAR foi substituída pela Demonstração dos Fluxos de Caixa, Entretanto, o potencial analítico da DOAR é ainda relevante, conforme será demonstrado a seguir.

Identicamente ao fluxo de caixa, deve ser considerado que não são todas as transações que afetam o CCL. *Por exemplo*, pagamentos de dívidas de curto prazo e compras de estoques são operações verificadas no âmbito exclusivo do circulante, não promovendo modificações no valor do CCL. Da mesma forma, a liquidação de uma exigibilidade a longo prazo, através da obtenção de um financiamento também de longo prazo e mesmo montante, é operação que envolve unicamente itens de longo prazo, e não exerce nenhuma influência no nível do capital circulante líquido.

ORIGENS DOS RECURSOS (Operações que elevam o CCL)			
Fluxo de Caixa Proveniente das Operações			1.365.000
Financiamento de Longo Prazo Contraído no Exercício			645.000
Aumento de Capital por Integralização			750.000
Total das origens:			**$ 2.760.000**
APLICAÇÕES DOS RECURSOS (Operações que reduzem o CCL)			
Aquisições de Imobilizado no Exercício			2.160.000
Total das Aplicações			**$ 2.160.000**
Aumento do CCL em 19X7			**$ 600.000**
	31-12-X7	**31-12-X6**	**VARIAÇÃO**
Ativo Circulante	$ 9.600.000	$ 6.800.000	+ $ 2.800.000
Passivo Circulante	5.400.000	3.200.000	+ $ 2.200.000
Capital Circulante Líquido	**$ 4.200.000**	**$ 3.600.000**	**+ $ 600.000**

Figura 2.8   *Demonstração de origens e aplicações de recursos da Cia. FLOW.*

A Figura 2.8 retrata a DOAR da Cia. FLOW. Observe pelos resultados que o capital circulante líquido da empresa apresentou um crescimento de $ 600.000 em valores reais, reforçando sua folga financeira. O acréscimo representa 2/3 do lucro líquido apurado no exercício. Aproximadamente, a metade de seus recursos de giro originou-se de suas operações do período, sendo o restante oriundo de captações de terceiros e aporte de capital acionário. Uma parcela relevante destas origens foi aplicada em ativo imobilizado, restando os $ 600.000 que reforçaram a liquidez financeira da Cia FLOW.

2.4   FLUXO DE CAIXA OPERACIONAL

O fluxo de caixa operacional, ou fluxo de caixa das atividades operacionais, representa basicamente os resultados financeiros (no sentido estrito de caixa) produzidos pelos ativos identificados diretamente na atividade da empresa. Constitui-se, em outras palavras, numa medida dos recursos financeiros gerados pelas atividades estritamente operacionais e disponíveis em termos de caixa.

De maneira genérica, a identidade básica de cálculo do fluxo de caixa operacional é desenvolvida da seguinte forma:

Fluxo de Caixa Operacional = Lucro Operacional – IR sobre Lucro Operacional +/– Despesas/Receitas Operacionais que não envolvem Recursos

Deve ser ressaltada, de acordo com as observações apresentadas no cálculo do fluxo de caixa proveniente das operações, a realização financeira (de caixa) de todos os elementos que compõem esta expressão de cálculo. Caso, contrário, deve-se optar pela sistemática de apuração do fluxo de caixa efetivo desenvolvida anteriormente no item 2.2.3.

A partir da demonstração de resultados da Cia. FLOW apresentada em itens anteriores, pode-se elaborar o resultado operacional pela seguinte estrutura:

Lucro Operacional Antes do IR		**$ 2.285.000**
IR sobre o Lucro Gerado pelos Ativos (40%)		(914.000)
Lucro Operacional Após o IR		**1.371.000**
Despesas Financeiras Reais	($ 785.000)	
Economia de IR: 40% × 785.000	$ 314.000	(471.000)
Lucro Líquido		**$ 900.000**

Conforme pode ser observado, o IR de $ 600.000 foi segregado em duas partes. A primeira, de $ 914.000, refere-se ao imposto que seria devido caso a empresa não incorresse em despesas financeiras, item redutor da base de cálculo do imposto de renda. A segunda parte, de $ 314.000, refere-se à economia de tributo obtida pelo fato de a empresa financiar-se também mediante capital de terceiros, incorrendo em juros dedutíveis de IR.

Ao se admitir a realização plena (em termos de caixa) dos resultados operacionais, o fluxo de caixa operacional atinge os seguintes valores (antes e após o IR):

Lucro Operacional Antes do IR	$ 2.285.000
(+) Depreciação	465.000
Fluxo de Caixa Operacional Antes do IR:	**$ 2.750.000**
(−) IR sobre o Lucro Gerado pelos Ativos	(914.000)
Fluxo de Caixa Operacional Após o IR:	**$ 1.836.000**

Por outro lado, adotando-se os valores efetivamente pagos e recebidos no exercício, conforme calculados no item 2.2.3, a apuração do fluxo de caixa processa-se da forma seguinte:

Vendas Recebidas	$ 17.400.000
(–) Pagamentos a Fornecedores	(11.445.000)
(–) Pagamentos de Despesas com Vendas	(2.500.000)
(–) Pagamentos de Despesas Administrativas	(2.950.000)
(–) Pagamento de IR do Exercício de 19X6	(200.000)
Fluxo de Caixa Operacional Efetivo:	**$ 305.000**

2.4.1 Fluxo de caixa operacional e amortização dos passivos

Uma das mais importantes aplicações gerenciais do fluxo de caixa operacional é permitir o estabelecimento periódico dos valores máximos, suportáveis pela geração interna de caixa da empresa, de amortizações de dívidas. O que se pode extrair, em outras palavras, com as informações contidas neste fluxo de fundos é a possibilidade de adequar melhor o perfil de pagamento dos passivos da empresa com sua capacidade de geração de caixa.

Em diversos momentos, pode a empresa estar numa posição favorável, obtendo boas taxas de retorno sobre seu patrimônio líquido, mas convivendo com o impasse entre liquidez e rentabilidade. Em verdade, a empresa pode não estar operacionalmente gerando resultados de caixa suficientes para atender à demanda de pagamentos de suas dívidas. Esta situação leva, evidentemente, a conviver com a não recomendável dependência de renovar constantemente seus passivos ou obter recursos novos com o intuito de saldar dívidas vencidas.

Ilustrativamente, admita que uma empresa tenha projetado, para determinado período, os seguintes resultados:

Lucro operacional Antes do IR	= $ 160.000
Ativo Total	= $ 370.000
Alíquota de IR	= 40%
Depreciação	= $ 30.000
Estrutura do passivo	= Exigibilidades de $ 230.000 e Patrimônio Líquido de $ 140.000
Custo Médio de Captação de Mercado	= 15%

Um aspecto de gerência financeira é a conciliação entre os prazos de geração de caixa e amortização de passivos. Uma análise numérica mais simples da questão é desenvolvida a seguir, utilizando as informações do exemplo apresentado.

Lucro Operacional	$ 160.000
IR: 40% × $ 160.000	(64.000)
Lucro Operacional Líquido (Após o IR):	**$ 96.000**
Depreciação	30.000
Fluxo de Caixa Operacional (Recursos líquidos do IR Gerados pelos Ativos):	**$ 126.000**

O valor obtido representa o montante máximo de encargos financeiros e amortizações de dívidas que a empresa pode assumir utilizando sua capacidade interna de geração de caixa.

Assim, admitindo-se que o prazo de amortização oferecido à empresa seja de um ano, para uma taxa líquida (após o IR) e real de juros de 9% [= 15% – (15% × 40%)], o valor máximo do empréstimo que a empresa poderá saldar utilizando seus recursos gerados das operações é de $ 115.596 ($ 126.000/1,09). Demonstrativamente, tem-se:

Recursos Financeiros Líquidos Gerados pelos Ativos	$ 126.000
Encargos Financeiros: 15% × 115.596	(17.339)
Redução do IR a Pagar: 40% × 17.339	6.935
Amortização do Principal	(115.596)
	-0-

Este cuidado com relação à geração operacional de caixa de uma empresa é indispensável a seu equilíbrio financeiro. Deve ser ressaltado, ainda, que outras necessidades de uso do fluxo de caixa operacional podem ocorrer, como investimentos para expansão, reposição de ativos, pagamentos de dividendos etc. Estas decisões alteram naturalmente o volume máximo de captação que poderá ser realizado.

2.5 FLUXOS DE CAIXA INCREMENTAIS (MARGINAIS) E RESIDUAIS

Os fluxos de caixa incrementais são utilizados basicamente em todas as análises que estejam voltadas para os resultados adicionais, ou seja, que levam em conta unicamente valores que sejam afetados pela decisão tomada.

O uso dos fluxos de caixas incrementais ocorre geralmente nas decisões de investimento, na avaliação dos resultados de caixa de se produzir e vender uma unidade (ou um número específico de unidades) adicional do produto, na tarefa de se determinar o investimento adicional necessário em valores a receber diante de uma alteração na política de crédito da empresa etc.

Para *ilustrar* a apuração do fluxo de caixa operacional incremental, admita os seguintes valores relativos a uma proposta de investimento levantados por uma empresa:

	Resultados Antes do Novo Investimento	Resultados Esperados com o Novo Investimento	
		1º ao 3º Ano	4º ao 7º Ano
Receitas Operacionais	$ 13.600	$ 17.680	$ 24.480
Custos e Despesas	(5.440)	(6.800)	(8.840)
Depreciação	(1.360)	(1.632)	(2.040)
Lucro Operacional:	**6.800**	**9.248**	**13.600**
Despesas Financeiras	(2.720)	(3.128)	(3.400)
Lucro Antes do IR:	**4.080**	**6.120**	**10.200**
Imposto de Renda (40%)	(1.632)	(2.448)	(4.080)
Lucro Líquido:	**$ 2.448**	**$ 3.672**	**$ 6.120**

Os fluxos de caixa operacionais incrementais são obtidos a partir das diferenças entre os valores esperados em cada período futuro e aqueles apurados sem considerar o novo investimento. Estes resultados incrementais são apresentados a seguir.

	Fluxo de Caixa Incrementais ($)	
	1º ao 3º Ano	4º ao 7º Ano
Lucro Operacional	9.248 – 6.800 = 2.448	13.600 – 6.800 = 6.800
Depreciação	1.632 – 1.360 = 272	2.040 – 1.360 = 680
IR sobre Lucro Operacional (40%)	(979,2)	(2.720)
Fluxo Operacional Incremental de Caixa:	**$ 1.740,8**	**$ 4.760,0**

Pelos resultados, observa-se que nos três primeiros anos o fluxo de caixa é aumentado anualmente em $ 1.740,8, decorrente dos benefícios adicionais produzidos pelo novo investimento. Nos quatro últimos anos, este incremento de caixa anual eleva-se ainda mais, atingindo $ 4.760.

O *Fluxo de Caixa Residual,* por outro lado, é uma medida das disponibilidades líquidas exclusivas dos proprietários. Constitui-se, em outras palavras, no valor líquido de caixa que resta aos proprietários da empresa após terem sido liquidadas todas as obrigações de diferentes naturezas.

O fluxo de caixa residual é obtido a partir do fluxo de caixa proveniente das operações, devendo, no entanto, ser excluídos todos os pagamentos que não se constituem genuinamente em despesas e, portanto, não compõem a demonstração de resultados (amortização de dívidas, por exemplo). A importância desta medida restringe-se principalmente a análises que tenham por objetivo avaliar o retorno produzido exclusivamente pelo investimento de capital próprio, além de permitir a identificação da liquidez dos proprietários.

2.6 ANÁLISE DO FLUXO DE CAIXA

A demonstração dos fluxos de caixa para o usuário externo segrega os itens em três grandes grupos: fluxo das atividades de investimentos, das atividades de financiamento e das atividades operacionais.

As atividades de investimentos são aquelas oriundas das decisões de investimento de longo prazo como as decorrentes de compra de máquinas, terrenos, veículos etc. Ou seja, esse fluxo de caixa está relacionado com as movimentações de caixa que irão afetar o ativo permanente da empresa. De maneira geral, esse fluxo de caixa é negativo, e representa que as empresas têm desembolsos nas atividades de investimento. Situações contrárias, onde o fluxo de caixa é positivo, podem indicar que a empresa está reduzindo seu imobilizado, comprometendo seu nível de crescimento e sua sobrevivência futura. São típicos de empresas em regime pré-falimentar, que não conseguem obter caixa com suas operações e necessitam de recursos para fazer face às obrigações com seus financiadores.

O fluxo de caixa das atividades de financiamento é oriundo da escolha da estrutura de capital da empresa. São as movimentações de caixa decorrentes do pagamento de empréstimos, integralização de capital, pagamento de dividendos, entre outras. Quando a empresa encontra-se na fase de elevado crescimento, obterá volume de recursos superior aos pagamentos que deve realizar, levando a um fluxo de financiamento positivo. Já nos momentos de consolidação de empreendimentos, o fluxo de caixa dessas atividades tende a ser negativo.

Um dos indicadores mais relevantes de solvência de uma empresa encontra-se na geração de fluxo de caixa positivo com as atividades operacionais. Conforme comentado anteriormente, esses recursos são oriundos dos resultados da empresa, e estão, portanto, vinculados à gestão do capital de giro. Em alguns países, fazem parte do fluxo operacional as despesas financeiras; em outros, as despesas financeiras são consideradas como integrantes do fluxo de financiamento. O tratamento da remuneração de capital de terceiros como fluxo das atividades de financiamento, conforme comentado anteriormente, é o mais adequado.

É importante assinalar que o comportamento do fluxo de caixa será influenciado por diversas variáveis, entre as quais se destacam o setor de atuação da empresa, o ambiente econômico, a fase do ciclo de vida da empresa e a existência de novos projetos de investimentos. O fluxo de caixa das atividades operacionais pode assumir posições negativas, sem que isso represente um sinal de insolvência, quando a empresa encontra-se na fase inicial do ciclo de vida ou quando fez vultosas inversões em novos projetos que demandam recursos para capital de giro.

> O processo de mensuração dos fluxos indicados anteriormente, assim como o cálculo dos indicadores para análise, torna-se mais útil quando é possível fazer uma comparação do desempenho histórico da empresa ou de outras empresas do mesmo setor e do mesmo porte.

Com base na classificação do fluxo de caixa em investimento, financiamento e operacional podem-se apresentar os seguintes indicadores para sua análise:[2]

$$a) \quad Cobertura \ de \ Dívidas = \frac{Fluxo \ de \ Caixa \ das \ Operações}{Passivo \ Total}$$

Esse indicador relaciona a geração anual de caixa proveniente das operações pelas dívidas da empresa. Valores superiores à unidade permitem inferir que a empresa consegue gerar em suas operações num exercício recursos financeiros suficientes para cumprir as dívidas existentes, tanto de curto prazo quanto de longo prazo.

Um indicador mais restrito pode ser calculado pela relação com o passivo circulante da empresa. Outra alternativa, ainda mais restrita, refere-se à cobertura dos juros, onde se utilizam no denominador somente os juros pagos, medindo-se a geração de caixa operacional é suficiente para cobrir os pagamentos das despesas financeiras. Nesse caso, a cobertura dos juros deve ser superior à unidade.

$$b) \quad Retorno \ do \ Patrimônio \ Líquido = \frac{Fluxo \ de \ Caixa \ das \ Operações}{Patrimônio \ Líquido}$$

Demonstra o quanto a empresa possui capacidade de gerar caixa para os acionistas. Mostra o quanto a empresa consegue obter de caixa por unidade monetária investida pelo capital próprio. A relação entre esse indicador e o anterior, cobertura de dívidas, dependerá do nível de endividamento da empresa. Empresas com um perfil de maior nível de endividamento possuem retorno dos acionistas inferior à cobertura das dívidas.

---

[2] Adaptado de ALMEIDA, Ronaldo Schimidt G. de. *Demonstração dos fluxos de caixa*: fundamentos, aspectos normativos, elaboração e análise. 2001. Dissertação (Mestrado) – Universidade de Brasília, Brasília.

Uma alternativa é a cobertura de dividendos, que relaciona o fluxo das atividades operacionais com a remuneração efetiva ao patrimônio líquido, sob a forma de dividendos ou juros sobre capital próprio. Nesse caso, evidencia-se a capacidade de efetuar os pagamentos dos dividendos por meio dos recursos financeiros originários das operações.

c) $Cobertura\ de\ Investimento = \dfrac{Fluxo\ de\ Caixa\ das\ Operações}{Fluxo\ de\ Caixa\ de\ Investimentos}$

Esse indicador, ao relacionar o fluxo de caixa das operações com o fluxo de caixa de investimento, determina se a empresa consegue financiar seus projetos de investimento com recursos próprios. Isso ocorre quando o indicador é superior à unidade; quando a cobertura de investimento é menor que a unidade, a empresa utiliza recursos financeiros, do capital próprio ou de terceiros, para as inversões de longo prazo.

Nesse indicador, assim como em outros aqui apresentados, deve-se ter o cuidado com o sinal do fluxo de caixa. Considere o exemplo de duas empresas, conforme apresentado a seguir:

	Empresa Alfa	Empresa Beta
Fluxo de Caixa das Operações	(4.000.000)	4.000.000
Fluxo de Caixa de Investimentos	2.500.000	(2.500.000)

Ao calcular o indicador de cobertura de investimento para ambas as empresas, chega-se ao mesmo resultado. Entretanto, a situação das empresas é exatamente oposta. A Empresa Alfa não consegue gerar fluxo positivo com suas operações, e tem que utilizar a obtenção de caixa pela venda de ativo permanente. Já a empresa Beta consegue gerar recursos financeiros com suas atividades operacionais, e esses recursos são mais do que suficientes para cobrir as necessidades de investimento.

d) $Retorno\ Total = \dfrac{Fluxo\ de\ Caixa\ das\ Operações}{Fluxo\ de\ Caixa\ de\ Financiamento}$

Relaciona a entrada líquida de recursos proveniente do desempenho operacional da empresa com o fluxo de financiamento. A análise desse indicador deve ser feita com certo cuidado, uma vez que tanto o denominador quanto o numerador podem assumir valores positivos e negativos. Considere os valores apresentados na Figura 2.9.

	Fluxo de Caixa Operacional ($)	Fluxo de Caixa Financeiro ($)	Índice de Retorno Total
Empresa 1	10.000	5.000	2,00
Empresa 2	5.000	10.000	0,50
Empresa 3	5.000	(10.000)	– 0,50
Empresa 4	10.000	(5.000)	– 2,00
Empresa 5	(5.000)	(10.000)	0,50
Empresa 6	(10.000)	(5.000)	2,00
Empresa 7	(5.000)	10.000	– 0,50
Empresa 8	(10.000)	5.000	– 2,00

Figura 2.9 *Índice de Retorno total para oito empresas diferentes – em $ milhões.*

Apesar de a *empresa 1* ter o mesmo retorno total que a *empresa 6*, as situações são inversas: no primeiro caso, a empresa está gerando caixa com suas atividades e consegue captar recursos, possibilitando uma sobra que poderá ser aplicada em novos investimentos; na *empresa 6*, tem-se um caso em que não se consegue gerar dinheiro das atividades operacionais e com a captação de recursos, tendo que utilizar do fluxo de caixa de investimento, em especial da venda de imobilizado, para cobrir essa diferença. Esse mesmo problema ocorre quando se compara a *empresa 3* com a *empresa 7*; ambas possuem um retorno total de – 0,50. Na *empresa 3*, isso significa dizer que o fluxo operacional cobre somente 50% das necessidades do fluxo de financiamento; na *empresa 7*, tem-se uma situação onde o déficit das operações da empresa é coberto pela captação de recursos financeiros. De igual modo, a *empresa 4* possui o mesmo retorno total que a *empresa 8*, apesar do desempenho da *empresa 4* ser nitidamente superior ao da *empresa 8*.

e) $Retorno\ sobre\ Vendas = \dfrac{Fluxo\ de\ Caixa\ das\ Operações}{Vendas}$

Esse índice relaciona a geração de caixa pelo volume de vendas. Em outras palavras, quanto a empresa consegue gerar de fluxo de caixa líquido com suas operações para cada unidade de venda. Uma alternativa a esse indicador é utilizar o fluxo de caixa residual, cujo conceito foi demonstrado no item 2.5.

f) $Retorno\ sobre\ Ativo = \dfrac{Fluxo\ de\ Caixa\ das\ Operações}{Ativo}$

Esse índice demonstra quanto é gerado de fluxo de caixa das operações para cada unidade monetária investida no ativo. Uma alternativa mais adequada a esse índice é o retorno do investimento, onde é relacionado o fluxo das operações com o investimento total realizado pela empresa. O investimento é representado pela soma da necessidade de investimento em giro, conforme definido no Capítulo 3, e o ativo permanente.

g) $Fluxo\ sobre\ Lucro = \dfrac{Fluxo\ de\ Caixa\ das\ Operações}{Lucro\ Líquido}$

Esse índice pode demonstrar a parcela do lucro que foi realizado financeiramente. A evolução desse indicador pode ajudar a posicionar a empresa em seu ciclo de vida. Conforme pode ser visualizado na Figura 2.10, a diferença entre o denominador e o numerador desse indicador se altera ao longo da vida da empresa.[3] Na fase inicial, de entrada no mercado, o valor do fluxo de caixa tende a ser menor que o prejuízo líquido. O resultado contábil tende a reagir mais rapidamente na fase de crescimento, quando se torna positivo. Na fase seguinte, de maturidade, geralmente o fluxo de caixa das operações é superior ao lucro líquido. Dessa forma, o índice fluxo sobre lucro pode apresentar um indício de que a empresa atingiu a maturidade em seu negócio.

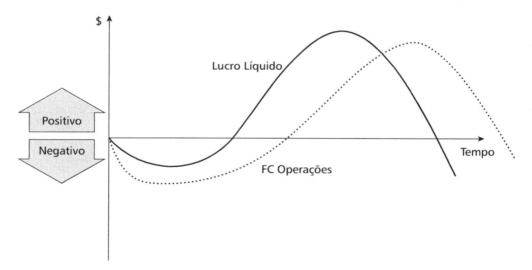

Figura 2.10 *Comportamento do fluxo de caixa das operações e do lucro líquido.*

h) $Taxa\ de\ Queima = \dfrac{Fluxo\ de\ Caixa\ das\ Operações}{Capital\ Circulante\ Líquido}$

onde Fluxo de Caixa das Operações < 0

---

[3] Vide MULFORD, Charles; COMISKEY, Eugene. *Financial warnings.* New York: John Wiley, 1 996.

Apesar de esse indicador ser utilizado somente para situações onde o fluxo de caixa gerado pelas operações é negativo, mensura em quanto tempo o capital circulante líquido (CCL) será consumido pelo fluxo negativo de caixa operacional. Se a taxa de queima for de 1, isso significa que em um exercício social o CCL será queimado pelo desempenho operacional negativo da empresa.

i) $\textit{Índice de Liquidez e Caixa} = \dfrac{\textit{Disponível}_{t-1} + \textit{FC Operações}}{\textit{Passivo Circulante Oneroso}_{t-1}}$

Esse índice relaciona o disponível existente no período anterior mais o fluxo de caixa das operações com as dívidas onerosas da empresa que serão pagas no exercício. Quando esse índice é crescente, demonstra um aumento na liquidez da empresa. Situações em que o valor é negativo denotam que a empresa não possui liquidez suficiente para pagar suas dívidas de curto prazo.

EXERCÍCIOS

Questões

1. Uma frase comum em finanças é "O Caixa é Rei". Explique o sentido desta expressão.

2. Como ocorre a relação do Caixa com os Financiamentos de Longo Prazo?

3. O uso da demonstração dos fluxos de caixa pode ocorrer analisando dados históricos ou usando os números para o desempenho futuro da empresa. Qual a relevância do uso prospectivo da demonstração?

4. Os analistas externos enfatizam muito o desempenho do fluxo de caixa proveniente das operações. Qual a razão desta ênfase?

5. No fluxo de caixa indireto, para chegar ao valor dos recursos provenientes das atividades operacionais, precisamos somar os aumentos nos passivos. Explique a razão da soma.

6. Conceitue o fluxo de caixa residual de uma empresa.

7. O índice de fluxo sobre lucro representa a divergência entre o regime de competência e o regime de caixa. Explique.

8. Explique como o fluxo de caixa das operações pode mudar ao longo da vida de uma empresa.

Problemas

1. Considere os dados do problema 2, do capítulo anterior. Com base naquelas informações, determine o fluxo de caixa por balanços consecutivos.

2. Suponha ainda os dados do problema 2 do capítulo anterior. Sejam as seguintes informações adicionais:

DRE de Dezembro	($)
Receita de Venda	45.105
Custo Produto Vendido	(30.220)
Lucro Bruto	**14.885**
Despesas Operacionais	(6.044)
Despesas Salários/Enc.	(5.118)
Despesa Depreciação	(464)
Receita Financeira	44
Lucro Operacional	**3.303**
Desp. Financ. Ernp. CP	(296)
DF Emp. LP	(358)
Lucro Antes do IR	**2.649**
Imposto de Renda	(532)
Lucro Líquido	**2.117**

	Cap. Social ($)	Res. Lucros ($)
Saldo Inicial	30.000	29.957
Aumento de Capital	7.286	(7.286)
Aumento de Capital	214	
Lucro do Exercício		2.117
Saldo Final	37.500	24.788

Apure a demonstração dos fluxos de caixa de forma completa possível.

3. A WT GRANT[4] gostaria de adquirir mercadorias a prazo de uma indústria. Para tanto está apresentando as demonstrações contábeis referentes ao exercício de 1974 e 1973. Sendo você o diretor comercial da indústria qual seria sua decisão?

Ativo	1974 (US$ milhões)	1973 (US$ milhões)
Ativo Circulante	1.102,7	979,9
Caixa/Aplicação Financeira	46,0	31,0
Contas a Receber	598,8	542,8
Estoques	450,6	399,5
Despesas Antecipadas	7,3	6,6

---

[4] GALLINGER, George; HEALEY, P. Basil. *Liquidity analysis and management* Reading: Addison-Wesley, 1991.

Invest. Subsidiárias	32,6	29,0
Invest. Debêntures	11,6	6,0
Prédios e Equipamentos	152,9	138,6
– Depreciação Acumulada	(52,5)	(47,9)
Terrenos	0,6	0,7
Diferido	5,1	4,4
Ativo	*1.253*	*1.110,7*
Passivo Circulante	*557,0*	*502,9*
Fornecedores	58,1	61,0
Contas a Pagar	453,1	380,0
Empréstimos	0	10,0
Salários a Pagar	14,7	19,0
Impostos	0	8,5
Outros	31,1	24,4
Passivo não Circulante	372,2	273,4
Patrimônio Líquido	323,8	*334,4*
Passivo	*1.253,0*	*1.110,7*

Demonstração do Resultado (US$ milhões)

	1974	1973
Vendas	1.849,8	1.644,7
(–) Custo da Mercadoria	(1.104,0)	(1.023,0)
Lucro Bruto	685,8	621,7
(–) Despesas de Vendas Gerais e Administrativas	(518,3)	(442,2)
(–) Depreciação/Amortização	(13,6)	(12,0)
(–) Arrendamento	(102,4)	(90,2)
Lucro Operacional	48,6	77,3
(+) Receitas não operacionais	7,0	4,9
(–) Despesas Financeiras	(51,0)	(21,1)
Lucro Antes de Imposto	4,6	61,1
(–) Imposto	(0,8)	(28,4)
Lucro Antes Consolidação	3,8	32,7
(+) Resultado Subsidiárias	4,7	5,1
(=) Lucro	8,4	37,8

Demonstrativo dos Fluxos de Caixa (US$ milhões)

	1974	1973
Das Operações	*(92,6)*	*(113,1)*
(+) Mudança no lucro que não afeta Caixa	23,6	65,4
Δ Contas a Receber	(56,1)	(65,4)
Δ Estoques	(51,1)	(100,9)
Δ Fornecedores	(2,8)	(15,2)
Δ Salários a Pagar	(4,3)	3,3
Δ Impostos	(8,5)	(1,0)
Δ Outras Contas a Pagar	6,6	0,7
Investimento	*(30,1)*	*(27,3)*
Δ Propriedades	(23,1)	(26,3)
Δ Investimento Subsidiárias	(5,7)	(2,0)
Δ Outros Ativos	(1,3)	1,0
Financiamento	*137,8*	*121,4*
Δ Contas a Pagar/Empréstimo	63,1	152,3
Δ Empréstimos de Bancos	100	0
Pagamento de dívida a longo prazo	(6,1)	(1,6)
Conversão de Debêntures	(0,3)	(0,2)
Aumento de ações pela conversão de debêntures	0,3	0,2
Contrato de compra de ações	2,6	3,5
Ações tesouraria	(0,7)	(11,7)
Dividendos pagos	(21,1)	(21,1)
Saldo inicial de Caixa	*31,0*	*49,9*
Das Operações	*(92,6)*	*(113,1)*
Investimento	*(30,1)*	*(27,3)*
Financiamento	*137,8*	*121,4*
Saldo Final	*46,1*	*30,9*

Indicadores

	1974	1973
Liquidez Corrente	1,98	1,95
Liquidez Seca	1,16	1,14
Giro de Clientes	3,09	3,03
Giro de Estoques	2.58	2,56
Dívida/Patrimônio Líquido	2,87	2,32
Ponto de equilíbrio de vendas	$ 1.518,8	$ 1.217,7
Retorno sobre Ativo	0,04	0,01
Retorno sobre Patrimônio Líquido	0,01	0,12

4. Considere o gráfico com o índice médio de cobertura de dívida obtido do trabalho seminal de *Beaver*.[5] O pesquisador investigou empresas falidas, de 1 a 5 anos antes da falência, representado no gráfico pela linha pontilhada, e empresas saudáveis, linha superior do gráfico.

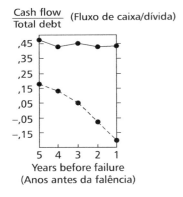

Analise os resultados obtido por *Beaver*.

5. A empresa comercial a seguir tem apresentado um grande crescimento nos últimos anos. O número de lojas aumentou, de cem filiais em t4 para 153, 200 e 221, em t5, t6 e t7, nesta ordem. O investimento em cada nova loja em capital de giro é estimado em $ 3.000, em média. Esse valor pode variar conforme o tamanho da filial. Além disso, despesas pré-operacionais são de $ 300 por loja. As informações dos fluxos de caixa da empresa estão a seguir:

---

[5] BEAVER, William. Financial Ratios as predictors of Failure. *Journal of Accounting Research*, p. 71-111, 1966.

	T7 ($)	T6 ($)	T5 ($)
Lucro Líquido	1.700	48.000	58.000
Depreciação e Amortização	67.000	55.000	38.600
Fornecedores	42.000	(37.000)	(31.500)
Outros itens	69.000	(290.000)	(270.000)
Fornecedores	(186.000)	277.000	107.000
Outros itens	(14.000)	49.000	61.000
FC Operação	(20.300)	102.000	(36.900)
Imobilizado	(86.000)	(126.000)	(118.000)
Outros Investimentos	67.000	(32.000)	(74.000)
FC Investimento	(19.000)	(158.000)	(192.000)
Aumento em obrigações	34.000	12.000	70.600
Emprést. de Longo Prazo	(18.000)	(29.000)	1.000
Aumento de capital	2.400	3.100	235.000
FC Financiamento	18.400	(13.900)	306.600
Variação Disponibilidades	(20.900)	(69.900)	77.700

Compare o lucro com o fluxo de caixa. Analise a diferença e verifique como a abertura de novas filiais afetou os resultados.

6. A seguir são apresentados[6] dados do fluxo de caixa e crescimento de receita de cinco empresas.

---

[6] Adaptado de White et al. *Financial statements*. New York: John Wiley, 1998.

	Ano 0 ($)	Ano 1 ($)	Ano 2 ($)	Ano 3 ($)	Ano 4 ($)
Empresa A					
Lucro Líquido			(13.830)	(6.613)	20.908
FC Operacional			(7.120)	12.008	15.087
Fluxo de Caixa de Investimento			(4.264)	(139.780)	(174.414)
Fluxo de Caixa de Financiamento			17.348	172.858	191.581
Crescimento da Receita				1.963,50%	305,40%
Empresa B					
Lucro Líquido	1.995	2.333	2.681	2.740	3.056
FC Operacional	1.278	2.196	2.906	2.383	5.930
Fluxo de Caixa de investimento	(3.506)	(4.486)	(3.792)	(3.332)	(2.068)
Fluxo de Caixa de Financiamento	2.210	2.298	911	987	(3.062)
Crescimento da Receita	26,40%	21,40%	22,50%	13,60%	12,00%
Empresa C					
Lucro Líquido	2.446	2.941	2.997	2.827	3.881
FC Operacional	2.504	3.048	4.140	2.944	5.428
Fluxo de Caixa de Investimento	(1.352)	(2.588)	32	(1.322)	(1.979)
Fluxo de Caixa de Financiamento	(1.375)	(206)	(3.333)	(1.379)	(3.944)
Crescimento da Receita	12,30%	8,60%	42,60%	11,40%	18,90%
Empresa D					
Lucro Líquido	(475)	(110)	228	167	1.016
FC Operacional	843	1.377	1.609	2.185	2.719
Fluxo de Caixa de Investimento	(2.954)	(1.754)	(1.463)	(925)	(1.214)
Fluxo de Caixa de Financiamento	2.062	395	(186)	(1.201)	(1.516)
Crescimento da Receita	11,70%	9,90%	2,00%	4,70%	4,60%
Empresa E					
Lucro Líquido	112	126	93	130	205
FC Operacional	188	203	285	164	249
Fluxo de Caixa de Investimento	(56)	(161)	(72)	(155)	(73)
Fluxo de Caixa de Financiamento	(116)	(6)	(91)	(5)	(126)
Crescimento da Receita	10,60%	(3,30%)	10,60%	9,90%	16,10%

Com base nestas informações, você seria capaz de dizer em qual estágio do crescimento se encontra cada empresa? Utilize a Figura 2.10 para ajudá-lo na resposta.

3

ANÁLISE E DIMENSIONAMENTO DOS INVESTIMENTOS EM CAPITAL DE GIRO

A análise da liquidez envolve basicamente o conhecimento da capacidade financeira de uma empresa em liquidar seus diversos compromissos passivos nos prazos pactuados. Para essa finalidade, são utilizados diversos indicadores operacionais de avaliação da liquidez, como liquidez corrente, liquidez seca, giro do circulante etc. Estas medidas financeiras procuram explicar e qualificar essa capacidade de pagamento da empresa, tendo sido demonstradas ao longo do Capítulo 1.

Não obstante sua importância e uso generalizado, esses indicadores não costumam fornecer informações mais conclusivas a respeito de determinada evolução na posição financeira corrente e esperada da empresa, omitindo principalmente as efetivas necessidades de investimento em capital de giro.

Uma importante metodologia de estudo da posição de equilíbrio de uma empresa é aquela baseada na distinção de seus ativos e passivos circulantes em itens *operacionais* (ou *cíclicos*) e *financeiros* (ou *erráticos*). Além de proporcionar uma avaliação mais analítica da posição financeira da empresa, o critério permite, ainda, de maneira relativamente simples e dinâmica, que se identifiquem as efetivas necessidades de capital de giro da empresa, ou seja, o volume de investimento operacional em giro adequado a seu equilíbrio financeiro.

Este método, que permite com razoável precisão técnica melhor conhecer e avaliar a estrutura financeira das empresas, é mais conhecido por **necessidade** de capital de giro.[1] Apesar de grande parte dos conceitos adotados pelo modelo não ser nova, é importante que se ressalte o caráter dinâmico da análise, em confronto com a posição mais estática das medidas financeiras mais convencionais.

O presente capítulo dedica-se ao estudo do modelo e desenvolvimento de suas formas práticas de aplicação em empresas brasileiras.

3.1 ATIVOS E PASSIVOS OPERACIONAIS (CÍCLICOS), FINANCEIROS E PERMANENTES

Para o processo de avaliação das necessidades de capital de giro é indispensável que se quantifique, a partir da estrutura patrimonial da empresa, os grupos classificados como circulante *operacional,* circulante *financeiro* e *permanente* (*não cíclico*). A Figura 3.1 ilustra os principais valores patrimoniais e financeiros que compõem cada um desses grupos.

ATIVO			PASSIVO		
CIRCULANTE	**Financeiro**	Caixa e Bancos Aplicações Financeiras	Empréstimos Bancários Financiamentos Duplicatas Descontadas Dividendos e IR	**Financeiro**	**CIRCULANTE**
	Operacional	Duplicatas a Receber Estoques Adiantamentos e Despesas de Competência do Exercício Seguinte	Fornecedores Salários e Encargos Impostos e Taxas Adiantamentos de Clientes	**Operacional**	
PERMANENTE		Terrenos Máquinas e Equipamentos Outros Itens de longo prazo	Passivo não Circulante Patrimônio Líquido		**PERMANENTE**

Figura 3.1   *Os grupos patrimoniais operacionais, financeiro e permanente.*

---

[1]   Admite-se que o introdutor deste método em publicações no Brasil tenha sido o Prof. Michel Fleuriet, através da obra: *A dinâmica financeira das empresas brasileiras.* Belo Horizonte: Consultoria Empresarial/Fundação Dom Cabral, 1980. Elaborada em conjunto com Ricardo Kendy e Georges Blanc.

Essa abordagem também foi apresentada por Joel Shulman e Raymond Cox no artigo An integrative approach to working capital management, publicado no *Journal of Cash Management* em 1985, conforme MANESS, Terry; ZIETLOW, John. *Short-term financial management.* Minneapolis: West, 1993. p. 140-142.

O *ativo circulante financeiro*, de natureza errática, é formado sem apresentar necessariamente um vínculo direto com o ciclo operacional da empresa. Não denota, por conseguinte, qualquer comportamento preestabelecido, variando mais estreitamente em função da conjuntura e do risco de maior ou menor liquidez que a empresa deseja assumir.

O ativo *circulante operacional* é composto de valores que mantêm estreita relação com a atividade operacional da empresa. Estes elementos são diretamente influenciados pelo volume de negócios (produção e vendas) e características das fases do ciclo operacional (condições de recebimentos das vendas e dos pagamentos a fornecedores, prazo de estocagem etc.).

Pelas características básicas enunciadas, os ativos circulantes operacionais devem manter coerência com o ciclo operacional da empresa, de forma que o volume dos investimentos nestes itens seja representativo de suas necessidades de investimento em capital de giro.

O *investimento fixo* (ativo permanente) inclui os direitos a receber da empresa a longo prazo e o ativo permanente propriamente dito. São valores inscritos tipicamente como de longo prazo (não circulantes).

O *passivo circulante financeiro* inclui as dívidas da empresa junto a instituições financeiras e outras obrigações que também não apresentam nenhuma vinculação direta com sua atividade operacional. Alterações que venham a ocorrer no volume de atividade ou nas fases operacionais não repercutem diretamente sobre o passivo financeiro, refletindo, estas variações basicamente sobre os elementos cíclicos (ativos e passivos).

O *passivo circulante operacional* representa as obrigações de curto prazo identificadas diretamente com o ciclo operacional da empresa. As características de formação dessas contas são similares as do ativo circulante operacional definido anteriormente, representando as dívidas de funcionamento (operacionais) da empresa.

O *passivo permanente* compõe-se das fontes de financiamento a longo prazo próprias (patrimônio líquido) e de terceiros (exigibilidades), cuja importância no equilíbrio financeiro de uma empresa é financiar necessidades permanentes de recursos.

3.2 NECESSIDADES DE INVESTIMENTO EM CAPITAL DE GIRO E SALDO DE DISPONÍVEL

Conforme comentado, os ativos circulantes operacionais representam, em essência, os investimentos que a empresa deve efetuar em itens operacionais de giro, ou seja, em valores a receber (motivados por vendas a prazo), estoques (determinados pelas necessidades de estocagem) e despesas operacionais incorridas, porém de competência do exercício seguinte.

Subtraindo-se desse total os respectivos financiamentos operacionais (passivo de funcionamento), como fornecedores, salários e respectivos encargos sociais, impostos indiretos e taxas a pagar, obrigações que fundamentalmente compõem o passivo circulante operacional, chega-se ao valor do *ativo circulante operacional líquido,* que representa a efetiva *necessidade de investimento em capital de giro – NIG –* da empresa.

Em outras palavras, quando a atividade operacional da empresa criar um fluxo de saídas de caixa mais rápido que o da entrada (os pagamentos dos fatores de produção ocorrem antes ao recebimento da venda, por exemplo), identifica-se claramente uma necessidade permanente de investimento em seu giro, que é apurada pela diferença existente entre os ativos e passivos cíclicos, ou seja:

Necessidade de Investimento em Capital de Giro (NIG) = Ativo Circulante Operacional – Passivo Circulante Operacional

---

Por outro lado, a necessidade de investimento em capital de giro pode também ser negativa, evidenciando-se neste caso um excesso de funcionamento – fontes operacionais de fundos – em relação aos investimentos operacionais em circulante. Esta situação denota, de maneira inversa, que os passivos de funcionamento se encontram financiando não somente os ativos circulantes operacionais, mas também outros elementos do ativo. É o caso, por exemplo, de uma empresa que adquire uma mercadoria para pagamentos em 40 dias, e a vende – e recebe – em 25 dias, direcionando os recursos levantados para fora do âmbito do circulante.

Deve ser observado que o nível necessário de investimento em capital de giro é influenciado pelo ciclo financeiro da empresa, ocorrendo maior demanda de recursos quanto mais longo seus prazos se apresentarem. Alongamento nos prazos de cobrança, por exemplo, elevam naturalmente a necessidade de investimento operacional em giro. Empresas com ciclo financeiro mais curto exigem, em contrapartida, menores investimentos em ativos circulantes operacionais, demandando, pela maior rotação de seus elementos, menor necessidade de investimento em capital de giro.

Da mesma forma, alterações que venham a produzir-se nas fases operacionais também modificam o volume de capital necessário ao giro. Ao se verificarem reduções nos prazos de pagamentos a fornecedores, ou acréscimos nos prazos de estocagem e cobrança, para citar alguns exemplos, o investimento necessário em capital de giro eleva-se, indicando maior demanda por recursos permanentes de financiamento (exigível a longo prazo e patrimônio líquido).

> Outro fator relevante é que a análise pode alterar com o passar do tempo e com a sazonalidade da empresa. Assim, empresa com elevada sazonalidade no final do ano tende a elevar o volume de ativo circulante operacional e o passivo circulante operacional, aumentando a importância no gerenciamento do NIG. Já nos períodos de baixa demanda, o NIG pode ser reduzido em razão dos baixos níveis de estoques, valores a receber e fornecedores. Este assunto será destacado mais adiante, no item 3.4.

Além da influência do ciclo financeiro e operacional, o investimento em giro depende também do volume de negócios da empresa, ou seja, de suas vendas. Em verdade, quanto maior o crescimento das vendas, mais elevadas se apresentam as necessidades de recursos aplicados em ativos circulantes operacionais (duplicatas a receber, estoques etc.). Esta situação torna-se mais evidente se, para aumentar as vendas, a empresa decide conceder maiores prazos de pagamento a seus clientes. Por outro lado, é razoável esperar também que o crescimento das vendas possa vir acompanhado de incrementos nos passivos circulantes de funcionamento, tais como fornecedores, salários a pagar, impostos sobre vendas a recolher etc., financiando parte da variação da atividade.

Em suma, a necessidade de investimento em capital de giro depende fundamentalmente do volume de atividade (produção e vendas) da empresa e de seu ciclo financeiro, definido pelas características da natureza de seus negócios e sazonalidades, que determinam, conforme se comentou, os giros (rotações) das fases operacionais e os valores das contas cíclicas. É uma necessidade operacional permanente de recursos, devendo, em condições de equilíbrio, ser financiada com fundos também de longo prazo.

Em situação de elevação do investimento necessário em giro, é importante que a empresa gere recursos de caixa provenientes de suas operações de modo a poder financiar esta maior demanda por recursos operacionais permanentes. Se os recursos gerados internamente não forem suficientes para cobrir estas necessidades adicionais, deve a empresa recorrer a empréstimos de longo prazo ou a novos aportes de capital acionário de forma a preservar seu equilíbrio financeiro.

Pode-se medir a *necessidade total de financiamento permanente – NTFP –* de uma empresa pela soma da necessidade de investimento em capital de giro com o investimento permanente (ativo permanente propriamente dito mais o realizável a longo prazo), ou seja:

$$\text{NTFP} = \text{NIG} + \text{Investimento Permanente}$$

Esta necessidade total de financiamento permanente, para que se estabeleça o equilíbrio financeiro da empresa, deve ser coberta basicamente por *passivos permanentes,* constituídos das exigibilidades a longo prazo e patrimônio líquido.

Ocorrendo de o total dos passivos permanentes superar a NTFP, conclui-se que a empresa mantém um *saldo de disponível – SD –* positivo, ou seja, há sobras de recursos financeiros disponíveis para aplicações diversas. Caso contrário, quando a NTFP for maior que os passivos permanentes, o SD será negativo, indicando que a empresa está financiando parte de suas necessidades de longo prazo (permanentes) com fundos vencíveis a curto prazo, denotando maior dependência financeira pela renovação destas dívidas.

O saldo do disponível pode também ser apurado pela simples diferença entre o ativo circulante financeiro e o passivo circulante financeiro, ou seja:

> **Saldo de Disponível (SD) = Passivo Permanente – NTFP**

ou:

> **Saldo de Disponível (SD) = Ativo Financeiro – Passivo Financeiro**

O saldo de disponível funciona como uma reserva financeira da empresa para fazer frente a eventuais expansões da necessidade de investimento operacional em giro, principalmente aquelas de natureza sazonal. Assim, necessidades transitórias de investimento em giro podem ser cobertas até o limite do saldo disponível existente. Esta situação, no entanto, deve ser interpretada como de caráter temporário, prevendo-se o restabelecimento rápido do saldo de disponível.

Assumindo um caráter mais de longo prazo, o investimento adicional em giro deve ser financiado com passivos de maturidade compatível (longo prazo), de maneira a não reduzir a margem de segurança da empresa pela eliminação de seu saldo de disponível.

3.2.1 Ilustrações de estruturas patrimoniais

Ilustrativamente, considere as duas posições patrimoniais conforme apresentadas na Figura 3.2.

Estrutura (a)

Nesta estrutura, o capital de giro líquido é positivo, indicando maior volume de ativos circulantes em relação às obrigações totais correntes, ou seja:

$$CCL = (\$\ 30 + \$\ 60) - (\$\ 20 + \$\ 40) = \$\ 30$$

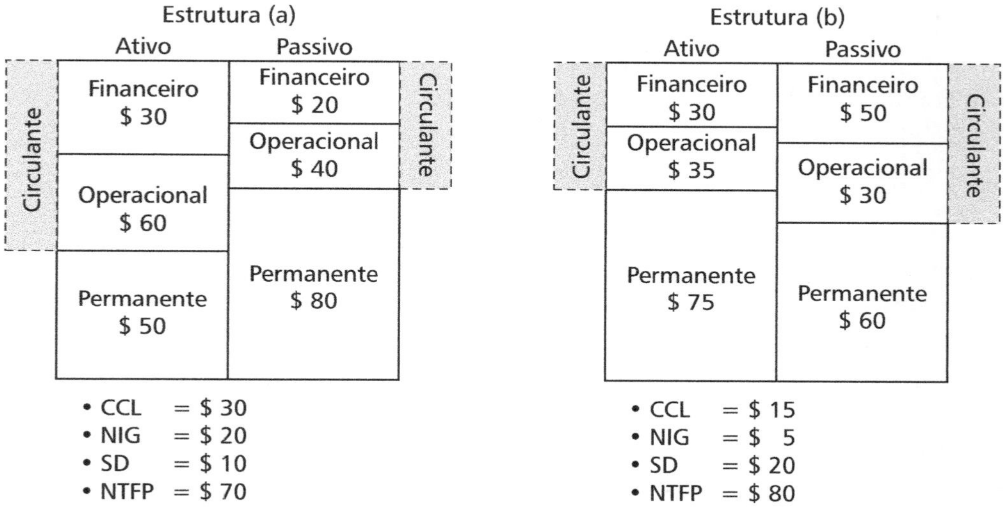

Figura 3.2 *Exemplos de estruturas patrimoniais.*

O indicador de capital de giro líquido positivo revela que $ 30 de recursos captados a longo prazo (exigibilidades e patrimônio líquido) se encontram aplicados em itens circulantes, proporcionando uma folga financeira à empresa.

A *estrutura* (*a*) indica também uma necessidade operacional permanente de capital de giro no valor de $ 20. Em outras palavras, os investimentos necessários em ativos cíclicos derivados dos negócios típicos da empresa excedem em $ 20 os financiamentos operacionais (provenientes do próprio funcionamento da empresa). Assim:

Ativo Circulante Operacional	$ 60
Passivo Circulante Operacional	(40)
NIG:	**$ 20**

Adicionando-se o investimento em ativo permanente à NIG, chega-se à necessidade total de financiamento permanente da atividade da empresa, ou seja:

Ativo Permanente	$ 50
NIG	20
NTFP:	**$ 70**

Para manter uma posição de equilíbrio financeiro, a empresa deve financiar suas necessidades permanentes de recursos de $ 70 com fundos passivos de mesma maturidade.

Como a *estrutura* (*a*) indica a existência de um passivo permanente de $ 80, pode-se concluir pela presença de um saldo positivo de disponível (SD) no valor de $ 10, isto é:

Passivo Permanente	$ 80
NTFP	(70)
SD:	**$ 10**

Este saldo positivo, interpretado como reserva financeira para cobrir eventuais oscilações da NIG, principalmente as provenientes da sazonalidade dos negócios, é uma medida de segurança da empresa, que define o limite de expansão do investimento em giro. Pelos valores considerados na estrutura (a), o saldo de disponível favorável permite uma variação de até 50% na NIG sem que a empresa tenha que recorrer a outras alternativas de financiamento.

Conforme foi demonstrado, o saldo de disponível também pode ser apurado de duas outras maneiras:

Saldo de Disponível (SD)	=	**Ativo Financeiro – Passivo Financeiro**
Saldo de Disponível (SD)	=	$ 30 – $ 20 = $ 10
Saldo de Disponível (SD)	=	**Capital de Giro Líquido – Necessidade de Capital de Giro**
Saldo de Disponível (SD)	=	$ 30 – $ 20 = $ 10

De maneira geral, pode-se concluir que a *estrutura* (*a*) é considerada financeiramente equilibrada e indica uma posição de suficiente folga financeira. As aplicações de longo prazo (permanentes) encontram-se financiadas por passivos também de longo prazo, existindo ainda um saldo de disponível positivo que pode ser utilizado em eventuais incrementos da necessidade de investimento operacional em giro.

Estrutura (b)

Os resultados financeiros dessa situação podem ser obtidos da forma seguinte:

Passivo Permanente		$ 60
Ativo Circulante Operacional	$ 35	
Passivo Circulante Operacional	(30)	
NIG:	$ 5	
Ativo Permanente	75	
NTFP:	$ 80	(80)
SD:		**$ (20)**

Esta posição financeira é bem diferente da *estrutura* (*a*) ilustrada anteriormente. Indica que a empresa está utilizando recursos de curto prazo para financiar suas necessidades permanentes de investimentos em giro. É evidentemente uma posição de risco, que evidencia potenciais problemas de solvência. Se a empresa não conseguir renovar seus compromissos não cíclicos de curto prazo (passivos financeiros), dos quais se apresenta bastante dependente, sua posição financeira será agravada.

À medida que se eleva a diferença entre o capital de giro (circulante) líquido – CCL – e a necessidade de giro – NIG –, revela-se maior deterioração da situação financeira da empresa, tornando sua atividade operacional mais dependente de recursos externos.

Por outro lado, verificando-se uma NIG positiva e um CCL negativo ao mesmo tempo, configura-se um agravamento da situação financeira, expondo a riscos maiores a continuidade dos negócios.

Uma estrutura de menor risco deve apresentar um CCL maior que a NIG, denotando a presença de uma reserva financeira no saldo de disponível para atender às sazonalidades da empresa. Neste raciocínio, ainda, uma empresa pode conviver com um capital de giro líquido negativo desde que sua necessidade permanente de investimento em giro apresente um montante menor.

3.3 NECESSIDADE DE INVESTIMENTO EM CAPITAL DE GIRO E CAPITAL DE GIRO (CIRCULANTE) LÍQUIDO

A necessidade de investimento em capital de giro não se apresenta de todo diferente do conceito de capital circulante (de giro) líquido, conforme discutido no Capítulo 1. Em verdade, o CCL constitui-se em importante fonte de financiamento de longo prazo do investimento necessário em giro de uma empresa. Enquanto o CCL engloba os elementos ativos e passivos circulantes, na conceituação apresentada da necessidade de giro somente os itens circulantes operacionais é que são considerados. Dessa forma, pode-se compreender o CCL como a soma do investimento necessário em giro (NIG) e o saldo de disponível mantido por uma empresa, isto é:

$$\text{Capital de Giro (Circulante) Líquido} = \text{NIG} + \text{SD}$$

llustrativamente, admita a seguinte posição patrimonial de uma empresa em determinada data, conforme apresentada no Quadro 3.1.

Quadro 3.1   *Balanço patrimonial.*

ATIVO		PASSIVO E PL	
Disponível	30.000	Empréstimos Bancários	60.000
Aplicações Financeiras	50.000	Fornecedores	90.000
Duplicatas a Receber	140.000	Encargos Sociais e Fiscais	20.000
(–) Provisão p/ Dev. Duvidosos	(5.000)	Adiantamentos de Clientes	10.000
(–) Duplicatas Descontadas	(40.000)	Salários a Pagar	8.000
Adiantamentos para Fornecedores	6.000	Outros Valores Circulantes	32.000
Estoques	104.000	**Passivo Circulante**	**$ 220.000**
Despesas Antecipadas	7.000		
Outros Valores Circulantes	45.000	**Passivo não Circulante**	**$ 340.000**
Ativo Circulante	**$ 337.000**		
		Patrimônio Líquido	**$ 400.000**
Ativo não Circulante	**$ 623.000**		
Total do Ativo	**$ 960.000**	**Passivo e Patr. Líquido**	**$ 960.000**

A conta *duplicatas descontadas,* apesar de geralmente ser apresentada nos balanços das sociedades como retificadora do ativo circulante, é mais bem considerada, para efeitos de análise, como um passivo circulante oneroso da empresa, juntamente com os empréstimos bancários. O Quadro 3.2 demonstra o balanço da empresa de maneira ajustada para a determinação da necessidade de investimento em capital de giro – NIG – e do capital de giro líquido – CCL.

Quadro 3.2   *Balanço patrimonial ajustado.*

ATIVO		PASSIVO E PL	
Disponível	30.000	Empréstimos Bancários	60.000
Aplicações financeiras	50.000	Duplicatas Descontadas	40.000
Ativo Circulante Financeiro	*$ 80.000*	*Passivo Circulante Financeiro*	*$ 100.000*
Duplicatas a Receber	140.000	Fornecedores	90.000
(–) Provisão p/ Dev. Duvidosos	(5.000)	Encargos Sociais e Fiscais	20.000
Adiantamentos para Fornecedores	6.000	Adiantamentos de Clientes	10.000
Estoques	104.000	Salários a Pagar	8.000
Despesas Antecipadas	7.000	Outros Valores Circulantes	32.000
Outros Valores Circulantes	45.000	*Passivo Circulante Operacional*	*$ 160.000*
Ativo Circulante Operacional	*$ 297.000*		
		Passivo Circulante	**$ 260.000**
Ativo Circulante	**$ 377.000**		
		Passivo não Circulante	**$ 340.000**
Ativo não Circulante	**$ 623.000**		
		Patrimônio Líquido	**$ 400.000**
Total do Ativo	**$ 1.000.000**	**Passivo e Patr. Líquido**	**$ 1.000.000**

Os valores patrimoniais ajustados para a análise, conforme ilustrados no Quadro 3.2 segmentam os ativos e passivos circulantes em dois grupos: *financeiro* e *operacional*. Com isso, é possível visualizar mais claramente as contas que são mais diretamente vinculadas com a atividade operacional da empresa e aquelas que pouca relação apresentam com o ciclo operacional, sendo classificadas como de natureza não operacional (financeira).

A partir destas informações, tem-se:

Ativo Circulante $ 377.000	=	Ativo Circulante Operacional $ 297.000	+	Ativo Circulante Financeiro $ 80.000
Passivo Circulante $ 260.000	=	Passivo Circulante Operacional $ 160.000	+	Passivo Circulante Financeiro $ 100.000
CCL $ 117.000	=	NIG $ 137.000	+	SD ($ 20.000)

A empresa possui $ 117.000 de recursos de longo prazo aplicados em itens circulantes (CCL), revelando uma folga financeira de montante equivalente. No entanto, esses recursos não são suficientes para cobrir sua necessidade de investimento em capital de giro calculada em $ 137.000 (ativo operacional = $ 297.000 – passivo operacional = $ 160.000).

Assim, tem-se uma NIG superior ao CCL em $ 20.000 identificados no saldo negativo de disponível. Logo, a empresa está utilizando $ 20.000 de passivos financeiros de curto prazo para financiar suas necessidades operacionais permanentes de investimento.

3.4 VOLATILIDADE E FINANCIAMENTO DO INVESTIMENTO NECESSÁRIO EM CAPITAL DE GIRO

Conforme demonstrado anteriormente (Capítulo 1), sabe-se que os itens do ativo circulante costumam girar de forma bastante rápida, ou seja, transformam-se em outros elementos várias vezes num mesmo período. Em consequência disso, o giro dos ativos circulantes constitui-se em importante indicador de desempenho e eficiência da administração de uma empresa. Em princípio, quanto maior for a rotação (giro) do capital circulante, maior o retorno proporcionado pelo investimento.

Para o estudo do investimento necessário em giro, mais especificamente, é importante avaliar como se comportam seus elementos, assim como as repercussões da estrutura de financiamento sobre o equilíbrio financeiro da empresa.

Uma situação característica do comportamento e equilíbrio no financiamento dos ativos de uma empresa, partindo-se da estrutura do modelo de necessidade de investimento em giro apresentado, é demonstrada na Figura 3.3.

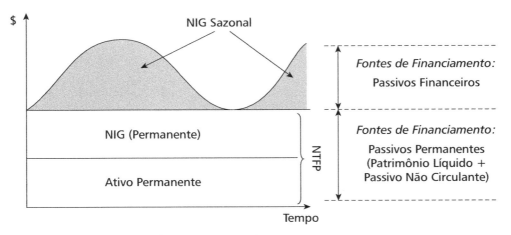

Figura 3.3 *Flutuações e financiamento dos ativos.*

Ficou demonstrado que o ativo permanente representa todos os recursos imobilizados pela empresa, sendo também incluídos nesta categoria os valores realizáveis a longo prazo.

A Figura 3.3 revela ainda comportamentos diferenciados do volume necessário de investimento em capital de giro determinados pelo grau de volatilidade de seus elementos operacionais. Uma parte do capital de giro necessário (NIG) cresce no tempo a uma taxa relativamente constante, assumindo uma postura bastante similar à evolução dos investimentos permanentes. Ilustrativamente, a necessidade de giro de se manter um volume de duplicatas a receber nunca inferior a determinada quantia, assim como um montante mínimo de itens estocados visando atender à demanda de mercado, atribuem a estes elementos operacionais uma nítida característica de investimentos *permanentes*. As decisões de financiamento devem levar em consideração estes aspectos, de forma a estabelecer a posição de equilíbrio financeiro da empresa.

Estes investimentos operacionais, quando adicionados aos ativos permanentes, indicam a *necessidade total de financiamento permanente* (NTFP) da empresa, conforme se demonstrou anteriormente.

A Figura 3.3 ilustra também a existência de uma parte da NIG com características tipicamente sazonais. Seus valores flutuam basicamente por aspectos operacionais e conjunturais de natureza cíclica, ou por decisões que venham a ser tomadas visando a um melhor desempenho e adequação dos negócios da empresa e que demandem recursos por período limitado de tempo. Por exemplo, antecipação eventual de compras para estoques, dilatação momentânea dos prazos de cobrança que visam incentivar as vendas de determinados produtos etc.

Para estas necessidades sazonais de recursos de giro, a empresa pode optar por fontes de financiamento classificadas como passivos financeiros de curto prazo, basicamente empréstimos bancários e descontos de duplicatas.

A estrutura de financiamento dos investimentos em ativos é definida pela empresa em função, basicamente, do volume e maturidade dos recursos disponíveis no mercado e, também, do grau de aversão ao risco admitido pelos administradores.

Neste particular, a Figura 3.3 sugere, ainda, a partir de uma posição teórica de equilíbrio financeiro, que o ativo permanente e a NIG de natureza fixa sejam financiados por passivos também de longo prazo, e a NIG caracteristicamente sazonal seja financiada por dívidas correntes (passivos financeiros), ou seja:

ATIVO	PASSIVO
Necessidade Sazonal de Investimento em Capital de Giro	Passivo Financeiro
Necessidade Total de Financiamento Permanente: NIG (fixo) + Ativo Permanente	*Passivo Permanente*: Patrimônio Líquido + Passivo não Circulante

Nesta situação de equilíbrio, não se verificam recursos passivos onerosos ociosos na hipótese de não ocorrer flutuações nos ativos operacionais sazonais, ou falta de financiamentos em momentos de maior demanda por fundos. Em outras palavras, a estrutura de equilíbrio apresentada permite melhor compatibilidade financeira entre os prazos de captação e aplicação de recursos.

Visando melhor ilustrar, admita uma empresa com a seguinte estrutura patrimonial em determinado momento de tempo:

ATIVO		PASSIVO	
Ativo Circulante Financeiro	$ 100	Passivo Circulante Financeiro	$ 120
Ativo Circulante Operacional	$ 400	Passivo Circulante Operacional	$ 280
Ativo Permanente	$ 500	Passivo Permanente	$ 600
Total do Ativo	**$ 1.000**	**Total do Passivo**	**$ 1.000**

Os principais indicadores desta empresa são obtidos a seguir:

- NIG $= \$ 400 - \$ 280 = \$ 120$
- SD $= \$ 100 - \$ 120 = -\$ 20$
- NTFP $= \$ 120 + \$ 500 = \$ 620$

Ao se desconsiderarem as características sazonais e fixas da necessidade de investimento em capital de giro (NIG), defronta-se com uma inadequada estrutura financeira da empresa, uma vez que as fontes de recursos do passivo permanente ($ 600) não se apresentam suficientes para cobrir a necessidade total de financiamento permanente (NTFP $= \$ 620$). A situação denota que a empresa está usando fundos de curto prazo (passivo financeiro) para financiar investimentos tipicamente sazonais, isto é:

NTFP	$ 620
(–) Passivo Permanente	600
FALTAM:	$ 20

Por outro lado, ao se admitir:

- que os $ 70 das necessidades de capital de giro (NIG) sejam de natureza sazonal, podendo, em consequência ser financiados por fundos de curto prazo; e
- que dos $ 100 aplicados em ativos financeiros, $ 20 correspondam ao disponível mínimo necessário da empresa para promover a liquidez de caixa adequada a suas atividades operacionais, tem-se:

NTFP	= $ 620
Caixa Mínimo	= $ 20
NIG sazonal; a ser coberto por recursos de curto prazo	= (70)
Nova NTFP	**$ 570**

Diante da situação descrita, revela-se um equilíbrio na estrutura da empresa. Os passivos permanentes ($ 600) são mais do que suficientes para financiar os investimentos permanentes em ativo, excluindo-se a parte sazonal do capital de giro. Este valor eliminado pode ser financiado por recursos de curto prazo.

As Figuras 3.4 e 3.5 ilustram algumas possíveis estruturas alternativas de financiamento.

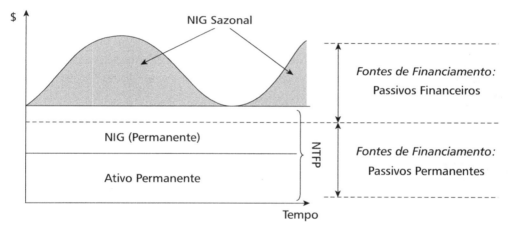

Figura 3.4   *Estrutura de financiamento – alternativa I.*

Na Figura 3.4, o passivo financeiro cobre totalmente a NIG sazonal e parte de seus elementos enquadrados como permanentes. Na Figura 3.5, as dívidas de curto prazo são utilizadas para financiar todo o ativo operacional (fixo e sazonal) e, também, parte do ativo permanente.

O risco destas estruturas sugeridas é maior que aquele enunciado na Figura 3.3, onde se descreveu a situação de equilíbrio financeiro. Em verdade, quanto maior a participação de recursos de curto prazo na estrutura de financiamento de ativos permanentes, mais elevado é o risco de insolvência da empresa. Com base nesta conclusão, é correto admitir que a estrutura apresentada na Figura 3.5 apresenta maior risco que aquela ilustrada na Figura 3.4.

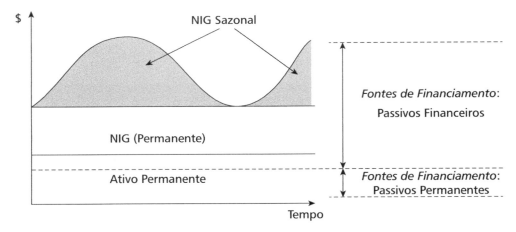

Figura 3.5 *Estrutura de financiamento – alternativa II.*

Duas razões básicas podem explicar o comportamento comentado do risco. Por exigir captações mais frequentes, a empresa enfrenta, em consequência, maior incerteza de dispor sempre dos fundos necessários. Aspectos da conjuntura econômica podem, em diversos momentos, limitar a oferta de dinheiro no mercado. Por outro lado, a empresa que recorre frequentemente ao mercado de captações para viabilizar financeiramente seus negócios sujeita-se evidentemente às incertezas com relação ao comportamento das taxas de juros, podendo absorver incrementos relevantes em seus valores.

A opção de se trabalhar com uma estrutura de maior risco, em que as dívidas correntes chegam inclusive a financiar ativos caracteristicamente permanentes, conforme se demonstrou nas Figuras 3.4 e 3.5, propicia uma vantagem econômica à empresa em termos de menores custos financeiros. Em termos de consistência econômica, os recursos passivos a longo prazo são estruturalmente mais onerosos ao tomador que os de curto prazo, em razão, fundamentalmente, de:

a. menor capacidade de previsão, por parte do emprestador, de retorno do capital aplicado;

b. maior risco proveniente das flutuações das taxas de juros. A poupança aplicada a prazos mais dilatados prevê normalmente remuneração maior como forma de compensar variações que os juros venham a apresentar ao longo do tempo.

Em determinados momentos de predominância de um desequilíbrio econômico, pode-se conviver com uma situação inversa à descrita, ou seja, as taxas de juros de curto prazo superam as de longo prazo. Este aspecto já foi extensamente analisado no Capítulo 1 deste livro.

Esta desigualdade, na prática, pode ser observada em diversos momentos da economia brasileira, principalmente nas décadas de 1980 e 1990, quando o desestímulo e as incertezas associados às aplicações financeiras de longo prazo, aliados à prática governamental de subsídios ao crédito, proporcionaram, ao mesmo tempo, conflitante situação de escassez e barateamento do dinheiro disponível a longo prazo. Esta estrutura econômica de desequilíbrio, contudo, deve ser considerada como atípica na economia, não invalidando definitivamente a teoria básica enunciada de maturidade das taxas de juros.

3.5 CÁLCULO DE NECESSIDADES DE INVESTIMENTO EM CAPITAL DE GIRO A PARTIR DO CICLO FINANCEIRO

No desenvolvimento de várias partes deste capítulo foi abordado que a denominada *necessidade de investimento em capital de giro – NIG – se* constitui numa metodologia de análise bastante dinâmica, principalmente por se originar diretamente das operações correntes da empresa.

Ao se estudar o ciclo financeiro, observou-se ainda a existência de um período em que a atividade operacional da empresa demanda uma necessidade permanente de recursos, de maneira a cobrir a parte dos investimentos operacionais não financiada pelos respectivos passivos. É exatamente esta demanda líquida de financiamento (ativo circulante operacional menos passivo circulante operacional) que se denomina, conforme se demonstrou, *necessidade de investimento em capital de giro – NIG.*

Assim sendo, a NIG é dimensionada a partir do ciclo financeiro da empresa. Para ilustrar seu desenvolvimento, admita hipoteticamente as seguintes informações fornecidas pela Cia. CAGIR referentes a um quadrimestre, conforme constam do Quadro 3.3.

Quadro 3.3   *Informações contábeis da Cia. CAGIR – 1º quadrimestre de X8.*

ATIVOS CIRCULANTES OPERACIONAIS		PASSIVOS CIRCULANTES OPERACIONAIS	
Duplicatas a Receber	$ 7.500	Fornecedores a Pagar	$ 4.000
Estoques:		Despesas Operacionais a Pagar	400
Matérias-primas	400		
Produtos em Processo	700		
Produtos Acabados	1.050		

Informações adicionais do quadrimestre:

> – Vendas = $ 15.000
> – Custo do Produto Vendido (CPV) = $ 7.000
> – Matéria-prima Consumida no Quadrimestre = $ 1.600
> – Compras Realizadas no Quadrimestre = $ 6.000
> – Despesas Operacionais Incorridas no Quadrimestre = $ 2.400

A partir destas informações básicas, pode-se elaborar a seguinte fórmula genérica de cálculo da necessidade de investimento em capital de giro em número de dias:

$$\text{NIG} = (\text{PME} + \text{PMF} + \text{PMV} + \text{PMC}) - (\text{PMPF} + \text{PMPD})$$

Os prazos de cada fase do ciclo financeiro e de pagamento das despesas operacionais são apurados a seguir:[2]

Prazo Médio de Estocagem das Matérias-primas – PME

$$\text{PME} = \frac{\text{Matéria-prima}}{\text{Consumo de matéria-pirma}} \times 120 = \frac{\$ \ 400}{\$ \ 1.600} \times 120 = 30,0 \text{ dias}$$

Prazo Médio de Fabricação – PMF[3]

$$\text{PMF} = \frac{\text{Produto em processo}}{\text{Custo dos produtos elaborados}} \times 120 = \frac{\$ \ 700}{\$ \ 7.000} \times 120 = 12,0 \text{ dias}$$

Prazo Médio de Venda – PMV

$$\text{PMV} = \frac{\text{Produto acabado}}{\text{Custo do produto vendido}} \times 120 = \frac{\$ \ 1.050}{\$ \ 7.000} \times 120 = 18,0 \text{ dias}$$

Prazo Médio de Cobrança – PMC

$$\text{PMC} = \frac{\text{Duplicatas a receber}}{\text{Vendas}} \times 120 = \frac{\$ \ 7.500}{\$ \ 15.000} \times 120 = 60,0 \text{ dias}$$

---

[2] Para informações anuais, as expressões a seguir devem ser multiplicadas por 360; para dados mensais, por 30.

[3] A fórmula aqui apresentada pressupõe que a agregação de valor irá ocorrer no início do processo produtivo. Caso a agregação de valor aconteça uniformemente ao longo da produção, faz-se necessário multiplicar a expressão por dois. De igual modo, admitiu-se que não ocorreu variação no estoque de produtos acabados, assumindo que o custo de produtos elaborados corresponde ao custo de produtos vendidos.

Prazo Médio de Pagamento a Fornecedores – PMPF

$$\text{PMPF} = \frac{\text{Fornecedores a pagar}}{\text{Compras}} \times 120 = \frac{\$\,4.000}{\$\,6.000} \times 120 = \underline{80,0 \text{ dias}}$$

Prazo Médio de Pagamento das Despesas Operacionais – PMPD

$$\text{PMPD} = \frac{\text{Despesas a pagar}}{\text{Despesas incorridas}} \times 120 = \frac{\$\,400}{\$\,2.400} \times 120 = \underline{20,0 \text{ dias}}$$

O Quadro 3.4 resume os ativos e passivos circulantes operacionais da Cia. CAGIR em unidades monetárias em dias.

Quadro 3.4 *Ativos e passivos operacionais da Cia. CAGIR.*

	$	DIAS
Duplicatas a Receber	7.500	60,0
Estoques:		
Matérias-primas	400	30,0
Produtos em Processo	700	12,0
Produtos Acabados	1.050	18,0
Ativo Circulante Operacional:	9.650	120,0
Fornecedores	4.000	80,0
Despesas a Pagar	400	20,0
Passivo Circulante Operacional:	4.400	100,0
Necessidade de Investimento em Giro (NIG):	5.250	20,0
Ciclo Financeiro = 120 − 80 = 40 dias		

Graficamente, o ciclo financeiro da Cia. CAGIR é demonstrado na Figura 3.6.

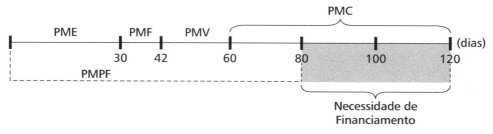

Figura 3.6 *Representação do ciclo financeiro da Cia. CAGIR.*

Pelo *ciclo financeiro* é demonstrado que nos primeiros 30 dias a empresa investe em matéria-prima, ou seja, mantém estes materiais estocados por um mês à espera de serem futuramente consumidos pela produção. A partir do 30º dia, a Cia. aplica recursos por mais 12 dias no processo de produção. Do 42º dia até o 60º dia, a empresa investe recursos nos produtos acabados, os quais permanecem estocados em média 18 dias antes de serem vendidos. A partir do 60º dia, mais investimentos são demandados visando cobrir os 60 dias de prazo de pagamento concedido a seus clientes.

Operacionalmente, a empresa se financia por 80 dias, que representa o prazo médio de pagamento concedido por seus fornecedores. Observe ainda que a empresa liquida suas despesas operacionais em prazo médio de 20 dias.

Por permanecer mais tempo demandando recursos (120,0 dias) em relação aos financiamentos concedidos em sua atividade operacional, o ciclo financeiro líquido da Cia. CAGIR é positivo, atingindo 40 dias. Em outras palavras, a Cia. CAGIR, dadas suas características operacionais e volume de atividade, carece de 40 dias de financiamento em seu ciclo de caixa, que deverão ser cobertos por outras fontes de fundos. Observe que estes 40 dias representam a necessidade líquida de financiamento, considerando que em seu cômputo foi deduzido o prazo de pagamento a fornecedores (PMPF).

Acrescenta-se ainda que a necessidade de financiamento calculada para 40 dias precisa estar relacionada com algum parâmetro de maneira a se apurar um resultado em unidades monetárias.

O parâmetro de comparação geralmente adotado é o volume de vendas, que serve de base comum para converter os vários prazos operacionais. Assim, diante dos prazos operacionais calculados, pode-se afirmar que a Cia. CAGIR necessita, em média, de 120 dias de suas vendas para financiar seus investimentos operacionais em capital de giro. Seu passivo operacional financia, conforme se demonstrou, 80 dias destas necessidades. Logo, restam 40 dias de vendas a serem financiadas por outras fontes de recursos. Esta é, em outras palavras, a necessidade de investimento em capital de giro (NIG) da empresa, determinada basicamente a partir de seu volume de vendas e prazos do ciclo financeiro (de caixa).

No entanto, o ciclo financeiro, conforme descrito na Figura 3.6, não é rigorosamente uma linha reta. Possui, em verdade, um comportamento segmentado, que cresce à medida que os custos e despesas vão-se acumulando em cada fase operacional. O financiamento proveniente do passivo circulante operacional, por seu lado, é fixo, não incorporando os acréscimos verificados nas várias fases operacionais: estocagem – venda – cobrança.

Observe na Figura 3.6 que a partir do 30º dia a empresa começa a investir na produção de bens, nos estoques de produtos acabados e nas vendas a prazo. Estas aplicações de recursos prolongam-se até o 120º dia. Neste período, ela continua financiada com o mesmo capital original dos fornecedores. Somente o prazo de estocagem (PME) é calculado com base nos custos das matérias-primas, ainda assim desconsiderando aqueles custos de estocagem incorridos no período. O PMF e o PMV baseiam-se nos custos de produção e o PMC nos preços de venda.

Logo, para uma análise mais rigorosa, é necessário proceder a alguns ajustes nos prazos de ciclo financeiro, relacionando-os mais diretamente com as vendas de forma a se apurar um valor mais preciso da necessidade de investimento em capital de giro.

3.5.1 Necessidade de investimento em capital de giro com base em dias de vendas

As fórmulas enunciadas a seguir relacionam os diversos prazos operacionais, não vinculados com o volume de negócios da empresa, com o número de dias de vendas.

Estoques

$$PME = \left(\frac{\text{Matéria-prima}}{\text{Consumo de matéria-pirma}} \times 120 \right) \times \left(\frac{\text{Consumo de matéria-prima}}{\text{Vendas}} \right)$$

$$PMF = \left(\frac{\text{Produtos em elaboração}}{\text{Custo dos produtos elaborados}} \times 120 \right) \times \left(\frac{\text{Custo dos produtos elaborados}}{\text{Vendas}} \right)$$

$$PMV = \left(\frac{\text{Produtos acabados}}{\text{CPV}} \times 120 \right) \times \left(\frac{\text{CPV}}{\text{Vendas}} \right)$$

Admite-se que os prazos de estocagem se relacionam estreitamente com as vendas. Alterações que venham a ocorrer no volume de vendas e no de compras afetam direta e proporcionalmente o nível dos estoques e os custos de produção.

As expressões de cálculo fornecem o valor dos investimentos, em número de dias de vendas, mantido em estoque. Alternativamente, pode-se utilizar a fórmula do prazo médio de estocagem total (PME_T), ou seja:

$$PME_T = \left(\frac{\text{Estoque total}}{\text{CPV}} \times 120 \right) \times \left(\frac{\text{CPV}}{\text{Vendas}} \right), \text{ pois:}$$

$$PME_T = PME + PMF + PMV$$

Fornecedores

$$PMPF = \left(\frac{\text{Fornecedores}}{\text{Compras}} \times 120 \right) \times \left(\frac{\text{Compras}}{\text{Vendas}} \right)$$

A identidade do PMPF fornece o valor, expresso em dias de vendas, dos créditos concedidos pelos fornecedores da empresa.

Despesas a pagar

$$\text{PMPD} = \left(\frac{\text{Despesas a pagar}}{\text{Despesas incorridas}} \times 120 \right) \times \left(\frac{\text{Despesas incorridas}}{\text{Vendas}} \right)$$

O cálculo do PMPD fornece o valor, expresso em dias de vendas, dos créditos concedidos por credores diversos da empresa, tais como empregados, governo (impostos, tarifas, encargos sociais) etc.

A partir destas novas informações, pode-se agora calcular o valor dos ativos e passivos operacionais em dias de vendas da Cia. CAGIR, conforme apresentado no Quadro 3.5.

Quadro 3.5   *Ativos e passivos operacionais da Cia. CAGIR em dias de vendas.*

	VALORES EM DIAS DE VENDAS
Duplicatas a Receber	60,0 dias
Estoques:	
Matéria-prima: 30,0 × (1.600/15.000)	3,2
Produtos em Processo: 12,0 × (7.000/15.000)	5,6
Produtos Acabados: 18,0 × (7.000/15.000)	8,4
Ativo Operacional:	77,2
Fornecedores: 80,0 × (6.000/15.000)	32,0
Despesas a Pagar: 20,0 × (2.400/15.000)	3,2
Passivo Operacional:	35,2
Necessidade de Investimento em Capital de Giro (NIG)	42,0 dias

A Cia. CAGIR apresenta uma necessidade de investimento operacional em capital de giro equivalente a 42,0 dias de suas vendas. Seus investimentos em ativos operacionais requerem recursos equivalentes a 77,2 dias de vendas. Para cobri--los, a empresa usa financiamento proveniente de seu passivo operacional de 35,2 dias. Assim, sobram 42,0 dias de vendas da Cia. a serem financeiramente cobertas por outras fontes de fundos (próprias ou de terceiros). Este montante representa efetivamente sua necessidade de investimento em giro.

Observe no Quadro 3.4 que o ativo operacional menos o passivo operacional da CAGIR atinge $ 5.250, que representa seu capital de giro necessário. Trabalhando-se com os valores em dias de vendas, chega-se, evidentemente, ao mesmo resultado:

NIG = (Venda Média Diária) × (NIG em Dias de Venda)

NIG = ($ 15.000/120) × (42,0) = $ 5.250

Admitindo-se, por outro lado, que as vendas da CAGIR se elevem no próximo quadrimestre para $ 22.000, sua nova necessidade de capital de giro, mantidos os prazos do ciclo operacional inalterados, atinge:

$$NIG = (\$ 22.000/120) \times (42,0) = \$ 7.700$$

Deve ser acrescentado, ainda, que, além desta necessidade de giro, a empresa irá demandar determinada quantia aplicada em caixa, elevando por conseguinte sua necessidade de financiamento.

Este indicador da necessidade de capital de giro em dias de vendas altera-se principalmente diante de modificações nos prazos operacionais. Nesta situação, é conveniente recalcular a NIG de maneira a melhor expressar a atividade da empresa. Alterações no volume de atividade ou, até mesmo, nos preços não costumam alterar de forma relevante a NIG em dias de vendas.

Em todo processo de avaliação financeira, é indispensável ter em conta se as variáveis envolvidas estão dimensionadas em moeda de mesmo poder de compra. Ambientes inflacionários requerem que se identifiquem explicitamente os resultados (ganhos ou perdas) motivados pela depreciação da moeda.

Sabidamente, toda a análise e dimensionamento do investimento em capital de giro apresenta sérias restrições ao serem expressas em valores nominais. Assim, propõe-se efetuar o estudo do capital de giro com base em relatórios financeiros elaborados em moeda constante, de forma a se considerarem unicamente seus valores reais, já depurados dos efeitos da inflação.

3.6 *OVERTRADING* – SUPEREXPANSÃO DAS VENDAS

O conceito de *overtrading* refere-se a uma forte expansão no volume de atividade de uma empresa sem o devido lastro de recursos disponíveis para financiar as necessidades adicionais de giro.

Toda empresa possui um limite financeiro capaz de suportar determinado volume de negócios. Quando o volume de vendas exceder este limite, ou quando a capacidade de financiar os negócios se reduzir, tem-se uma consequente redução na margem de segurança da empresa, verificando-se o que se denomina de *overtrading*.

Uma situação muito comentada de ocorrência de *overtrading* ocorre quando uma empresa decide promover economias de escala através de uma grande expansão em seu nível de produção e vendas. Além da redução de sua capacidade ociosa, o aumento do volume de atividade operacional proporciona maior diluição dos custos fixos com uma consequente redução do custo unitário do produto.

Esta expansão das operações de produção e vendas demanda naturalmente maior volume de investimentos em giro (duplicatas a receber e estoques, principalmente). O *overtrading* revela-se na hipótese de o capital de giro líquido existente não ser suficiente para cobrir financeiramente estes investimentos adicionais. A NIG passa a crescer bastante, superando, em pouco tempo, o nível de CCL da empresa.

Uma causa também bastante comum de ocorrência de *overtrading* numa empresa é a inflação. Ao promover maior demanda por bens como forma de resguardar o consumidor de aumentos de preços, a empresa pode ser levada, para não perder participação de mercado, a expandir sua atividade acima de sua capacidade financeira.

Os aumentos consecutivos dos preços em geral costumam encobrir esta situação de *overtrading*. No entanto, quando a economia parte para uma situação de maior estabilidade nos índices gerais de preços, as consequências de um crescimento sem sustentação financeira surgem mais nitidamente, determinando problemas de lucratividade, inadimplência e estoques volumosos.

Evidentemente, outras situações podem também ocorrer e levar a empresa a um crescimento sem sustentação, tais como metas de expansão ambiciosas e superdimensionadas, redução no capital de giro líquido, políticas aceleradas de imobilizações etc.

3.6.1 Dinâmica do *overtrading*

Para melhor explicar as consequências de uma forte expansão das vendas sobre o equilíbrio financeiro das empresas, são analisadas a seguir diferentes estruturas.

SITUAÇÃO I – CRESCIMENTO PROPORCIONAL DAS VENDAS, NIC E CCL

	ANO 1	ANO 2	ANO 3
Vendas	$ 500	$ 1.000	$ 2.000
Evolução Anual	–	100%	100%
NIG	$ 200	$ 400	$ 800
Evolução Anual	–	100%	100%
CCL	$ 250	$ 500	$ 1.000
Evolução Anual	–	100%	100%
SD	$ 50	$ 100	$ 200

Na *situação I*, diante da proporcionalidade total dos indicadores de giro, observa--se que a forte expansão das vendas não afeta sua saúde financeira. Mesmo diante de um crescimento anual de 100% em sua atividade, a empresa não modificou seu ciclo financeiro, mantendo a mesma proporção de NIG em relação às vendas.

Por outro lado, o CCL mantém também sua participação original, revelando que eventuais necessidades adicionais de investimentos permanentes (máquinas, equipamentos etc.) foram financiadas através de recursos de longo prazo captados pela empresa de seus credores e proprietários.

A manutenção de um equilíbrio financeiro ideal implica, conforme foi discutido, a presença de um CCL superior à NIG, de maneira a financiar o investimento necessário em capital de giro e ainda compor a reserva financeira da empresa (saldo de disponível).

Na situação comentada, ainda, a elevação do NIG foi acompanhada integralmente pelo maior volume de CCL, não prejudicando a posição financeira da empresa. O expressivo aumento nas vendas foi financiado pelo reinvestimento dos fluxos de caixa provenientes da operação (lucro líquido mais depreciação, basicamente). Essa situação encontra-se ilustrada na Figura 3.7.

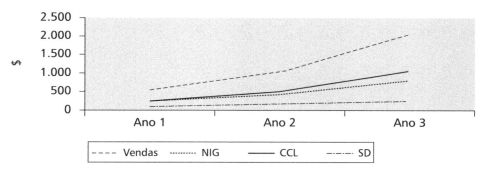

Figura 3.7   *Situação I: crescimento proporcional.*

SITUAÇÃO II – CRESCIMENTO MAIS QUE PROPORCIONAL DA NIG

	ANO 1	**ANO 2**	**ANO 3**
Vendas	$ 500	$ 1.000	$ 2.000
Evolução Anual	–	100%	100%
NIG	$ 200	$ 500	$ 1.000
Evolução Anual	–	150%	100%
CCL	$ 250	$ 500	$ 1.000
Evolução Anual	–	100%	100%
SD	$ 50	–	–

A *situação II* reflete um aumento da NIG motivado não somente pela expansão da venda, mas também pela ampliação do ciclo financeiro. Concessões de maiores prazos de pagamentos aos clientes ou reduções no financiamento operacional, por exemplo, podem explicar este incremento mais que proporcional em relação às vendas da necessidade de investimento em capital de giro.

O incremento adicional da NIG foi financiado integralmente mediante a utilização do saldo do disponível positivo existente no ano 1, suficiente para lastrear financeiramente a necessidade incremental de recursos para giro. Com isso, a reserva financeira da empresa apresenta-se nula para os próximos anos, exigindo novas captações de recursos externos para financiar eventuais aumentos no ciclo financeiro (Figura 3.8).

Nas atuais condições de CCL igual a NIG, a situação financeira apresenta-se satisfatória.

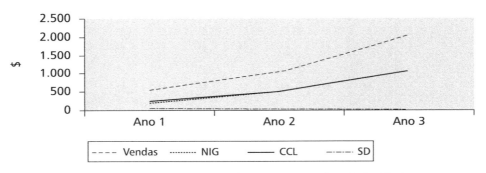

Figura 3.8 *Situação II: crescimento mais que proporcional da NIG.*

SITUAÇÃO III – REDUÇÃO DO CCL EM RELAÇÃO À NIG

	ANO 1	ANO 2	ANO 3
Vendas	$ 500	$ 1.000	$ 2.000
Evolução Anual	–	100%	100%
NIG	$ 200	$ 400	$ 800
Evolução Anual	–	100%	100%
CCL	$ 250	$ 400	$ 700
Evolução Anual	–	60%	75%
SD	$ 50	–	–$ 100

Na *situação III* ocorre uma piora gradual na situação financeira da empresa devido principalmente à redução relativa do volume de capital circulante líquido. Recursos de longo prazo podem estar sendo desviados do giro para financiar investimentos em bens permanentes (Figura 3.9).

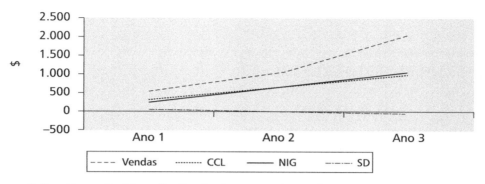

Figura 3.9 Situação III: redução do CCL em relação à NIG.

De uma posição de folga financeira verificada no ano 1, passa-se para certo equilíbrio no ano seguinte pelo uso de toda a reserva financeira, e para uma situação incapaz de financiar adequadamente o aumento da NIG nesta última situação. No ano 3, uma parte dos investimentos permanentes em giro encontra-se financiada com recursos passivos não operacionais.

Esta situação de *overtrading* descreve o denominado *efeito tesoura,* em que o crescimento expressivo das vendas não vem acompanhado de adequado suporte de recursos para cobrir a maior necessidade de capital de giro. A empresa passa a se utilizar de créditos onerosos de curto prazo para financiar sua NIG, tornando seus negócios dependentes da manutenção destes passivos.

3.7 SINCRONIA DO CICLO FINANCEIRO E NECESSIDADE DE CAPITAL DE GIRO

O volume de recursos do saldo do disponível dependerá da sincronia existente no ciclo financeiro. Essa sincronia terá consequências na necessidade de investimento em giro. Numa situação ideal, uma redução no prazo concedido pelos fornecedores pode ser compensada pela redução proporcional no crédito concedido pela *empresa*. Assim, um aperto no pagamento das dívidas geradas do ciclo operacional foi compensado através da redução no prazo de recebimento. De igual modo, a redução no nível de estoque e no prazo de estoque pode possibilitar que a empresa flexibilize sua política de crédito, mantendo a mesma necessidade de recursos para giro.

As empresas que não conseguem fazer esta "compensação" entre os diferentes prazos que compõem o ciclo financeiro provavelmente irão demandar uma maior necessidade de saldo do disponível para resistir a eventuais problemas que possam ocorrer.

Uma forma de analisar isto é através dos dados passados. Neste caso, é necessário coletar informações de cada um dos prazos que compõe o ciclo financeiro, que serão usados na análise da sincronia.

> De maneira geral, empresas com maior dispersão no comportamento histórico do NIG necessitarão de maiores reservas financeiras. Nessas situações, a empresa não consegue compensar eventuais variações nos seus prazos médios dentro do próprio ciclo financeiro, aumentando a possibilidade de insolvência. Num caso extremo, uma empresa com uma variabilidade mínima na necessidade de investimento em giro necessita de poucos recursos para sua reserva financeira.

Considere, a título de *exemplo*, uma empresa com as seguintes informações passadas das contas de Clientes, Estoques e Fornecedores:

Quadro 3.6   *Sincronia do NIG.*

Tempo	Estoques ($)	Clientes ($)	Fornecedores ($)
1	120.000,00	40.000,00	80.000,00
2	110.000,00	42.000,00	70.000,00
3	100.000,00	41.000,00	60.000,00
4	140.000,00	27.000,00	87.000,00
5	139.000,00	24.000,00	77.000,00
6	146.000,00	23.000,00	82.000,00
7	155.000,00	25.000,00	94.000,00
8	150.000,00	26.000,00	87.000,00
9	135.000,00	36.000,00	85.000,00
10	127.000,00	42.000,00	85.000,00

Os valores do Quadro 3.6 mostram uma empresa onde os investimentos em estoques apresentam variações elevadas ao longo do tempo. O investimento em clientes é relativamente reduzido. Ao mesmo tempo, o financiamento deste ativo por parte dos fornecedores também apresenta variações ao longo do tempo.

A partir destes dados podemos calcular os valores médios e o desvio-padrão das três contas. O cálculo destes valores apresenta os seguintes resultados:

	Estoques	Clientes	Fornecedores
Média	$ 132.200,00	$ 32.600,00	$ 80.700,00
Desvio	16.874,83	7.825,60	9.230,93

Em média, os investimentos em estoques da empresas foram de R$ 132,2 mil, que juntamente com as inversões com clientes, de R$ 32,6 mil em média, e o financiamento de fornecedores (R$ 80,7 mil) denotavam uma necessidade de investimento em giro média de R$ 84,1 mil. Este valor é obtido através da seguinte operação: Clientes + Estoques – Fornecedores ou $ 32.600 + $ 132.200 – $ 80.700.

Também foi calculado o desvio-padrão das três contas patrimoniais. O valor do desvio-padrão indica a dispersão. Valores elevados representam uma dispersão maior da média. Uma forma de determinar se a dispersão é elevada ou não é comparando o desvio com a média; esta medida recebe a denominação de coeficiente de variação ou CV. O CV de estoque é de 13% (ou $ 16.874,83/$ 132.200,00). Fazendo o mesmo cálculo para as duas outras contas temos que o CV de clientes é de 24% e o de fornecedores é de 11%.

O mais importante é verificar a dispersão da Necessidade de Investimento em Giro, que corresponde à sincronia do capital de giro da empresa. Valores elevados da dispersão indicam que o NIG ao longo do tempo sofre profundas variações; montantes reduzidos representam um sinal de que o NIG é estável, indicando um menor risco do capital de giro por parte da empresa. Neste sentido, a dispersão corresponde, a exemplo do que ocorre nos modelos de gestão de carteiras, a uma medida de risco da administração do capital de giro da empresa.

Existem duas maneiras de determinar a dispersão do NIG. A primeira é mais fácil, mas não oferece possibilidade de uma análise mais profunda: por consequência, a segunda forma é mais complexa, mas também é mais analítica.

O primeiro método é fazer a somatória do NIG de cada período e posteriormente calcular o desvio-padrão. No exemplo apresentado tem-se.

$NIG1 = 120.000 + 40.000 - 80.000 = \$ 80.000$

$NIG2 = 110.000 + 42.000 - 70.000 = \$ 82.000$

E assim por diante. Os valores encontrados após o cálculo para cada mês encontram-se a seguir:

Tempo	NIG ($)
1	80.000,00
2	82.000,00
3	81.000,00
4	80.000,00
5	86.000,00
6	87.000,00
7	86.000,00
8	89.000,00
9	86.000,00
10	84.000,00

Com estes valores temos uma média de $ 84.100, o mesmo valor obtido anteriormente, e uma dispersão de $ 3.104,96. Observe que por estes valores o coeficiente de variação é de 4% (= 3.104,96/84.100), que é um valor bem menor que o obtido nas contas de estoques, de clientes e de fornecedores.

Para se determinar o desvio-padrão do NIG, faz-se necessário conhecer a relação estatística existente entre as variáveis que compõe a NIG da empresa. Essa relação pode ser obtida através da correlação de Pearson.

O coeficiente de *Pearson* pode ser calculado a partir dos dados históricos da empresa. Esse coeficiente varia de +1 a −1. Resultados próximos a unidade indicam existir uma relação proporcional entre os valores; resultados próximos de −1 permite inferir que a relação é inversamente proporcional; e resultados próximos a zero pode indicar que a relação entre as variáveis não é forte. Uma explicação mais detalhada sobre esse coeficiente pode ser encontrada num livro de estatística básica.

Na prática pode-se calcular a correlação numa planilha eletrônica ou numa calculadora científica. Os resultados obtidos foram:

Correlação entre Clientes e Estoques = − 0,86

Correlação ente Cientes e Fornecedores = − 0,53

Correlação entre Estoques e Fornecedores = 0,87

Os resultados obtidos indicam que existe uma relação inversa entre clientes e estoques e entre clientes e fornecedores. Isso significa dizer que, neste exemplo, quando os estoques da empresa aumentam, o financiamento aos clientes reduz; e que quando os clientes apresentam variação positiva, os fornecedores diminuem. Já a relação entre estoques e fornecedores é positiva, mostrando que mais investimentos em estoques conduzem a mais financiamento de fornecedores.

Para determinar o desvio-padrão do NIG é necessário calcular a seguinte expressão:

$$\sigma_{NIG} = \sqrt{\dot\sigma_C^2 + \dot\sigma_E^2 + \dot\sigma_F^2 + 2 \times r_{E,C} \times \sigma_E \times \sigma_C - 2 \times r_{E,F} \times \sigma_E \times \sigma_F - 2 \times r_{F,C} \times \sigma_F \times \sigma_C}$$

Sendo σ = desvio-padrão: r = correlação, C = clientes, E = Estoques e F = Fornecedores. Usando as informações que já se calculou tem-se:

$$[7825,60 \times 7825,60 + 16874,83 \times 16874,83 + 9230,93 \times 9230,93$$
$$- 2 \times 16874,83 \times 7825,60 \times 0,86 - 2 \times 16874,83 \times 9230,93 \times 0,87$$
$$+ 2 \times 9230,93 \times 7825,60 \times 0,53]^{0,5} = 3.099,29$$

É interessante perceber que o nível de risco do capital de giro depende da variabilidade de cada um dos seus componentes, assim como da relação, ou sincronia, existente entre eles. Assim, o fato da correlação entre estoques e clientes ser negativa faz com que a dispersão do NIG seja menor (sinal negativo na fórmula).

Assim, uma empresa que consegue compensar uma redução no prazo de pagamento de fornecedores com uma redução nos estoques ou no prazo para clientes poderá manter a mesma necessidade de investimento em giro. Isso também representaria uma política de giro menos arriscado.

Os valores calculados anteriormente podem ser interessantes para que a empresa determine uma linha de capital de giro necessária numa instituição financeira. Admitindo que o comportamento do capital de giro assuma uma distribuição normal, com média de $ 84.100 e desvio de $ 3.099,29, podemos determinar os valores mais prováveis que o NIG irá assumir ao longo do tempo.

A distribuição normal ou distribuição gaussiana é aquela que pode ser descrita através da sua média e desvio-padrão. Este tipo de distribuição é muito comum quando o número de observações é grande (geralmente acima de 30 observações). Uma vantagem de assumir um comportamento normal decorre das propriedades da distribuição e da facilidade de uso da mesma.

Uma das propriedades da curva normal é que 95,44% dos eventos estão no intervalo da média de mais ou menos dois desvios-padrão. Nesse caso, 84.100 ± 2 × 3.014 ou no intervalo entre $ 90.128 a $ 78.072. Ou seja, a empresa deve ter uma linha de crédito máxima de $ 90.128 para financiar 95% das necessidades de capital de giro.

EXERCÍCIOS

Questões

1. Quando uma empresa possui um CCL negativo, é possível que o NIG seja positivo?

2. Para que o saldo do disponível aumente, mantendo o mesmo CCL, qual deverá ser o comportamento da NIG?

3. Explique a relação entre o tamanho do ciclo operacional e financeiro de uma empresa e sua NIG.

4. Mostre uma situação prática onde a NIG é negativa, utilizando para isso o conceito de ciclo financeiro.

5. Explique o fato de empresas com NIG sazonal elevado demandar uma estrutura de financiamento mais conservadora.

6. Como o *overtrading* pode conduzir a valores cada vez menores no saldo do disponível da empresa?

7. Se uma empresa consegue repassar para seus clientes os prazos concedidos pelos fornecedores, qual deverá ser a relação entre o prazo de recebimento e o prazo de pagamento?

Problemas

1. Volte no problema 3 do capítulo anterior. Determine o NIG, o SD e a NTFP. Faça uma análise da empresa usando o modelo apresentado no capítulo. Compare o resultado com sua resposta obtida no capítulo anterior. A empresa é viável sob a ótica do modelo de capital de giro?

2. Considere a seguinte estrutura patrimonial:

Caixa e Equivalentes	4.500	Empréstimos de Curto Prazo	1.700
Valores a Receber	7.200	Dividendos a Pagar	3.000
(–) Duplicatas Descontadas –	5.000	Fornecedores	4.000
Estoques	10.300	Salários a Pagar	9.000
Despesas Antecipadas	1.200	Receita Antecipada	1.300
Ativo Circulante	*$ 18.200*	*Passivo Circulante*	*$ 19.000*
Ativo não Circulante	*$ 68.800*	*Passivo não Circulante*	*$ 25.000*
		Patrimônio Líquido	*$ 43.000*
Ativo Total	*$ 87.000*	*Passivo e Patrimônio Líquido*	*$ 87.000*

Determine o NIG, o SD, a NTFP e o CCL.

3. Para cada uma das situações a seguir, calcule o CCL, NIG, SD, NTFP.

Situação 1 ($)

ACF	30.000	PCF	20.000
ACO	40.000	PCO	35.000
AP	120.000	PP	135.000

Situação 2 ($)

ACF	10.000	PCF	20.000
ACO	40.000	PCO	35.000
AP	140.000	PP	135.000

Situação 3 ($)

ACF	30.000	PCF	20.000
ACO	5.000	PCO	35.000
AP	155.000	PP	135.000

4. Considere os seguintes valores: Estoques = $ 3 milhões; Valores a Receber = $ 5 milhões; Fornecedores = $ 1,7 milhão; Vendas anuais = $ 30 milhões; CMV do ano = $ 25 milhões e Compras anuais = $ 18 milhões. Determine a necessidade de investimento em giro, em unidades monetárias e em dias de vendas.

5. Para uma necessidade de investimento em giro de $ 450 mil, uma empresa possui vendas médias de $ 1.200 mil por mês. Nos próximos meses a empresa está prevendo um aumento nas vendas para $ 1.500 mil. Mantendo as demais variáveis constantes, qual a nova necessidade de investimento em giro?

6. Uma empresa apresentou o seguinte comportamento das contas de estoques, de clientes e fornecedores nos últimos doze meses em $ milhões:

Meses	Estoques	Clientes	Fornecedores
1	42,00	80,00	50,00
2	50,00	90,00	53,00
3	37,00	106,00	55,00
4	34,00	124,00	57,00
5	27,00	133,00	64,00
6	34,00	132,00	67,00
7	28,00	139,00	63,00
8	38,00	134,00	53,00
9	26,00	146,00	60,00
10	17,00	135,00	61,00
11	8,00	141,00	67,00
12	11,00	126,00	67,00

a. Determine o NIG no período.

b. Calcule os valores médios das contas e sua dispersão.

c. Calcule a correlação entre as contas.

d. Determine o valor médio do NIG e sua dispersão.

4

ADMINISTRAÇÃO DO DISPONÍVEL

Um dos maiores avanços da teoria de finanças, se não o maior, foi a denominada Moderna Teoria de Carteiras. Esta teoria, e particularmente o modelo de precificação de ativos (*capital asset pricing model – CAPM*), revolucionou as finanças ao propor uma análise voltada para o investidor que contemplava não somente o retorno, mas também o risco dos ativos.

Como todo modelo teórico, o CAPM busca extrair da realidade seus aspectos considerados mais relevantes para, a partir daí, procurar compreender melhor esta realidade. Se melhores forem as suposições do modelo, mais condições ele terá de se adequar à realidade.

Uma das suposições do modelo CAPM é que os resultados são realizados num único horizonte de tempo, para todos os investidores. Existiria, deste modo, dois fluxos possíveis: a aplicação, num primeiro momento, e o resgate – com seu respectivo rendimento, num segundo instante.

Mais ainda, o CAPM considera que investidores estão num mercado eficiente, em que existe acesso irrestrito a tomar emprestado e a pedir emprestado, a uma taxa sem risco. Implicitamente, isto significa que a administração de caixa se torna desnecessária neste tipo de mercado: se uma empresa precisa de recursos, pode, neste caso, obtê-los imediatamente a esta taxa, sem risco.

Entretanto, a revolução do CAPM na teoria de finanças fez com que os pesquisadores relegassem a segundo plano o estudo do capital de giro e a administração de caixa, muito embora a prática empresarial tenha sempre destacado sua importância. Estudos posteriores têm mostrado ser possível uma conciliação entre o CAPM e a administração de caixa, sendo esta importante para os resultados empresariais, mesmo dentro das limitações impostas pelo modelo.[1] Assim, uma empresa que apresente baixo custo na administração de caixa deverá ter um lucro maior, com consequências diretas em sua melhor avaliação.

Este capítulo encontra-se dividido em duas partes. Na primeira, explora tópicos de administração de caixa propriamente ditos. Na segunda parte, são tecidas considerações sobre administração de contas bancárias. Inicialmente, discutem-se as razões que levam uma empresa a ter investimentos em ativos de liquidez imediata.

4.1 RAZÕES PARA DEMANDA DE CAIXA

Numa situação ideal, em que uma empresa tem um controle total sobre sua liquidez, seu saldo de caixa seria zero. É óbvio que esta é uma posição de caixa inexistente, embora seja ótima. Fatores como alto custo do dinheiro, inflação, incerteza do fluxo de caixa, entre outros, fazem com que qualquer entidade precise manter, em magnitudes diferentes, um nível mínimo de caixa.

Tradicionalmente, considera-se que existem três motivos para que uma empresa mantenha um valor mínimo de caixa.[2] O primeiro motivo é denominado *transação*. Uma empresa precisa ter recursos aplicados no caixa para poder honrar os compromissos assumidos. Se existisse sincronia perfeita entre os recebimentos e os pagamentos, a demanda de caixa para transação seria desnecessária. Uma empresa que mantenha diariamente recursos em caixa para fazer face à necessidade de troco também o faria pelo motivo transação.

O segundo motivo de existência de um nível de caixa refere-se à *precaução*. Como existem fluxos de pagamentos futuros nem sempre totalmente previsíveis e em face da atitude do administrador financeiro em relação ao risco, uma empresa deve manter uma quantidade de recursos para estas eventualidades. Em geral, quanto mais propensa ao risco se mostrar a empresa, menor a quantidade de dinheiro mantido no caixa pelo motivo de precaução.

O terceiro motivo refere-se à *especulação*. Neste caso, a existência de recursos em caixa decorre da perspectiva de uma oportunidade futura para fazer negócios.

Tendo em vista que investimento em caixa representa perda de rentabilidade, a empresa deve exercer controle sobre este item sem aumentar, em nível indesejado, o risco. O fluxo de caixa é o principal instrumento deste controle e foi amplamente discutido no Capítulo 2 deste livro.

---

[1]   MORRIS, James R. The role of cash balances in firm valuation. *Journal of Financial and Quantitative Analysis*, ano 4, nº 18, p. 533-545, dez. 1983.

[2]   KEYNES, J. M. *A teoria geral do emprego, do juro e da moeda*. São Paulo: Atlas, 1982. Cap. 15.

Administração do Disponível **101**

O caixa mínimo exigido dependerá de uma série de fatores. A lista a seguir apresenta alguns destes, sem pretensão de esgotar o assunto:

- falta de sincronização entre pagamentos e recebimentos de caixa tende a elevar o caixa necessário. Esta falta de sincronia pode ser resultante de sazonalidades em pagamentos e recebimentos e das características operacionais de atuação da empresa, sendo que o fluxo de caixa projetado pode ser um importante instrumento para reduzir as diferenças temporais de entrada e saída de recursos na empresa;
- grande possibilidade de ocorrência de eventos não previstos no planejamento da empresa que representem desembolsos de caixa;
- acesso reconhecido às fontes de financiamento, seja capital próprio ou de terceiros. A existência de um mercado financeiro desenvolvido pode ainda reduzir a exigência de um caixa mínimo. Caso isto ocorra, quando necessitar de recursos, a empresa poderá obtê-los de forma relativamente fácil e a uma taxa de juros compatível neste mercado financeiro. Se o custo do financiamento for excessivo, isto tende a inibir a busca de recurso no mercado e a elevar o caixa mínimo justamente para reduzir a probabilidade de recorrer ao financiamento externo;
- bom relacionamento com o sistema financeiro, particularmente no que se refere ao saldo da conta em bancos. A exigência de saldos mínimos para futuras operações requer maior volume nesta conta. Por outro lado, o sistema financeiro, ao agilizar o sistema de compensação de cheques, tende a reduzir a necessidade de caixa mínimo;
- possibilidade de furtos e desfalques, sendo que estes fatos podem ser minimizados através de controle mais acurado sobre os recebimentos e pagamentos de caixa;
- existência de prazo médio de recebimentos de vendas acima do necessário. Sempre que possível a empresa deve reduzi-lo, seja através de uma compensação mais rápida, seja pela redefinição da política de vendas a prazo;
- existência de prazo de pagamento reduzido. Com intuito de otimizar a rentabilidade, a empresa deve aumentar, sempre que for economicamente vantajoso, o prazo de pagamento;
- existência de grande investimento em estoques. É importante adequar a política de estoques, procurando diminuir o volume investido neste ativo, ajustando-o mais proximamente à demanda. O Capítulo 6 deste livro trata mais pormenorizadamente deste assunto;
- existência de várias contas-correntes em bancos. É interessante que a empresa procure otimizar a manutenção de contas-correntes em bancos,

de maneira a melhorar seu controle e a obter melhores condições nas negociações com estas instituições financeiras;

- processo produtivo com desperdícios e atividades com pouca contribuição para o resultado;

- nível de taxa de inflação. Por um lado, em ambientes inflacionários a perda decorrente da manutenção de um caixa mínimo tende a aumentar. Por outro lado, ambientes inflacionários tendem a gerar mais oportunidades de investimento, aumentando a demanda de dinheiro pelo motivo especulativo;

- política de crédito da empresa, em especial a morosidade dos pagamentos e a probabilidade de que clientes, não efetuem pagamentos, o que implica maior necessidade de caixa;

- existência de um modelo de administração de caixa claramente definido e ajustado às operações da empresa. A administração precisa ter regras claras para saber quanto deixar em caixa, de maneira a cobrir satisfatoriamente suas necessidades de desembolsos;

- regularidade nos recebimentos da empresa, inclusive os decorrentes de operações a vista.

- a existência de conflito de objetivos entre os administradores e os acionistas.[3]

O estudo dos fatores listados indica que uma empresa típica sempre necessitará de um caixa mínimo para satisfazer a suas necessidades financeiras. Para determinar o valor que uma empresa pode deixar em caixa existem diversos modelos de administração de caixa que podem ser utilizados.

A quantidade de dinheiro em caixa, incluindo aqui bancos e aplicações financeiras de curto prazo, tem sido analisada pela literatura acadêmica de diversos países. Geralmente, o acúmulo de caixa antecede a grandes investimentos, incluindo novas unidades produtivas e aquisição de concorrentes. Também pode ser considerado uma atitude defensiva, numa eventual guerra de preços.

O fluxo de caixa, *por exemplo*, é uma metodologia que permite à empresa determinar o fluxo de recursos futuros da empresa e, a partir desta informação, administrar o caixa e, assim, minimizar a necessidade de recursos.

---

[3] Michael Jensen mostrou que nas empresas onde existe esse conflito, denominado de problema de agenciamento, apresentam um maior volume de caixa. JENSEN, Michael. The agency costs of free cash flow corporate finance and takeovers. *American Economic Review*. Nashiville: American Economic Association, May 1986.

O próximo item apresenta alguns dos modelos que tratam da determinação do caixa mínimo.

4.2 MODELOS DE ADMINISTRAÇÃO DE CAIXA

4.2.1 Modelo do caixa mínimo operacional

Uma forma simples de estabelecer o montante de recursos que uma empresa deverá manter em caixa é através do *Caixa Mínimo Operacional*. Esta técnica, pouco sofisticada é verdade, pode ser útil no estabelecimento de um padrão do investimento em caixa.

Para obter o *Caixa Mínimo Operacional*, basta dividir os desembolsos totais previstos por seu giro de caixa. Por sua vez, para obter o giro de caixa, basta dividir 360, se a base for em dias e o período de projeção for de um ano, pelo ciclo de caixa (ciclo financeiro). Relembrando, o ciclo de caixa de uma empresa corresponde ao período compreendido entre o pagamento da compra de matéria-prima até o momento do recebimento das vendas.

Exemplificando, suponha que uma empresa tenha projetado para certo exercício desembolsos totais líquidos de caixa de $ 2,7 milhões. Sabe-se que o ciclo de caixa desta empresa alcança 24 dias, ou seja, este é o intervalo de tempo em que a empresa somente desembolsa recursos, ocorrendo entradas de fluxos financeiros somente a partir do 25º dia.

Logo, o giro de caixa é de 15 vezes, isto é:

$$Giro \ de \ Caixa = \frac{360 \ dias}{24 \ dias} = 15 \ vezes$$

Um ciclo financeiro de 24 dias indica que o caixa gira (renova-se) 15 vezes no período.

Conhecido o giro do caixa, o montante mínimo de caixa a ser mantido visando satisfazer à demanda operacional por recursos no período totaliza $ 180.000; é calculado:

$$Caixa \ Mínimo \ Operacional = \frac{\$ \ 2.700.000}{15,0} = \$ \ 180.000$$

Pode-se dizer que, quanto maior for o giro de caixa e, consequentemente, menor o ciclo financeiro, mais reduzidas se apresentam quantidades exigidas para o caixa. Na busca de administração de caixa mais eficiente, a empresa deve procurar, dentro das condições de seus negócios, maximizar o giro de seu caixa. Com isto, como o Caixa Mínimo Operacional é obtido pela divisão dos pagamentos pelo giro, um giro de caixa alto gera uma necessidade menor de caixa operacional.

Para melhor entendimento, suponha uma empresa com prazo de pagamento de fornecedores de 20 dias, prazo de estocagem de 40 dias e prazo médio de recebimento de clientes de 25 dias. O ciclo de caixa é de 45 dias e é obtido pela soma do prazo de estocagem (40 dias) com o prazo de recebimento (25 dias) menos o prazo de pagamento (20 dias). O giro de caixa é de oito vezes, ou seja, 360/45.

Supondo que os pagamentos anuais estimados da empresa sejam de $ 400.000, o caixa mínimo operacional é de:

$$Caixa\ Mínimo\ Operacional = \frac{\$\ 400.000}{8} = \$\ 50.000$$

Uma redução no prazo de recebimento para dez dias faz com que o ciclo de caixa se reduza para 30 dias e aumente o giro de caixa para 12 vezes. Com isto, o caixa mínimo operacional passa de $ 50.000 para $ 33.333 (= $ 400.000/12), promovendo uma redução de $ 16.667.

O *caixa mínimo operacional*, por sua simplicidade de cálculo, oferece alguns inconvenientes técnicos e por isso deve ser adotado com certos cuidados pela empresa, avaliando-se principalmente se suas características se adequam à realidade de seus negócios.

4.2.2 Modelo de Baumol

O modelo de Baumol recebe o nome do pesquisador que propôs utilizar o conceito de lote econômico de compra, conceito este que será abordado mais adequadamente no capítulo que trata de estoques, na administração de caixa.[4] Este modelo é aplicado quando existem entradas periódicas de dinheiro no caixa e saídas constantes de recursos.

Entre diversas situações, podem ser citados dois exemplos em que é possível existir uma aplicação do modelo de Baumol. O primeiro é o orçamento de uma família típica. Mensalmente, a mãe e/ou pai recebem um salário. Este salário será consumido ao longo do mês, à medida que ocorrerem as necessidades de pagamentos.

O segundo caso diz respeito a uma empresa de consultoria que possui clientes que concentram o pagamento em determinado dia do mês, embora a empresa tenha que efetuar desembolsos ao longo do mês.

Supondo a existência de um mercado financeiro com um investimento de curto prazo qualquer, uma empresa pode transformar um fluxo regular de recebimentos de caixa em diversos fluxos. Basta que aplique parte do recebimento inicial neste investimento e, com o tempo, vá sacando o dinheiro existente na conta do investimento.

---

[4] BAUMOL, William J. The transactions demand for cash: an inventory theoretic approach. *Quarterly Journal of Economics*, p. 545-556, Nov. 1952.

A Figura 4.1 apresenta a situação original em que, a cada período de tempo (um mês, por exemplo), existe um recebimento e inúmeros pagamentos. A Figura 4.2 apresenta a situação em que o único recebimento foi transformado em três pela aplicação de 2/3 do recebimento original num investimento de curto prazo.

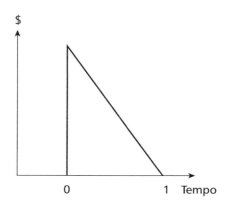

Figura 4.1 *Modelo de Baumol.* 　　　Figura 4.2 *Modelo de Baumol.*

De um lado, deixar parcela do dinheiro em investimento de curto prazo proporciona um ganho na forma de juros. Entretanto, cada operação de investir ou desinvestir pode implicar um custo. Este custo abarca desde impostos de transações financeiras até o custo do tempo que o funcionário da empresa leva para fazer a operação de ligar para o banco e solicitar a transferência de recursos da conta de investimento.

Através do confronto entre os rendimentos obtidos com investimento de curto prazo e o custo de cada operação de aplicação e resgate, a empresa pode determinar em quantos montantes iguais o recebimento original será dividido, de modo a maximizar seu lucro. Este valor é obtido por:

$$N = \sqrt{[(0,5iR)/b]} \quad (4.1)$$

sendo *i* a taxa de juros da aplicação financeira, *R* o montante recebido periodicamente, *b* o custo de cada operação de investimento ou resgate – incluindo aqui desde impostos até quaisquer custos diretamente vinculados a estas operações – e *N* o número de operações que serão realizadas no período.

Exemplo ilustrativo

Para melhor entendimento, seja uma empresa de advocacia que recebe no dia primeiro de cada mês $ 9.600 pela prestação de seus serviços a uma outra empresa. Supondo um mês com 20 dias úteis, pode-se afirmar que os desembolsos médios diários da empresa montam $ 480 (= 9.600/20). A taxa de juros de mercado é de 1% a.m. e cada vez que é feita uma operação, seja de investimento ou de pagamento, a empresa despende $ 3,00 referentes ao custo vinculado a esta operação. Assim:

$$N = \sqrt{(0,5 \times 0,01 \times 9.600) / 3,00}$$

$$N = 4$$

Deste modo, serão feitas quatro operações de transferência de recursos sendo que cada um dos resgates no valor de $ 2.400 (= $ 9.600/4). Outra forma de analisar o resultado acima é dizer que a cada cinco dias (= 20/4) existirá uma transferência de fundos da aplicação financeira para o caixa da empresa.

O Quadro 4.1 mostra o fluxo de pagamentos e recebimentos da empresa. A primeira coluna apresenta o caixa inicial para cada dia. Para o primeiro dia, dos $ 9.600 recebidos, $ 7.200 foram investidos no curto prazo. Os desembolsos diários de $ 480 reduzem o caixa até o instante em que seja necessário fazer uma transferência de recursos da aplicação financeira para o caixa, o que ocorre, no exemplo citado, no 5º, 10º e 15º dia útil do mês.

Quadro 4.1   *Exemplo do modelo de Baumol.*   ($)

Dia	Caixa Inicial	Saída de Caixa	Entrada de Caixa	Caixa Final	Investimentos
1	2.400	480	–	1.920	7.200
2	1.920	480	–	1.440	7.200
3	1.440	480	–	960	7.200
4	960	480	–	480	7.200
5	480	480	2.400	2.400	4.800
6	2.400	480	–	1.920	4.800
7	1.920	480	–	1.440	4.800
8	1.440	480	–	960	4.800
9	960	480	–	480	4.800
10	480	480	2.400	2.400	2.400
11	2.400	480	–	1.920	2.400
12	1.920	480	–	1.440	2.400
13	1.440	480	–	960	2.400
14	960	480	–	480	2.400
15	480	480	2.400	2.400	–
16	2.400	480	–	1.920	–
17	1.920	480	–	1.440	–
18	1.440	480	–	960	–
19	960	480	–	480	–
20	480	480		–	–

Não se pode deixar de comentar os efeitos da taxa de juros, do custo das operações de investimento/resgate e do volume de recebimentos na determinação do número de operações a serem realizadas.

Se, *por exemplo*, a taxa de juros aumentar, o senso comum indica que se tornará ainda mais atrativo investir os recursos em aplicações financeiras. Com efeito, utilizando a fórmula apresentada para uma taxa de juros de 2,25% a.m., em lugar de 1% a.m., tem-se:

$$N = \sqrt{(0,5 \times 0,0225 \times 9.600) / 3} = 6$$

O resultado apurado significa dizer que o acréscimo na remuneração do investimento de curto prazo faz com que a empresa promova mais retiradas ao longo do mês, e cada uma delas em valores mais reduzidos, neste caso de $ 1.600 cada ($ 9.600/6).

Retornemos aos valores originais e suponhamos um acréscimo no custo das operações, como, por exemplo, a cobrança de uma taxa por parte da instituição financeira para fazer tais operações. Naturalmente, isto deve reduzir o número de operações. Suponhamos, portanto, que o custo passe de $ 3 para $ 12 por operação e, assim, N passará a ser de:

$$N = \sqrt{(0,5 \times 0,01 \times 9.600) / 12} = 2$$

O modelo de Baumol é importante por reconhecer a existência de um custo de transação e por relacionar o uso de caixa com o conceito de economia de escala. Assim, se a empresa de advocacia tivesse um aumento no volume recebido, de $ 9.600 para $ 19.200, o valor de N apresentaria um acréscimo para:

$$N = \sqrt{(0,5 \times 0,01 \times 19.200) / 3} = 5,66$$

Para concluir, deve ser lembrado que o modelo de Baumol considera que o fluxo de pagamentos é relativamente constante e o recebimento é periódico. Isso nem sempre é característica das empresas em seu dia a dia. Logo, dificilmente um fluxo de caixa será constante e previsível conforme suposto no modelo. Entretanto, é importante ressalvar que muitas suposições do modelo podem ser relaxadas sem muita complexidade, inclusive para algumas situações de incerteza, e podem ser úteis em alguns casos onde uma solução simples de implementar seja necessária.[5] Em economias instáveis, a aplicação do modelo deve ser considerada com cuidado, pois ele em sua formulação original não considera a demanda de caixa para precaução e especulação, além de supor que a taxa de juros é constante no período considerado.

---

[5] MILLER, Tom. A systems view of short-term investment management. In: KIM, Yong. *Advances in working capital management*. Greenwich: Jai, 1988, v. 1, p. 52 ss.

4.2.3 Modelo de Miller e Orr

Os dois modelos apresentados anteriormente consideram que o fluxo de caixa de uma empresa é conhecido. Em outras palavras, eram modelos determinísticos de administração de caixa, assumindo a total previsibilidade de seus valores.

Em determinadas situações práticas, o comportamento do caixa assume uma caracterização imprevista, inexistindo relação preestabelecida do comportamento dos recursos ao longo do tempo. Miller e Orr propuseram um modelo de administração financeira de caixa que pudesse ser utilizado nestas situações em que os fluxos de caixa fossem aleatórios.[6]

Assim como o modelo de Baumol, o modelo de Miller e Orr parte da existência de dois ativos: o caixa e um investimento, caracterizando-se o último por ter baixo risco e alta liquidez. De acordo com o comportamento do fluxo de caixa no tempo, poderá existir transferência de recursos do caixa para o investimento de curto prazo (aplicação de recursos) ou do investimento para o caixa (resgate).

Como se assume um fluxo de caixa aleatório, não existiria um momento predeterminado em que seriam feitas as operações de aplicação e resgate, como ocorre no modelo de Baumol. No modelo de Miller e Orr, procura-se determinar um *saldo mínimo* e um *saldo máximo* de caixa.

Quando o saldo de caixa estiver abaixo do limite inferior, faz-se necessário um resgate da aplicação, com transferência de recursos do investimento para o caixa, restabelecendo, assim, a liquidez da empresa. Por outro lado, quando o caixa estiver acima do limite superior admitido, deverá ocorrer uma aplicação de parte dos recursos, evitando-se, desta forma, um excesso de liquidez.

Em ambas situações, a empresa efetua transferências de recursos entre os dois ativos considerados (caixa e investimento de curto prazo), de modo que a flutuação do caixa no tempo fique dentro de um intervalo. O montante de recursos a ser transferido (aplicado ou resgatado) deve ser o suficiente para que o caixa, após tal operação, retorne a determinado nível, denominado *ponto de retorno*.

A Figura 4.3 apresenta o comportamento do caixa de uma empresa ao longo do tempo. No momento t_i, o saldo de caixa ficou abaixo do limite inferior (m, da figura), sendo necessária uma transferência de recursos do investimento de curto prazo para o caixa. Neste instante, o caixa volta para o ponto de retorno $z*$ da figura.

---

[6] MILLER, M. H.; ORR, D. A model of the demand for money by firms. *Quarterly Journal of Economics*, p. 413-435, Aug. 1966.

No momento t_2, ocorre a situação inversa. O saldo de caixa ultrapassa o limite superior (h^* da figura), devendo existir uma aplicação de parte do caixa em investimento de curto prazo. Após a transferência de recursos – do caixa para investimento de curto prazo –, o volume de recursos existentes no caixa volta ao nível do ponto de retorno (z^*).

O ponto de retorno, ao qual a empresa deve voltar toda vez que o caixa estiver acima ou abaixo de determinado ponto, pode ser obtido pela fórmula 4.2.

$$z^* = m + \sqrt[3]{(0,75b\delta^2)/i} \qquad (4.2)$$

sendo m o menor valor que pode assumir o caixa, b o custo de cada transação de investimento ou resgate, δ^2 a variância diária do caixa e i a taxa de juros diária. O valor do caixa mínimo (m da equação 4.2) será determinado pela empresa e deve levar em consideração a aversão da gerência ao risco.

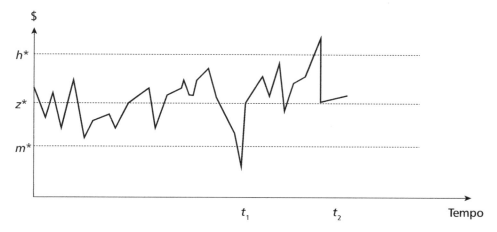

Figura 4.3 *Modelo Miller-Orr.*

Além disso, o modelo relaciona caixa com sua variância, ou seja, dispersão do fluxo de caixa com a necessidade de investimento. Empresas com grande dispersão no caixa possuem maior risco e, consequentemente, necessitam investir mais recursos no caixa. Menor dispersão no fluxo de caixa, ao longo do tempo, torna-se mais previsível, reduzindo, deste modo, a importância do controle de caixa.

> A variância do fluxo de caixa pode-se alterar no tempo e mudar em certos períodos de maior ou menor sazonalidade. Por esse motivo, recomenda-se que sempre que possível os parâmetros do modelo sejam atualizados e revistos.

A Figura 4.3 reflete modificações aleatórias nos saldos de caixa de uma empresa em determinado intervalo de tempo. O controle dos valores dá-se através do acompanhamento dos limites superior e inferior. No momento definido por t_1, o saldo de caixa atinge seu limite inferior, definido pela administração da empresa. Nesta condição, um volume de títulos negociáveis é resgatado, canalizando-se o montante monetário para o saldo operacional de caixa.

Posteriormente, o saldo de caixa continua a oscilar, elevando-se no momento t_2, para o limite superior do controle. Nesta altura, um volume de recursos deve ser transferido do caixa para títulos negociáveis, através de uma operação de investimento, de forma que o saldo operacional volte à faixa de controle.

De outra forma, no gráfico existe um limite máximo que o fluxo de caixa não pode ultrapassar. Se isto ocorrer, a empresa deve voltar ao ponto de retorno, o z^* da equação 4.2. Este limite é dado por:

$$h^* = m + 3z^*$$ (4.3)

Para melhor entendimento, o Quadro 4.2 mostra um *exemplo* de aplicação do modelo de Miller e Orr. Na primeira coluna, são apresentados os valores do fluxo de caixa de uma empresa projetados para um prazo de dez dias.

Quadro 4.2 *Exemplo do modelo de Miller e Orr.* ($)

Dia	Fluxo de Caixa (FC)	FC – Média	(Média – FC)^2
1	– 300	– 310	96.100
2	400	390	152.100
3	300	290	84.100
4	– 300	– 310	96.100
5	100	90	8.100
6	– 200	– 210	44.100
7	100	90	8.100
8	– 200	– 210	44.100
9	– 100	– 110	12.100
10	300	290	84.100
Total	100		629.000
Média	10		
Variância			62.900

Com estes valores, calculou-se a média (penúltima linha da primeira coluna) e a variância (última linha da terceira coluna). Estes valores serão utilizados para a aplicação do modelo para os próximos dez dias. Suponha uma taxa de juros de 1 % ao dia, um custo de $ 2,85 por transação e um limite inferior de $ 50:

$$z^* = \$\ 50 + \sqrt[3]{(0,75 \times 2,85 \times 62.900/0,01)} = 287$$

$$h^* = \$\ 50 + 3 \times 287 = \$\ 911$$

A partir deste cálculo preliminar, obtendo a variância, o limite superior e o ponto de retorno, a empresa poderá aplicar o modelo de Miller e Orr para a administração de caixa.

A título de exemplificação, ainda, suponha o comportamento do caixa de uma empresa, conforme observado no Quadro 4.3. A primeira coluna apresenta o caixa inicial diário da empresa. A segunda coluna mostra o fluxo diário de pagamentos e recebimentos previstos. Caso a soma do caixa inicial (primeira coluna) e o fluxo diário (segunda coluna) esteja dentro do intervalo (entre $ 50 e $ 911), nenhuma operação de investimento ou resgate será realizada.

No 13º dia, a soma do caixa inicial mais o fluxo diário ultrapassa o limite superior ($ 1.000 *versus* $ 911). Nesta situação, deve-se reduzir o volume de recursos existente no caixa através de um investimento em título de curto prazo. O montante da transferência de recursos deve ser o suficiente para que o caixa final seja igual ao ponto de retorno ($ 287).

Quadro 4.3 *Exemplo do modelo de Miller e Orr – valores previstos.*

Dia	Caixa Inicial	FC Previsto	Investimento/Resgate	Caixa Final Previsto
11	500	300		800
12	800	– 100		700
13	700	300	– 713	287
14	287	– 100		187
15	187	200		387
16	387	100		487
17	487	– 200		287
18	287	– 250	250	287
19	287	200		487
20	487	– 100		387

No 18º dia, ocorre o inverso, ou seja, a soma do caixa inicial com o fluxo diário e menor que o limite inferior ($ 37 *versus* $ 50). Nesta situação, a empresa vende títulos no valor de $ 250 de tal forma que o caixa final atinja o ponto de retorno. A Figura 4.4 ilustra a representação gráfica deste exemplo.

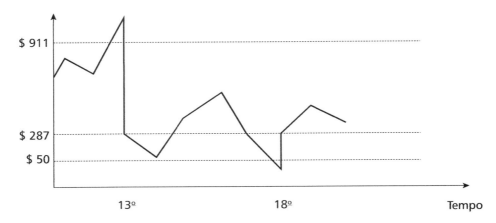

Figura 4.4   *Modelo Miller-Orr – Exemplo.*

O modelo de Miller e Orr leva em consideração a aversão ou propensão ao risco da gerência da empresa. No exemplo apresentado, para um caixa mínimo de zero, o aumento no risco traduz-se no menor ponto de retorno e na redução do limite superior. Em outras palavras, o modelo mostra que o volume de recursos aplicado no caixa é reduzido em decorrência do maior risco assumido pela administração da empresa.

Além disso, o modelo considera as características de imprevisibilidade do caixa da empresa. Se, por acaso, a dispersão do caixa for alterada ao longo do tempo, podem-se adaptar os resultados para esta nova situação. Suponha, no exemplo citado anteriormente, que a variância se reduza de $ 62.900 para $ 35.000. Com uma taxa de juros de 1 % ao dia, um custo de transação de $ 2,85 e um caixa mínimo de $ 50, o ponto de retorno é de:

$$z^* = \$\ 50 + \sqrt[3]{(0,75 \times 2,85 \times 35.000/0,01)} = 246$$

em lugar dos $ 287 obtidos anteriormente, em que existia maior aleatoriedade do caixa. Por sua vez, o limite superior é de:

$$h^* = 50 + 3 \times 246 = \$\ 788$$

cerca de $ 124 menos que o limite anterior.

A existência de um limite inferior e um limite superior no qual o caixa da empresa poderá variar faz o modelo de Miller e Orr ser flexível, permitindo sua adaptação às condições de administração de caixa.

4.2.4 Modelo de dia da semana

Em geral, o comportamento do caixa no tempo quase sempre é afetado por uma variável sazonal. Assim, algumas empresas têm pagamentos concentrados no início de cada mês; em outras, como a indústria do lazer, há grande movimento no final de semana. O modelo do dia da semana é uma forma de prever o comportamento do caixa a partir de um padrão observado.[7]

Neste modelo, calcula-se o componente sazonal de cada dia do mês e da semana e, a partir da previsão de saldo final de caixa para o final do mês, faz-se a previsão para o fluxo diário através de ajustamentos que levam em conta esta sazonalidade.

Visando esclarecer melhor o funcionamento deste modelo, *considere* uma empresa que realiza 21% de seu fluxo de caixa semanal na segunda-feira, 22% na terça, 17% na quarta, 15% na quinta e 25% na sexta-feira, totalizando, assim, 100%. Caso não existisse sazonalidade no dia da semana, o fluxo seria de 20% (100% dividido pelo número de dias da semana).

O desvio entre a participação de cada dia da semana e a média é mostrado no Quadro 4.4.

Quadro 4.4   *Modelo dia da semana – Exemplo.*

Dia	Participação	Desvio
Segunda	0,21	0,21 – 0,20 = 0,01
Terça	0,22	0,22 – 0,20 = 0,02
Quarta	0,17	0,17 – 0,20 = 0,03
Quinta	0,15	0,15 – 0,20 = 0,05
Sexta	0,25	0,25 – 0,20 = 0,05
Total	1,00	0

O outro fator de sazonalidade refere-se ao período do mês. No exemplo aqui considerado, assume-se que a empresa possui maior fluxo de caixa nos primeiros dias do mês, voltando a ser crescente no final do mês. As informações sobre o fluxo diário, necessárias para a aplicação deste modelo, são apresentadas na coluna (a) do Quadro 4.5. Assim, o primeiro dia do mês representa 9% do fluxo mensal, o segundo participa com 8%, e assim por diante.

---

[7]   Este é um modelo mais simples, que não exige grande conhecimento técnico. Outros modelos estatísticos podem ser utilizados, como, por exemplo, a regressão múltipla com utilização de variáveis *dummy*. Para tanto, basta o leitor interessado consultar qualquer livro de estatística que apresente um tópico sobre regressão.

Admita-se que o primeiro dia útil do mês caiu numa terça-feira. O Quadro 4.5 apresenta, na coluna (b), os desvios referentes ao dia da semana, conforme calculado no quadro anterior. A soma destes desvios com as percentagens para cada dia do mês – coluna (b) mais coluna (a) – será utilizada para previsão do fluxo de caixa diário (coluna c). A soma desta coluna é igual à unidade.[8]

Assim, o primeiro dia útil do mês representa 9% do fluxo mensal. Por ser uma terça-feira, a soma desta participação mais o desvio (2%, conforme Quadro 4.4) totaliza 11%. Sabendo de antemão que o fluxo previsto para o mês é de $ 4.000, tem-se que a previsão para este dia será de $ 440 (= 11% × 4.000). O Quadro 4.5, em sua última coluna, apresenta os resultados para o restante do mês.

Conhecendo a estimativa do caixa para o final do mês, pode-se estimar facilmente o valor diário do caixa e, com isto, tomar decisões de financiamento ou investimento, ajustando o caixa ao menor nível possível.

4.3 ANÁLISE DOS MODELOS DE ADMINISTRAÇÃO DE CAIXA

Existem diversas considerações críticas que podem ser feitas sobre os modelos de administração de caixa apresentados. Em primeiro lugar, o modelo de Baumol é um dos modelos de administração de caixa denominados "determinísticos". Caracterizam-se pelo conhecimento do fluxo de caixa futuro. Já o modelo de Miller e Orr estaria classificado no grupo de modelos denominados "probabilísticos": presume-se que o fluxo de caixa futuro seja descrito por uma distribuição de probabilidades. Entretanto, no mundo real, o fluxo de caixa não é nem totalmente determinístico nem totalmente aleatório.

Em segundo lugar, outro aspecto que limita a utilização de modelos, refere-se ao fato de não se levar em consideração as características de cada empresa e de cada administrador. Assim, por exemplo, uma pequena empresa tem uma reação aos acontecimentos diferente de uma grande empresa. A quantidade de recursos deixada em caixa numa pequena empresa para satisfazer à necessidade de troco pode representar, em algumas situações, mais de 10% do volume de recebimento diário de caixa. Da mesma forma, alguns administradores são mais propensos ao risco e, consequentemente, investem menos em caixa.

---

[8] Quando o número de dias da semana não é igual, esta soma poderá ser diferente da unidade. Neste caso, divide-se cada um dos valores da coluna (a + b) pelo valor obtido na soma desta coluna. Ver GALLINGER, George W.; HEALEY, P. Basil. *Liquidity analysis and management*. Reading: Addison-Wesley, 1991. p. 249-252.

Quadro 4.5   *Modelo dia da semana – exemplo.*

Dia	% sobre Total (a)	Desvios (b)	Soma (a + b)	FC Diário
1	0,09	0,02	0,11	440
2	0,08	–0,03	0,05	200
3	0,07	–0,05	0,02	80
4	0,06	0,05	0,11	440
5	0,06	0,01	0,07	280
6	0,06	0,02	0,08	320
7	0,05	–0,03	0,02	80
8	0,06	–0,05	0,01	40
9	0,05	0,05	0,10	400
10	0,04	0,01	0,05	200
11	0,04	0,02	0,06	240
12	0,04	–0,03	0,01	40
13	0,03	–0,05	–0,02	– 80
14	0,03	0,05	0,08	320
15	0,02	0,01	0,03	120
16	0,02	0,02	0,04	160
17	0,04	–0,03	0,01	40
18	0,04	–0,05	–0,01	– 40
19	0,06	0,05	0,11	440
20	0,06	0,01	0.07	280
Total	1,00	0	1,00	4.000

Em terceiro lugar, tanto Baumol como Miller e Orr consideram somente o motivo transação em suas formulações. Diante desta limitação, alguns pesquisadores desenvolveram modelos que levam em consideração o motivo precaução.

Em quarto lugar, conforme já comentado, o modelo de Miller e Orr trabalha com a aleatoriedade do fluxo de caixa, o que provavelmente nem sempre acontece. Caso a empresa tivesse certo conhecimento do fluxo de caixa futuro, nem sempre faria investimentos ou retiradas para voltar ao ponto de retorno, conforme proposto no modelo.

Stone propõe que o modelo Miller e Orr seja adaptado de tal forma que a empresa considere o ponto de retorno, caso a aprovação do fluxo de caixa futuro não seja suficiente para que o caixa esteja dentro do intervalo compreendido entre o limite inferior e o superior.[9] Outra classe de modelos mais avançados utiliza pro-

---

[9]   STONE, Bernell. The use of forecasts and smoothing in control limit models for cash management. *Reading on short-term financial management.* St. Paul: West, 1988.

gramação linear em que as decisões de capital de giro são consideradas de forma a maximizar a rentabilidade da empresa.

A utilização de um desses modelos poderá ser feita em conjunto com a demonstração do fluxo de caixa. A apuração desse demonstrativo fornece importante informação para a empresa que deseja gerir seu disponível. Uma discussão desse demonstrativo foi efetuada no Capítulo 3 desta obra. Nesse momento, é interessante considerar que a utilização do fluxo de caixa, em especial do fluxo projetado, possibilita maior disciplina financeira para a empresa, além de permitir determinar o montante e os problemas vinculados à liquidez futura, avaliando de forma mais adequada o risco de liquidez.[10] Além do mais, o valor da empresa pode ser aumentado quando se consegue trabalhar com menores volumes de recursos no disponível, obtido a partir de uma projeção adequada do fluxo de pagamentos e recebimentos que irá ocorrer no futuro.

4.4 MENSURANDO A LIQUIDEZ DA EMPRESA

Em termos da administração do disponível de uma empresa, a principal questão que a gerência financeira defronta é sobre o nível ideal de liquidez que deve ser mantido. Os modelos de administração de caixa, apresentados no item 4.2, assim como a demonstração de fluxo de caixa, representam importante instrumento de apoio a essa decisão. O processo decisório na administração do disponível, por sua vez, deve levar em consideração especialmente dois aspectos básicos: o custo de manter a liquidez e o custo da provável falta de liquidez. Para que a empresa não se defronte com a ocorrência de eventos que a tornem ilíquida, deve-se manter determinado montante de recursos disponíveis. O custo da manutenção da liquidez é obtido pelo custo de oportunidade desse volume de recursos. Já o custo da falta de liquidez refere-se aos problemas decorrentes da ausência de recursos para satisfazer às necessidades de caixa. Quando uma empresa aumenta o volume de recursos existentes no disponível, o custo de manter aumenta em decorrência do custo desses recursos que estão subutilizados; nessa situação, o custo da falta diminui em decorrência da redução da probabilidade de falta de liquidez.

A partir desses aspectos, é possível buscar a determinação do volume de liquidez a ser mantido. A determinação da probabilidade de falta de liquidez pode ser estimada a partir de uma série histórica da movimentação do disponível. Entretanto, o custo da falta de liquidez é mais difícil de ser incorporado à análise. O modelo a ser construído também necessita levar em consideração que existem diferentes formas de liquidez: caixa, recursos em conta-corrente, recursos aplica-

---

[10] MILLER, Tom; STONE, Bernell K. The value of short-term cash flow forecasting systems. In: KIM, Yong. *Advances in working capital management*. Greenwich: Jai, 1996. v. 3, p. 4.

dos em curtíssimo prazo com possibilidade de resgate antecipado com perda de remuneração, recursos sem condições de serem resgatados e assim por diante. Essas escolhas referentes às diferentes formas de liquidez conduzem, consequentemente, a diferentes custos de manutenção de liquidez.

Alternativa à construção de modelos mais complexos pode ser obtida por meio das medidas de liquidez. Entretanto, algumas medidas de liquidez podem distorcer a efetiva situação da empresa. Considere a situação apresentada no Capítulo 1 e reproduzida no quadro a seguir:

	30-12-X9 ($)	31-12-X8 ($)		30-12-X9 ($)	31-12-X8 ($)
Caixa	180.000	45.000	Fornecedores	170.000	65.000
Aplicações Financeiras	360.000	185.000	Salários a Pagar	60.000	15.000
Valores a Receber	180.000	120.000	Financiamentos	250.000	40.000
Estoques	240.000	130.000			
Ativo Circulante	960.000	480.000	Passivo Circulante	480.000	120.000

Essa empresa está procurando obter novo financiamento e sabe que análise da liquidez é levada em consideração na decisão da instituição financeira. O índice de liquidez corrente apresentou redução de 4,0 para 2,0; da mesma forma, a liquidez seca diminuiu de 2,92 para 1,5. Temendo uma análise negativa, a empresa efetuou duas operações no dia 31 de dezembro de X9: antecipação do pagamento de fornecedores e pagamento dos salários, também de forma antecipada. O balanço patrimonial apresenta a seguinte configuração:

	31-12-X9 ($)	31-12-X8 ($)		31-12-X9 ($)	31-12-X8 ($)
Caixa	10.000	45.000	Fornecedores	0	65.000
Aplicações Financeiras	300.000	185.000	Salários a Pagar	0	15.000
Valores a Receber	180.000	120.000	Financiamentos	250.000	40.000
Estoques	240.000	130.000			
Ativo Circulante	730.000	480.000	Passivo Circulante	250.000	120.000

Nesse momento, a liquidez corrente da empresa é de 2,92, perante um índice de 2,00 do dia anterior, e uma liquidez seca de 1,96 *versus* uma liquidez de 1,5. Quando se utilizam os indicadores tradicionais de liquidez, observa-se uma melhoria dessa liquidez quando se compara a posição de 30 e 31 de dezembro, apesar de ela ter sido reduzida.

Para melhor determinar as medidas de liquidez que podem ser utilizadas, é interessante listar as características ideais de uma medida para a administração do disponível:[11]

1. adaptabilidade: deve ser adaptável para diferentes horizontes de tempo para diferentes propósitos de análise;

2. abrangência: deve considerar todos os recursos líquidos disponíveis durante um período de tempo e excluir os recursos que não estarão disponíveis;

3. probabilístico: deve considerar a probabilidade de não pagamento no período de análise, incorporando a incerteza dos fluxos de recebimentos;

4. simplicidade: deve ser fácil de construir com os dados disponíveis para o usuário interno e externo;

5. comparação: deve ser possível de ser utilizado de forma comparativa; e

6. previsão: deve possibilitar ao analista antever uma tendência.

> Além disso, é necessário considerar que uma medida de liquidez deve refletir, de maneira adequada, o ciclo financeiro da empresa.[12] O modelo apresentado no Capítulo 3 pode ser útil nestas situações.

Uma alternativa para os índices de liquidez é a probabilidade de exaustão das reservas líquidas, que mede qual a chance de a empresa exaurir seus ativos mais líquidos.[13] Esse indicador considera que os ativos de maior liquidez sejam basicamente caixa, bancos, aplicações de curtíssimo prazo e uma linha de crédito de fácil acesso numa instituição financeira,

A ideia central deste indicador é que, no curtíssimo prazo, o administrador tem poucas possibilidades de modificar uma situação de iliquidez de uma empresa. Neste período, definido por T, a empresa poderá contar somente com os ativos de maior liquidez existentes no início mais aqueles criados durante o período de tempo T.

A demanda inesperada de recursos poderá encontrar a empresa sem possibilidades de honrar seus compromissos. Quanto maior for a posição inicial de li-

---

[11] HILL e SARTORIS também propõem listagem semelhante para liquidez. Ver HILL, Ned C.; SARTORIS, William. *Short-term financial management*. Englewood Cliffs: Prentice, 1995. p. 267.

[12] SAGNER, James S. *Essentials of working capital management*. Hoboken: John Wiley, 2011.

[13] EMERY, Cary; COCCER, Kenneth O. The measurement of liquidity. *Journal of Accounting Research*. Chicago: University of Chicago, ano 20, nº 2, p. 290-303, 1982.

quidez da empresa, LI_0, e menor for a dispersão de seu fluxo de caixa – dado pelo desvio-padrão da liquidez no horizonte de tempo –, menor será a chance de existir um problema de liquidez.

O ponto central é, portanto, definir T. Considera-se T o horizonte de tempo em que se torna oneroso para a empresa obter recursos líquidos adicionais. Portanto, a definição do tempo envolvido na estimativa deste índice varia para cada empresa e guarda uma relação com o comportamento do mercado financeiro.

Assim, a possibilidade de exaustão das reservas líquidas – PERL – é dada pela equação 4.4.

$$\boxed{PERL = \frac{LI_0 + \overline{FC}}{s\sqrt{T}}} \qquad (4.4)$$

LI_0 = posição de liquidez inicial, ou seja, saldo inicial de caixa somado aos ativos de altíssima liquidez (aplicações financeiras, linha de crédito em instituições financeiras etc).

$\overline{FC}$ = liquidez média durante o horizonte de tempo, obtida pelos acréscimos no caixa.

s = desvio-padrão da liquidez no horizonte de tempo.

T = horizonte de tempo.

Para melhor entendimento, *suponha* uma empresa com um saldo inicial de $ 690 que, somado a uma linha de crédito disponível de $ 810, totaliza uma reserva líquida de $ 1.500. Sendo o horizonte de tempo de cinco semanas e admitindo-se que o fluxo de caixa semanal neste período tenha sido de $ 218, $ 51, – $ 182, – $ 137 e $ 95. Neste caso, a liquidez média foi de:

$$\overline{FC} = (218 + 51 - 182 - 137 + 95)/5 = 9$$

E o desvio-padrão para estes valores é dado por:

$$s = \{[(218-9)^2 + (51-9)^2 + (-182-9)^2 + (-137-9)^2 + (95-9)^2]/4\}^{0,5}$$
$$s = [(43.681 + 1.764 + 36.481 + 21.316 + 7.396)/4]^{0,5} = 166$$

Com estes valores, a medida de liquidez ficaria:

$$PERL = \frac{1.500 + 9}{166\sqrt{5}} = 4,06$$

Para saber qual a chance de iliquidez desta empresa, deve-se procurar o valor obtido numa tabela de distribuição normal. Neste exemplo específico, as chances de iliquidez são bastante reduzidas (próximas de 0,01%) pelo fato de a empresa em questão possuir uma posição inicial de liquidez bastante razoável.

Uma regra mais simples, que evita procurar na tabela normal o valor da probabilidade, é considerar que é desejável que este indicador seja maior que dois, sendo que valores inferiores à unidade significam que existe grande probabilidade de a empresa em questão tornar-se ilíquida.

4.5 ADMINISTRAÇÃO DE CONTAS BANCÁRIAS

Boa parte da administração do disponível passa por uma instituição financeira, seja no recebimento e no pagamento, através da troca de cheques, na aplicação das folgas financeiras ou na obtenção de recursos para suas necessidades financeiras. Pelo volume de recursos que isto representa, a otimização da administração da liquidez da empresa passa pela negociação com bancos. Entender a forma como funciona o sistema financeiro é condição primordial para obter mais vantagens na administração do caixa.

Além disso, o sistema bancário oferece para a empresa uma série de serviços. Estes serviços poderão ser remunerados pelo *float ou* pela cobrança de tarifas diretamente ligadas à prestação dos mesmos.

A compensação de cheques é somente o produto mais visível da atividade bancária. Além deste produto, os bancos fornecem extratos e cartões magnéticos; contratam operações ativas, incluindo desconto de promissórias e cheque especial; transferem fundos; recebem carnês; efetuam cobrança; arrecadam tributos; oferecem ligações direta entre o computador do cliente e o computador do banco (*home banking*) etc.

4.5.1 Compensação e sistema brasileiro de pagamentos

Os altos níveis inflacionários observados no Brasil até meados da década de 1990 fizeram com que se desenvolvesse um moderno sistema de compensação de cheques. A agilidade desse sistema tornou o Brasil um modelo a ser seguido por outros países e permitiu que o cheque continuasse sendo aceito mesmo num ambiente onde as perdas monetárias eram elevadas.

A implantação do sistema brasileiro de pagamentos (SBP) representa mais um estágio na modernização do sistema financeiro nacional. Com respeito a impacto desse sistema na gestão do disponível, é importante destacar a eventual existência de descasamento entre a entrada e a saída de recursos na conta-corrente das empresas.

Considere, a título de exemplo, uma empresa varejista que possui poucos fornecedores, cujas compras são expressivas em termos de valores. No que diz respeito aos recebimentos, a rede de clientes da empresa é muito significativa, embora os valores de cada transação sejam relativamente pequenos. Enquanto os pagamentos são transferidos eletronicamente, os recebimentos entram no sistema de compensação tradicional. Nesse caso, o descasamento entre recebimento e pagamento irá gerar uma necessidade de reserva financeira de pelo menos dois dias.

Ademais, o fato de as transferências serem efetuadas ao longo do dia, e não ao final do dia, como ocorria no passado, faz com que a atividade de controle da movimentação financeira da tesouraria seja ainda mais estratégica.

4.5.2 Centralizar ou descentralizar

O problema de centralizar ou descentralizar a administração bancária diz respeito a situações de empresas que têm recebimentos de cheques de diversas partes do país e, portanto, sofrem o efeito da compensação nacional e da compensação não integrada, bem como da empresa que não consegue obter a liberação imediata dos depósitos em cheques. Como alternativa para a situação de trabalhar com somente uma agência bancária, a empresa poderá optar em ter mais de uma conta em diversos pontos do país ou ter contas em mais de uma instituição financeira.

Com a descentralização da administração de bancos, a empresa ganha mais rapidez na compensação de cheques e, por consequência, diminui as perdas monetárias. Os recursos liberados mais rapidamente poderão ser aplicados em investimentos e, com isto, obter-se-ia uma rentabilidade qualquer. Esta política de descentralização tem seu custo, representado pelo aumento na despesa de administração de bancos e no aumento das taxas bancárias.

A rentabilidade da política de descentralização será representada pelo confronto das receitas adicionais provenientes desta política e seus custos necessários. A descentralização da gestão de bancos tende, inicialmente, a aumentar esta rentabilidade; posteriormente, com o aumento exponencial dos custos da administração bancária, a rentabilidade tende a cair.

4.5.3 *Float*

O *float* refere-se à diferença existente entre o saldo da conta de uma empresa no banco e o valor registrado pela empresa em seus controles bancários. O *float* é sempre favorável ao banco e deve ser usado pela empresa na discussão de reciprocidade bancária, quando for necessária a captação de recursos de curto prazo ou quando se precisar de uma taxa de aplicação melhor.

> Apesar de não ser possível eliminar o *float*, uma análise em cada parte do ciclo operacional e financeiro pode ajudar a descobrir oportunidades de economia.

O *float* ocorre quando o banco não avisa o cliente com antecedência sobre a existência de valores creditados. No caso de uma cobrança feita pela instituição financeira, o *float* diz respeito à diferença entre a data do pagamento feito pelo cliente e a data que o dinheiro está efetivamente disponível para a empresa.

Se o pagamento é realizado num dia e somente no dia seguinte é creditado, o recurso ficou no banco por um dia. A instituição financeira aplicou este recurso neste prazo, praticando o que no jargão bancário é chamado de D-1. (Caso a diferença fosse de dois dias, seria D-2; se fosse de três dias, D-3, e assim por diante.)

Assim, o *float* pode ser também definido como o montante de recursos transitórios que permanece no banco. Sua existência é comum no mercado financeiro, cabendo ao administrador financeiro negociar condições mais favoráveis para a empresa.

A empresa poderá fazer uma análise financeira do *float* para determinar seu valor. Esse cálculo pode ser interessante num processo de negociação com a instituição financeira. Considere, a título de *exemplo*, uma empresa que possui recebimentos diários em cheque no valor de $ 10 mil que demoram três dias para serem disponibilizados. Sendo o custo de oportunidade dos recursos de 15% ao ano, o valor do *float* pode ser obtido por meio da seguinte expressão:

$$\textit{Taxa de juros diária} = 1,15^{1/360} - 1 = 0,000388$$

$$\textit{Valor presente do recebimento} = \frac{\$\ 10.000}{(1 + 0,000388)^3} = \$\ 9.988,37$$

$$\textit{Perda com o } \text{float} = \$\ 10.000 - \$\ 9.988,37 = \$\ 11,63/\textit{dia}$$

$$\textit{Perda total com o } \text{float} = \frac{\$\ 11,63}{0,000388} \cong \$\ 29.974$$

Nesse caso, considerando uma perda diária de $ 11,63 por dia até o infinito, tem-se que o *float* irá representar uma perda total, supondo perpetuidade de quase três recebimentos diários da empresa. Considere que uma instituição financeira proponha trabalhar com a empresa e reduza o *float* para dois dias. Nesse caso, tem-se:

$$\textit{Valor presente do recebimento} = \frac{\$\ 10.000}{(1 + 0,000388)^2} = \$\ 9.992,24$$

$$\textit{Perda com o } \text{float} = \$\ 10.000 - \$\ 9.992,24 = 7,76/\textit{dia}$$

$$\textit{Perda total com o } \text{float} = \frac{\$\ 7,76}{0,000388} \cong \$\ 20.000$$

Em outras palavras, a mudança de instituição representa agregação de valor de $ 9.951, que corresponde a diferenças na perda total com o *float*.

EXERCÍCIOS

Questões

1. Cite as razões para existência de um caixa mínimo numa determinada empresa,

2. Liste algumas variáveis que influenciam no montante do caixa mínimo.

3. Confronte e apresente as semelhanças entre o Modelo de Baumol com o Modelo Miller-Orr.

4. Discuta como a taxa de inflação afeta a estrutura do disponível.

5. De que forma os mecanismos internos de controle da empresa afetam a decisão de descentralizar (ou centralizar) a gestão bancária?

6. Cite e explique a razão principal que levou o Brasil a possuir um dos melhores sistemas de compensação do mundo.

7. Discuta como o risco do negócio de uma empresa afeta a gestão do disponível.

8. De que forma o *float* é um instrumento importante na gestão bancária?

Problemas

1. Uma empresa possui desembolsos mensais previstos de $ 2.500,00. Sabe-se que o prazo de estocagem é de um mês, o prazo de cobrança é de três meses e o prazo de pagamento é de dois meses. Determine o caixa mínimo operacional.

2. Um funcionário possui um salário de $ 980,00. Considerando uma taxa de juros de 10% a.m. e um custo de transação de $ 1,00, ajude esta pessoa a determinar a melhor estratégia de investimento.

3. Considere as seguintes situações:

	i	R	b
Situação 1	3% a.m.	$ 1.200,00	$ 2,00
Situação 2	5,33% a.m.	$ 1.200,00	$ 2,00
Situação 3	3% a.m.	$ 3.333,33	$ 2,00
Situação 4	3% a.m.	$ 1.200,00	$ 0,50

a. Calcule o valor de N para cada situação.

b. Considerando a situação 1 como base, qual o impacto no nível do caixa em decorrência de:

b.1. um aumento na taxa de juros;

b.2. um aumento no recebimento; e

b.3. uma redução no custo da transação.

4. O desvio do fluxo de caixa de uma empresa é de $ 5. O custo de transação (=b) é de $ 0,50 e a taxa de juros da economia é de 1% a.m. Considerando um administrador com propensão ao risco, determine o ponto de retorno e o limite superior segundo o modelo Miller-Orr.

5. Considere o exemplo anterior. Qual seria o efeito sobre o volume em caixa numa empresa que utiliza o modelo MO dos seguintes eventos:

a. Aumento da taxa de juros para 2%.

b. Aumento no custo de transação para $ 1,00.

c. Redução do desvio do fluxo de caixa para 3.

6. Uma empresa calculou o ponto de retorno em $ 150. Determine a postura desta empresa para o fluxo de caixa, considerando que seus administradores desejam manter um caixa mínimo de $ 50,00 e que o saldo inicial de caixa era de $ 350,00:

Dia	Fluxo	Dia	Fluxo	Dia	Fluxo
1	20	11	33	21	22
2	35	12	13	22	– 31
3	10	13	– 25	23	14
4	– 27	14	6	24	39
5	– 8	15	– 38	25	28
6	15	16	2	26	14
7	16	17	– 7	27	26
8	10	18	– 16	28	– 20
9	– 10	19	12	29	21
10	15	20	– 49	30	41

5

ADMINISTRAÇÃO DE VALORES A RECEBER

Crédito diz respeito à troca de bens presentes por bens futuros. De um lado, uma empresa que concede crédito troca produtos por uma promessa de pagamento futuro. Já uma empresa que obtém crédito recebe produtos e assume o compromisso de efetuar o pagamento no futuro.

O resultado de uma operação de crédito refere-se ao compromisso assumido pelo comprador em quitar sua dívida. Este compromisso pode estar expresso num instrumento como a duplicata a receber, a nota promissória, o cheque pré-datado, o comprovante de venda de cartão de crédito etc.

Num mercado de capitais eficiente não deveria existir a figura da concessão de crédito. Caso um comprador precisasse de recursos para adquirir um produto, este financiamento poderia ser obtido em qualquer instituição financeira, a determinada taxa de juros.

Esta visão teórica, no entanto, não é confirmada pelo dia a dia das empresas, em que se evidencia a importância e necessidade da gestão de valores a receber. Isto acontece mesmo numa economia inflacionária, em que a concessão de crédito poderia implicar arcar com perdas com a desvalorização da moeda.

Existem pelo menos cinco possíveis explicações para a existência de vendas a prazo, apesar da visão teórica de eficiência do mercado. Em *primeiro lugar*, o acesso ao mercado de capitais é diferente para compradores e vendedores por diversos motivos, tornando o custo do financiamento e a quantidade de recursos obtida um inibidor à comercialização de produtos.

Um *exemplo* disto é uma situação em que o vendedor é monopolista e existem compradores que atuam num mercado próximo à concorrência perfeita. Neste caso, torna-se muito dispendiosa a concessão de empréstimo bancário a cada um dos compradores. Com a venda a prazo, o vendedor torna-se um intermediário, que obtém recursos no mercado de capitais e repassa-os aos compradores, via crédito, a um custo menor do que seria obtido se a venda fosse financiada por uma instituição bancária.

Outro aspecto desta questão existirá quando o governo utilizar a elevação da taxa de juros da economia como um instrumento de política monetária, dificultando o acesso de potenciais clientes ao mercado de capitais. A existência de valores a receber impede que clientes deixem de comprar em decorrência do difícil acesso a este financiamento.

A *segunda razão* da existência de crédito é o fato deste fornecer informações ao comprador e ao vendedor. De um lado, se a venda é a prazo, o comprador terá oportunidade de verificar a qualidade do produto adquirido e tomar eventuais providências caso esta não esteja dentro das condições preestabelecidas. Do lado do vendedor, a venda a crédito, numa situação em que a taxa de juros da operação de venda se encontra acima do custo de oportunidade, pode transmitir informação sobre a possibilidade de insolvência do comprador.

Em *terceiro lugar*, empresas com alto grau de sazonalidade têm no crédito um incentivo para que clientes façam aquisição de mercadorias de forma mais regular, evitando os problemas decorrentes da concentração de vendas em determinado período de tempo. A redução da lucratividade da empresa pela concessão do crédito pode ser mais que compensada, por exemplo, pela redução de seu custo de estocagem.

Em *quarto lugar*, a venda a prazo pode ser justificada como importante estratégia de mercado. É bastante comum, particularmente no varejo, o uso da venda a prazo visando proporcionar um volume médio de venda superior à venda a vista. Nesta situação, a empresa pode optar por oferecer crédito como uma forma de incentivar as vendas por impulso.

Finalmente, pode existir venda a prazo pela impossibilidade tecnológica de vender a vista. Um exemplo dessa situação ocorre na prestação de serviços públicos, em que a cobrança é feita *a posteriori* devido à dificuldade em receber o serviço, à medida que ocorre sua prestação.

As possíveis razões da venda a prazo não respondem isoladamente pela existência de crédito. Na prática, observa-se que em cada situação pode prevalecer uma possível razão para que uma empresa admita vender a prazo.

Em alguns setores, é praxe vender a crédito; em outros não. Financeiramente, a venda a prazo deve ser enfocada como um investimento a ser realizado pelo vendedor, com determinado nível de liquidez, risco e rentabilidade e para dado volume de investimento.

Administração de Valores a Receber **127**

O enfoque de tratar valores a receber como um investimento realizado pela empresa é básico neste capítulo. Por este motivo, a metodologia considerada mais relevante para fins de decisão é o valor presente líquido, tecnicamente o melhor critério de avaliação econômica.

Outro aspecto essencial do capítulo, e também extensivo a este livro, decorre do fato de que as decisões de capital de giro são frequentes e repetitivas. Deste modo, o administrador deve criar um conjunto de regras que possibilitem a tomada de decisão referente ao capital de giro de uma empresa, permitindo a descentralização.

Este capítulo está dividido em duas partes: a primeira destinada ao estudo da política de crédito (itens 5.1 a 5.5) e a segunda a sua concessão. Enquanto na primeira parte o foco é a análise geral de conceder ou não crédito, na segunda a atenção é para a concessão individual de crédito.

5.1 POLÍTICA DE CRÉDITO

A política de crédito fixa os parâmetros da empresa em termos de vendas a prazo. Na política de crédito, estarão os elementos fundamentais para a concessão, a monitoria e a cobrança do crédito.

No momento de sua definição, a empresa deve levar em consideração o fluxo de caixa proveniente desta política e o investimento necessário para colocá-la em prática. Neste caso, a análise deve deter-se nos aspectos diferenciadores (incrementais) da atual política de crédito em face da política proposta.

As principais *medidas financeiras de* uma política de crédito são o investimento de capital, o investimento em estoques, as despesas de cobrança e as despesas com devedores duvidosos.

Por afetar o volume de vendas, uma mudança na política de crédito influi nos *investimentos de capital* de uma empresa. Uma política de crédito que aumente o volume de vendas pode provocar uma recuperação mais rápida do investimento, aumentando sua liquidez e reduzindo seu risco. Em certas circunstâncias, o aumento no volume de vendas pode demandar, de imediato, um investimento adicional de capital.

Conforme será discutido em capítulos posteriores, o *investimento em estoques* guarda uma relação com o volume de vendas da empresa. Em geral, quanto maior o volume de vendas, maiores serão as necessidades de inversões em estoques como forma de se adequar a demanda.

Nas *despesas de cobrança*, estão incluídos todos os gastos adicionais da empresa decorrentes da cobrança, inclusive as despesas relativas ao departamento de cobrança, as cartas enviadas aos clientes em atraso, tempo da administração, despesas judiciais etc. Estas despesas variam com o tipo e risco do cliente e a quantidade de crédito oferecida. Um estudo mais profundo da cobrança será realizado no próximo capítulo.

A *despesa com devedores duvidosos* diz respeito à probabilidade de perda com as vendas totais a crédito. O que se observa nas empresas brasileiras é o uso do limite máximo permitido pelo fisco para fins de apuração do lucro a ser tributado. No entanto, como este texto se preocupa com questões gerenciais de capital de giro, tal forma de estimação será desconsiderada, uma vez que a previsão do volume de devedores duvidosos, diante desta ótica, deve ser a mais próxima da realidade.

A metodologia adequada para se chegar ao valor de devedores duvidosos passa pelo uso da experiência anterior da empresa com o crédito. Caso a situação seja a de uma empresa sem concessão de crédito no passado, a experiência anterior do setor será um ponto de partida importante.

A estimativa do total de devedores duvidosos guarda relação muito próxima com a idade das duplicatas. Assim, quanto mais antiga a duplicata, maior a probabilidade de ser "duvidosa". Uma duplicata com um mês de atraso terá mais chance de ser paga do que outra com seis meses de atraso.

Assim, uma forma de determinar o volume de devedores duvidosos é separar os clientes e suas duplicatas de acordo com a idade da duplicata.

5.2 ELEMENTOS DE UMA POLÍTICA DE CRÉDITO

Os elementos que compõem uma política de crédito são quatro: *padrão, prazo, desconto* e *cobrança*.

Os *padrões de crédito* referem-se aos requisitos mínimos para que seja concedido crédito a um cliente. Uma empresa que deseje incentivar vendas a prazo fixará padrões fáceis de serem atingidos. Caso contrário, os padrões serão mais restritos, diminuindo as vendas a prazo, assim como a probabilidade de devedores duvidosos.

A *política de cobrança* abrange toda estratégia da empresa para o recebimento de crédito. Este recebimento pode ser feito por carta, por telefone, judicialmente, entre outras. Uma política de cobrança rígida pode inibir as vendas de uma empresa. Os outros dois elementos são tratados com mais detalhes a seguir.

> A determinação dos elementos de uma política de crédito numa empresa leva em consideração fatores como competição, ciclo operacional, tipo de produto, sazonalidade, obsolescência, aceitação do cliente, preço, tipo de cliente e lucratividade.[1] Em produtos com preço mais elevado, como, por exemplo, joias e automóveis, a concessão de prazo pode ser um importante instrumento que a empresa pode utilizar para aumentar a quantidade de clientes potenciais. A concessão de desconto financeiro por parte dos concorrentes pode induzir a empresa a também utilizar essa tática sob pena de perda de mercado.

5.2.1 Concessão de desconto

O desconto financeiro corresponde à redução no preço de venda quando o pagamento é efetuado a vista ou num prazo menor. A adoção de desconto pode ocorrer por quatro possíveis razões:

1. desejo de adiantar o fluxo de caixa, reduzindo, por consequência, uma necessidade de financiamento, ou aumentando o volume de recursos que podem ser alocados para outro investimento;

2. desejo de aumentar o volume de vendas, se o cliente vir o desconto como uma redução de preços;

3. desejo de reduzir o risco de insolvência dos clientes, promovendo incentivos para pagamentos mais rápidos; e

4. desejo de reduzir a sazonalidade das vendas.

Apesar de a decisão de conceder desconto estar inserida dentro da política geral de giro de uma empresa, uma primeira forma de decidir se o desconto concedido será vantajoso ou não é através da comparação entre os fluxos de caixa. Se o fluxo de caixa a valor presente – situação com desconto – for superior ao fluxo de caixa, também em termos de valor presente, da situação original, a proposta deverá ser aceita.

Admita uma empresa que tenha vendas $ 2.500/mês com um prazo de recebimento de 30 dias e está estudando a concessão de um desconto de 10%. Com isto, a gerência espera que as vendas aumentem para $ 3.000, sendo 75% a vista. A provisão de devedores duvidosos é de 1 % e a taxa de juros é de 5% a.m. Logo, o resultado em valor presente desta situação é o seguinte:

---

[1] MANESS, Terry; ZIETLOW, *John. Short-term financial management*. Minneapolis: West, 1993, p. 85.

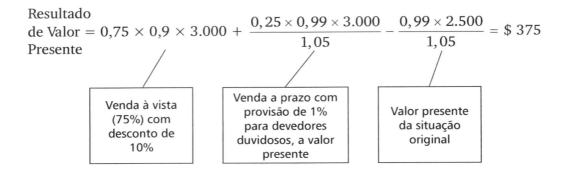

A primeira parte da solução apresentada diz respeito ao volume de vendas a vista na situação proposta; a segunda parte refere-se às vendas a prazo de proposta; e a terceira parte corresponde às vendas, todas a prazo, da situação atual. Como o resultado dos fluxos de caixa é de $ 375, a política de conceder desconto é atraente, sendo interessante sua aceitação.

5.2.2 Prazo de crédito

O prazo de crédito é um dos elementos de uma política de crédito. Sua fixação dependerá de diversos fatores, como oligopolização dos setores, taxa de juros praticada pelo mercado, restrições legais, probabilidade de pagamento, quantidade de vezes que um cliente compra a prazo, entre outros.

A influência da *forma como estão estruturadas as empresas* num determinado setor pode ser decisiva no prazo de crédito. Deste modo, empresas que detêm grande poder de barganha na cadeia produtiva têm condições de exigir um prazo mais dilatado dos fornecedores e um prazo mais reduzido dos clientes.

A taxa *de juros* praticada determina a atratividade do investimento. Por este motivo a taxa de juros básica da economia, usualmente títulos do governo, é um instrumento de política econômica constantemente utilizado para o controle da economia. Um acréscimo nesta taxa de juros reduz a quantidade de venda a prazo e, por consequência, a atividade econômica. Uma redução na taxa de juros induz ao aumento do consumo por facilitar o acesso de mais consumidores ao mercado.

Em determinadas situações da história econômica, o governo chegou a utilizar o prazo de crédito para tentar alcançar alguma meta econômica. Assim, o governo pode estabelecer que a venda de bens de consumo durável deva ser realizada com um mínimo de prazo, como ocorreu em diversos momentos na nossa história. Neste caso usa-se a *restrição do prazo* para fins de redução no crescimento da economia.

A *probabilidade de pagamento* (qualidade do cliente) é outro fator relevante. Quanto melhor for o cliente, maior poderá ser o prazo de pagamento, sem que isto afete demasiadamente o risco da empresa. Realmente, se um comprador adquire pela primeira vez de uma empresa é natural que o prazo de crédito seja diferente de clientes tradicionais. Espera-se que a empresa beneficie estes em detrimento daquele.

Da mesma forma que no desconto, a decisão financeira de conceder prazo adicional depende da análise do fluxo de caixa. Uma análise mais detalhada será apresentada no item 5.4. Considerações sobre o prazo de crédito e taxa de inflação serão tratadas no final do capítulo.

5.3 RELAÇÃO ENTRE MEDIDAS FINANCEIRAS E ELEMENTOS DE UMA POLÍTICA DE CRÉDITO

O Quadro 5.1 resume nitidamente a relação entre os elementos de uma política de crédito e as diversas medidas relacionadas ao crédito. Padrões de crédito restrito desencorajam vendas a prazo e, portanto, tendem a diminuir o volume de vendas, as despesas com crédito e o investimento em valores a receber. Prazo de crédito amplo tem o efeito contrário: aumenta vendas, aumenta despesas com crédito e aumenta investimento em valores a receber. Fornecer grandes descontos para clientes que antecipem seus pagamentos tende a aumentar o volume de vendas, a diminuir as despesas com crédito e o investimento em valores a receber. Finalmente, uma política de cobrança mais liberal aumenta as vendas, as despesas de crédito e cobrança e o investimento em valores a receber.

Quadro 5.1 *Relação entre medidas de crédito e elementos de uma política de crédito.*

	Padrões de Crédito		Prazo de Crédito		Descontos Financeiros		Política de Cobrança	
	Frouxo	Restrito	Amplo	Pequeno	Grande	Pequeno	Liberal	Rígida
Volume de Vendas	+	−	+	−	+	−	+	−
Despesas de Crédito	+	−	+	−	−	+	+	−
Investimentos em Valores a Receber	+	−	+	−	−	+	+	−

Fonte: MARTINS, Eliseu; ASSAF NETO, Alexandre. *Administração financeira*. São Paulo: Atlas, 1985. p. 333.

Decisões envolvendo a política de crédito da empresa devem ser tomadas, dentro do objetivo de maximização da riqueza, mediante comparações entre a demanda incremental por investimento e o resultado adicional oferecido. Os itens seguintes tratam mais pormenorizadamente deste critério decisorial.

5.4 ANÁLISE DA ALTERAÇÃO DA POLÍTICA DE CRÉDITO

A mudança na política de crédito de uma empresa traz inúmeras implicações para seu desempenho. São afetados a imagem da empresa, a política de estocagem, a necessidade de financiamento, a relação com a concorrência, o fluxo de caixa etc. Interessa neste texto considerar somente as consequências financeiras diretas de tal mudança.

Tradicionalmente, para estudar a alteração da política de crédito usa-se comparar as receitas e os custos da situação existente com os da situação proposta. Caso a lucratividade da alternativa que está sendo considerada seja maior que a da situação atual, aceita-se a alteração na política de crédito.

Para mostrar como isto é feito, *suponha* a situação atual de uma empresa com receitas de $ 5.000, sendo metade a prazo; custos e despesas variáveis são de $ 2.500 – ou seja, 50% da receita; custos e despesas fixas de produção atingem $ 1.000 ao mês; e a provisão de devedores duvidosos é de 1% das vendas a prazo.

Estudos realizados pela empresa revelaram que uma alteração no prazo médio de recebimento, de um para dois meses, aumenta a receita para $ 6.000, com 40% a vista, e a provisão de devedores duvidosos para 1,5%. Neste exemplo ignoram-se, para fins de simplificação, mudanças nas despesas relacionadas ao crédito. (Estas, no entanto, podem ser incorporadas ao exemplo sem perda de relevância.)

Com estas informações pode-se obter a apuração dos resultados da situação *atual* e da *proposta*:

Situação Atual

($)

	Receita a Vista	Receita a Prazo	Receita Total
+ Receita	2.500	2.500	5.000
– Custos e Desp. Variáveis	(1.250)	(1.250)	(2.500)
– Prov. Devedores Duvidosos	–	(25)	(25)
= Margem de Contribuição	1.250	1.225	2.475
– Custo Fixo			(1.000)
= Lucro Operacional			1.475

Situação Proposta

	Receita a Vista	Receita a Prazo	Receita Total
+ Receita	2.400	3.600	6.000
– Custos e Desp. Variáveis	(1.200)	(1.800)	(3.000)
– Prov. Devedores Duvidosos	–	(54)	(54)
= Margem de Contribuição	1.200	1.746	2.946
– Custo Fixo			(1.000)
= Lucro Operacional			1.946

Diferença

	Receita a Vista	Receita a Prazo	Receita Total
+ Receita	5.000	6.000	1.000
– Custos e Desp. Variáveis	(2.500)	(3.000)	(500)
– Prov. Devedores Duvidosos	(25)	(54)	(29)
= Margem de Contribuição	2.475	2.946	471
– Custo Fixo	(1.000)	(1.000)	–
= Lucro Operacional	1.475	1.946	471

Atualmente, a empresa tem um lucro operacional de $ 1.475; pela proposta este lucro seria de $ 1.946, representando um acréscimo de $ 471. Observe que como os custos fixos não se alteram – são imutáveis diante de alteração no volume de atividade, pela sua própria definição –, a análise decisorial é mais bem desenvolvida pelo critério da margem de contribuição.

Desta forma, a princípio, a proposta de aumentar o prazo médio de recebimento para dois meses deveria ser aceita, pois representa um resultado adicional para a empresa de $ 471.

No entanto, a análise acima não é completa por não considerar o montante de investimento adicional necessário para que se produza este acréscimo do lucro. Este investimento pode ser obtido de duas formas: de maneira simplificada, pelo volume de duplicatas a receber (a preço de custo) ou pelo fluxo de caixa necessário para financiar as alternativas de venda a prazo.

1º Método

Pela primeira forma, na situação original este montante era de:

$$\text{Duplicatas a Receber} = \text{Vendas a Prazo} \times \text{Prazo de Recebimento}$$
$$= 2.500 \times 1 = \$ 2.500$$

Pelas condições de cobrança e volume de vendas considerado, a empresa deve manter, em média, o equivalente a $ 2.500 em sua carteira de valores a receber. Com a proposta de alteração nos prazos de cobrança das vendas, a inversão neste ativo passa a ser de:

$$\text{Duplicatas a Receber} = (6.000 \times 60\%) \times 2 \text{ meses} = \$ 7.200,$$

elevando-se em $ 4.700 o investimento necessário em giro. Assim, para uma margem de contribuição adicional de $ 471 foram necessários investimentos adicionais de $ 4.700, ou seja:

$$\text{Investimento} = \text{Investimento da Proposta} - \text{Investimento Atual}$$
$$\text{Investimento} = 7.200 - 2.500 = \$ 4.700$$

Mas estes valores consideram, no total de investimento, uma parcela de lucro embutida no preço de venda. Apesar de alguns autores manterem o lucro na análise – por representar o custo de oportunidade incorrido pela empresa pelo investimento em duplicatas a receber –, posicionamos pela sua exclusão.

A determinação do investimento a valores de custos e despesas é desenvolvida, dentro de uma metodologia mais simplificada, assim:

$$\text{Investimento} = (\text{Vendas a Prazo/Vendas Totais}) \times \text{Custo Total} \times \text{Prazo de Recebimento}$$

Pela identidade de cálculo, o investimento, a preço de custo, passa a ser de $ 1.763 para a situação atual $[=(2.500/5.000) \times 3.525 \times 1]$ e de $ 4.865 $[=(3.600/6.000) \times 4.054 \times 2]$ para a proposta de ampliação do prazo de recebimento. Com isto, tem-se um investimento marginal de $ 3.102, obtido pela diferença entre as inversões de cada situação analisada.

Em resumo, a empresa em questão precisa de um investimento (excluído o lucro) de $ 3.102 para obter uma contribuição marginal de $ 471, indicando uma rentabilidade de 15%. Esta percentagem deve ser comparada com o custo de investimento (oportunidade) da empresa. Caso este seja menor, a proposta deve ser aceita. Se for maior, deve ser rejeitada.

2º Método

A segunda forma de obtenção do investimento necessário é mais rigorosa e usa a análise do fluxo de caixa marginal da empresa, medido pela diferença entre a situação da entidade de caixa atual e a situação proposta.

Os dois fluxos de caixa (situação atual e proposta) e a forma de obtenção do investimento marginal em valores a receber são demonstrados a seguir:

($)

	Mês 1	Mês 2	Mês 3
Situação Atual			
Saldo Inicial	0	− 1.000	475
+ Recebimentos			
Vendas a Vista	2.500	2.500	2.500
Venda a Prazo*		2.475	2.475
− Pagamentos			
Custos Desp. Variáveis	− 2.500	− 2.500	− 2.500
Custos Desp. Fixas	− 1.000	− 1.000	− 1.000
Saldo Final	− 1.000	475	1.950
Situação Proposta			
Saldo Inicial	0	− 1.600	− 3.200
+ Recebimentos			
Venda a Vista	2.400	2.400	2.400
Venda a Prazo*			3.546
− Pagamentos			
Custo Desp. Variáveis	− 3.000	− 3.000	− 3.000
Custo Desp. Fixas	− 1.000	− 1.000	− 1.000
Saldo Final	− 1.600	− 3.200	− 1.254

* Vendas a Prazo – Provisão de Devedores Duvidosos.

Assim, na situação atual, o fluxo de caixa para esta decisão de investimento é negativo em $ 1.000 no primeiro mês, mantendo-se superavitário nos períodos seguintes.

No caso da situação proposta, o maior volume de recursos necessários para financiar o volume maior de investimento em contas a receber encontra-se no segundo mês, – $ 3.200. Os meses seguintes apuram menores necessidades de caixa até atingirem um saldo positivo, que irá ocorrer no quarto mês.

Por este método, o investimento necessário para financiar a venda a prazo é definido pela maior necessidade de caixa. Para a situação original, o investimento necessário é de $ 1.000 e para a proposta é de $ 3.200.

Deste modo, o investimento marginal é de $ 2.200 (= $ 3.200 – $ 1.000) onde se apura uma rentabilidade de 21,4% (= $ 471/$ 2.200).

Outra forma de se chegar ao mesmo resultado por este método é através da seguinte expressão:

(Vendas a Prazo – Provisão – Lucro) × Prazo de Recebimento

Situação Atual:

$$(2.500 - 25 - 1.475) \times 1 = \$ 1.000$$

Situação Proposta:

$$(3.600 - 54 - 1.946) \times 2 = \$ 3.200$$

Ambas as metodologias de determinação do investimento apresentam dois problemas. O primeiro refere-se a não consideração de outros investimentos, como, por exemplo, os referentes aos estoques. O critério centra-se exclusivamente nas decisões de venda a prazo, embora nada impeça que outras variáveis do giro sejam incluídas. O segundo problema decorre da inexistência de referência explícita ao valor do dinheiro no tempo. A abordagem no valor presente líquido, conforme é desenvolvida a seguir, soluciona este segundo aspecto.

5.5 MUDANÇA DA POLÍTICA DE CRÉDITO: ABORDAGEM DO VALOR PRESENTE LÍQUIDO

A determinação da melhor política de crédito deve ser feita, preferencialmente, através do cálculo do valor presente do fluxo de caixa incremental gerado. Nesse caso, deve-se calcular quanto a atual política de crédito deverá gerar em termos de entrada de recursos na empresa e trazer esses montantes para o momento da análise; e o mesmo é feito com as propostas alternativas de política de crédito, lembrando de trazer os valores para o período presente. Quando o valor atual do fluxo de caixa de proposta é superior à política atual de crédito, deve-se adotar a proposta; quando o valor presente da situação atual é maior, deve-se manter a política adotada. A diferença entre a situação atual e uma proposta de alteração na política de crédito expressa pelo valor presente do fluxo de caixa representa o acréscimo ou decréscimo em termos do valor da empresa.

Significa dizer que o processo de tomada de decisão pelo valor presente representa a melhor alternativa em termos de aumento do valor da empresa. Por esse motivo, a utilização dessa técnica deve ser preferível aos métodos apresentados anteriormente.[2]

Para *exemplificar* a utilização do valor presente na alteração da política de crédito, considere o exemplo anterior. Admitindo-se um prazo de estocagem de um

---

[2] SARTORIS, William; HILL, Ned. A generalized cash flow approach to short-term financial decisions. *The Journal of Finance*, 38, p. 349-360, May 1983.

mês e que os custos e despesas são incorridos e pagos a vista, a situação original teria a seguinte representação de seu fluxo de recebimento e pagamento:

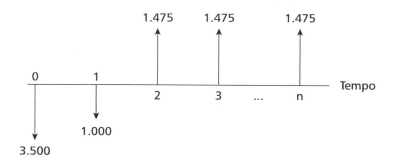

(Está-se admitindo aqui, para fins de simplificação, que os pagamentos e recebimentos ocorrem no final de cada mês. A ausência de tal restrição somente aumentaria os cálculos envolvidos).

Considerando uma taxa de desconto de 10% a.m. e que os recebimentos, a partir do segundo mês, correspondem a uma perpetuidade, o valor presente da situação atual seria:

$$VPL = -3.500 - (1.000 \times 1,1^{-1}) + \left(\frac{1.475 \times 1,1^{-1}}{0,1}\right) = \$\ 9.000$$

Já a situação proposta levava ao seguinte fluxo de caixa:

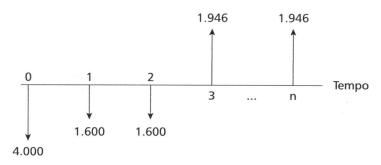

$$VPL = -4.000 - (1.600 \times 1,1^{-1}) - (1.600 \times 1,1^{-2}) + \left(\frac{1.946 \times 1,1^{-1}}{0,1}\right)$$
$$= \$\ 9.306$$

Como o valor presente líquido do fluxo de caixa para situação proposta é superior ao da situação original, conclui-se pela maior atratividade econômica da nova política de crédito.

O exemplo desenvolvido anteriormente poderá ser apresentado de maneira mais formal de modo a possibilitar sua aplicação para diferentes situações. Considere uma empresa que compre ou produza itens a um custo de C por unidade. As vendas, pelo preço de venda P, irão gerar um volume de devedores duvidosos no valor de b, que representa um percentual dessas vendas. Considerando uma taxa de desconto de i, o valor presente das vendas será dado por:

$$VPL_0 = \left[\frac{P_0 Q_0 (1 - b_0)}{(1 + i_0)^c} - C_0 Q_0 \right]$$

onde c representa o prazo do ciclo operacional. Caso a empresa deseje comparar a política atual de crédito com uma nova política, basta determinar o valor presente da proposta e comparar com a situação atual. A mudança será aceita caso:

$$VPL_1 - VPL_0 > 0$$

$$\left[\frac{P_1 Q_1 (1 - b_1)}{(1 + i_1)^c} - C_1 Q_1 \right] - \left[\frac{P_0 Q_0 (1 - b_0)}{(1 + i_0)^c} - C_0 Q_0 \right] > 0$$

Considere um *exemplo* de empresa com ciclo operacional de 40 dias, preço de venda de \$ 350, custo do produto de \$ 240 e volume de créditos de baixa qualidade de 2% das vendas. Um aumento no prazo para 80 dias aumenta as vendas de 20 unidades diárias para 24 unidades/dia. O total de não recebimento aumentará 2,5%. O custo de oportunidade do capital será de 0,15% ao dia. Nesse caso, têm-se os seguintes parâmetros: $c_0 = 40$; $c_1 = 80$; $P_0 = P_1 = \$ 350$; $C_0 = C_1 = \$ 240$; $b_0 = 2\%$; $b_1 = 2,5\%$; $Q_0 = 20$; $Q_1 = 24$; $i_0 = i_1 = 0,15\%$ e o cálculo a ser feito é o seguinte:

$$\left[\frac{350 \times 24 (1 - 0,025)}{(1 + 0,0015)^{80}} - 240 \times 24 \right] - \left[\frac{350 \times 20 (1 - 0,02)}{(1 + 0,0015)^{40}} - 240 \times 20 \right]$$

$$\left[\frac{8.190}{1,1274} - 5.670 \right] - \left[\frac{6.860}{1,0618} - 4.800 \right] \cong 1.505 - 1.661 \cong -156$$

Nessa situação, a alteração não é interessante, pois reduz o valor da empresa em \$ 156 por dia. Entretanto, é importante ressalvar que o resultado deve ser analisado considerando que as variáveis previstas irão realmente ocorrer. Um aumento no prazo de crédito concedido, pela empresa, como é o caso do exemplo, pode não interferir diretamente no volume de vendas à medida que os concorrentes adotem idêntica medida e o prazo não interfira no tamanho do mercado. Ademais, o cálculo considerou a manutenção dos custos unitários constantes, o que nem sempre é verdadeiro. De igual modo, não se levou em consideração, de forma explícita, a existência de vendas a vista, bem como o impacto, sobre ela de alteração na política de crédito.

A agregação das vendas a vista ao modelo pode ser feita sem perda de substância. Considerando Q^v como a parcela de venda a vista da empresa e Q^p a quantidade de venda a prazo, uma nova política de crédito deverá ser aceita, desde que:

$$VPL_1 - VPL_0 > 0$$

$$\left[\frac{P_1^v \, Q_1^v}{(1 + i_1)^{e_1}} + \frac{P_1^p \, Q_1^p(1 - b_1)}{(1 + i_1)^{c_1}} - C_1(Q_1^v + Q_1^p) \right] -$$

$$\left[\frac{P_0^v \, Q_0^v}{(1 + i_0)^{e_0}} + \frac{P_0^p \, Q_0^p(1 - b_0)}{(1 + i_0)^{c_0}} - C_0(Q_0^v + Q_0^p) \right] > 0$$

sendo tv= prazo médio de estocagem; tp = prazo médio de pagamento; P^0 = preço a vista; e P^p = preço a prazo. Considere o exemplo apresentado anteriormente, onde $P_0^p = P_1^p = \$\ 350$; $C_0 = C_1 = \$\ 240$; $i_0 = i_1 = 0,15\%$; $Q_0^p = 20$; $Q_0^p = 24$; $b_0 = 2\%$; $b_1 = 2,5\%$; $c_0 = 40$; $c_1 = 80$. A adoção dessa política irá interferir nas vendas a vista da seguinte forma: a quantidade vendida irá diminuir de 30 para 28 unidades, indicando que parte dos clientes que efetuam pagamento a vista migrará para a compra a prazo; o preço do produto a vista permanecerá constante em \$ 335, indicando desconto de \$ 5 por unidade para a compra a vista; a mudança não alterará o prazo de estocagem, permanecendo em 25 dias. Com isso, o cálculo seria:

$$\left[\frac{355 \times 28}{(1,0015)^{25}} + \frac{350 \times 24 \times 0,975}{(1,0015)^{80}} - 240 \times (28 + 24) \right] -$$

$$\left[\frac{355 \times 30}{(1,0015)^{25}} + \frac{350 \times 20 \times 0,98}{(1,0015)^{40}} - 240 \times (30 + 20) \right]$$

$$\left[\frac{9.380}{1,0382} + \frac{8.190}{1,1274} - 12.480 \right] - \left[\frac{10.050}{1,0382} + \frac{6.860}{1,0618} - 12.000 \right] \cong -\$\ 322$$

ou seja, levando-se em consideração os efeitos sobre a venda a vista, a nova política de crédito por meio da concessão de maior prazo para os clientes representa valor presente líquido diário negativo em \$ 322.

5.6 CONCESSÃO DE CRÉDITO

Após ter fixado a política de crédito, em termos de prazo de pagamento, padrão de crédito, política de cobrança e desconto a ser concedido, a empresa parte para uma segunda etapa: a concessão de crédito ao cliente.

Esta etapa tem como base os termos acertados na fixação da política de crédito, mas difere desta por ser individual a cada cliente, embora abranja a todos os clientes potenciais.

A concessão de crédito é uma resposta individual da empresa a cada cliente. Se o cliente satisfizer as condições mínimas preestabelecidas pela empresa, poderá existir financiamento por parte da empresa para sua compra.

Portanto, na concessão de crédito a empresa terá de responder "sim" ou "não" ao cliente e, caso a resposta seja positiva, deverá responder "até quanto". Novamente o critério norteador da decisão será a maximização da riqueza da empresa, levando-se também em consideração o risco envolvido.

Tradicionalmente, uma forma de decidir pela concessão ou não do crédito é através do chamado cinco *C's* do crédito. Esta abordagem investiga o cliente em potencial em termos de cinco fatores: o *caráter*, a *capacidade*, o *capital*, as *condições* e as garantias (*collateral* em inglês).

O *caráter* diz respeito ao desejo de efetuar o pagamento. Esta característica pode ser obtida através de entrevista ou de informações sobre o passado do cliente em potencial. A *capacidade* decorre do desempenho econômico e da geração de recursos financeiros no futuro para efetuar o pagamento. *Capital* refere-se à posição financeira do cliente, da posse de bens para lastrear o cumprimento da obrigação. As demonstrações contábeis são importantes fontes de informação sobre a capacidade e o capital do cliente. As *condições* levam em consideração os eventos externos, macroeconômicos e suas consequências para o cliente. Este item encontra-se fora de controle do cliente e depende de cenários potenciais e da avaliação da empresa concedente do crédito.

A análise da concessão de crédito utilizando os cinco *C's* do crédito apresenta certas deficiências principalmente por três razões. *Primeiro*, não é uma análise consistente por depender do julgamento individual do funcionário responsável pela decisão de concessão de crédito.

Segundo, depende da experiência dos funcionários do setor responsável pela concessão de crédito. Esta experiência é obtida somente com o tempo e até atingi-la o funcionário poderá cometer erros. Estes erros podem ser decorrentes da concessão de crédito, quando isto não deveria ocorrer, ou da não concessão, quando deveria ocorrer.

E *terceiro*, por não fazer uma ligação direta com o objetivo da empresa, qual seja, maximização de seu lucro. Em resumo, os cinco *C's* do crédito é um critério frágil para ser utilizado na concessão de crédito. Por conseguinte devem-se utilizar critérios mais científicos como o sistema de pontuação.

5.6.1 Decisão de concessão pelo sistema de pontuação

A análise de crédito por pontuação tenta incorporar uma série de variáveis na concessão de crédito, variáveis estas que podem abranger aspectos como localização, situação patrimonial, garantia etc. Esse sistema é geralmente desenvolvido por consultores e analistas de crédito com grande experiência no setor com resultados mais adequados que os 5 *C's* do crédito, apresentado anteriormente.

O Quadro 5.2 mostra um exemplo de análise de crédito por pontuação para pessoa física. As informações foram classificadas, neste exemplo, em três grandes grupos: dados essenciais (envolvendo residência, profissão, estado civil etc.), dados complementares (referência comercial, comprovação de renda, tipo de mercadoria etc.) e dados de localização (endereço para referência, telefone etc.).

Se determinado candidato à obtenção de crédito tiver comprovado a renda, que trabalha há mais de seis meses, que tem profissão definida e que é desconhecido no Serviço de Proteção ao Crédito (SPC), terá conquistado 4 pontos nos dados essenciais. Com este total de pontos multiplicado pelo peso deste grupo, no caso o peso é igual a dois, e somado aos pontos obtidos nos outros grupos, chega-se ao total geral.

Em geral, a determinação dos aspectos considerados na pontuação são obtidos a partir de uma experiência histórica de concessão de crédito pela empresa ou pelo setor de atuação. Da mesma forma, a ponderação para cada item é obtida a partir de um comportamento histórico dos clientes da empresa.

Ao total de pontos obtidos existe uma tradução em termos de atitude que o funcionário da empresa deve tomar. Assim, se um cliente obteve 15 pontos, segundo os critérios estabelecidos pelo exemplo de sistema de pontuação apresentado no Quadro 5.2, a aprovação do crédito estaria condicionada a uma entrada.

Em alguns tipos de venda a prazo, onde o recebimento praticamente não apresenta risco, o processo de concessão torna-se extremamente simplificado, evitando a necessidade de estabelecer um sistema de pontuação.

Quadro 5.2 *Exemplo de sistema de pontuação.*

1. Dados Essenciais
   Comprovou os dados
   Comprovou a renda
   Trabalho mais de seis meses
   Residência mais de seis meses
   Profissão definida
   Casado
   Prestação no limite
   Desconhecido no SPC

   Total ($\times$ 2)

2. Dados Complementares
   Imóvel comprovado
   Referência comercial
   Outras rendas comprovadas
   Cônjuge com rendas comprovadas
   Mercadoria sem Risco

   Total ($\times$ 2)

3. Dados de localização
   Endereço dos pais
   Endereço para referência
   Conhece funcionário da loja
   Tem telefone

   Total

   Total Geral

Pontuação Geral	Indicação
30	Indicado para cartão de crédito
19 a 29	Aprovação normal
13 a 1 8	Aprovação só com entrada
09 a 12	Aprovação só com avalista
06 a 08	Aprovação só com aval e entrada
Até 5	Negar o crédito

Fonte: PEREIRA, Airton Gil Paz. *Tudo sobre cadastro, crédito e cobrança.* São Paulo: Nobel, 1990. p. 108.

> É importante salientar que o modelo apresentado no Quadro *5.2* é um exemplo de sistema subjetivo de concessão de crédito. De maneira geral, esses modelos são criados internamente a partir da experiência do analista de crédito. Isso não significa dizer que a decisão de crédito tomada a partir de modelos como esse mereça ser desconsiderada. Pode ser, inclusive, que tais modelos possam ser eficientes e levar a uma melhoria na geração de riqueza para a empresa. O grande problema é que os modelos subjetivos construídos só podem ser comprovadamente aceitos a partir de um teste estatístico.

É o caso de vendas efetuadas com cartão de crédito, em que o risco é menor, desde que a empresa observe se o cartão encontra-se numa lista fornecida pela administradora de cartões, denominada boletim de cancelamento ou lista de restrição, e respeite o limite estabelecido. Neste caso, o processo depende somente da verificação da validade e legitimidade do cartão e da identificação do titular. A análise do cliente é delegada para a administradora de cartões de crédito, simplificando e reduzindo custos do processo.

A análise por pontuação supera algumas das desvantagens dos 5 C's do crédito. É uma abordagem mais consistente e objetiva e pode ser utilizada por qualquer funcionário, independentemente da experiência ou não. Em seu detrimento pode-se lembrar da falta de ligação com o objetivo da empresa e do pouco rigor científico.

Um sistema de pontuação com mais rigor científico é a *análise discriminante*. Com esta técnica estatística a empresa pode determinar, com razoável grau de probabilidade, se um cliente, que solicita crédito hoje, poderá trazer problemas no futuro.

Para empregar tal instrumento é necessário que a empresa possua uma série histórica de seus clientes. Com esta série histórica é possível classificar, *a priori*, os clientes: se efetuaram o pagamento dentro das condições preestabelecidas ou não. Acredita-se que é possível caracterizar o grupo de bons clientes e separá-los dos outros a partir de informações quantitativas. Supõe-se, também, que as características levantadas persistirão no tempo.

Após a obtenção da série histórica seleciona-se um grupo de indicadores para serem aplicados na análise discriminante. Esta técnica identifica quais os melhores indicadores, ou seja, quais os que permitem melhor segregar os bons dos maus clientes. Além disso, a análise constrói um único índice geral, ponderando os melhores e mais representativos índices.

Toda empresa pode construir seu índice de bons clientes utilizando a técnica estatística da análise discriminante. No entanto, antes de usar a análise discriminante é importante conhecer algumas de suas limitações.

A principal delas é o fato de se basear em informações passadas: admite-se que as características passadas continuarão prevalecendo no futuro. Além disto, antes de aplicar tal técnica para estabelecer um padrão de decisão de crédito, o administrador deve estar consciente de que, como toda técnica estatística, a análise discriminante parte de hipóteses que podem, na prática, ser importante fator limitativo.

Existem três outras críticas que são feitas à análise discriminante: é uma técnica em que falta teoria; considera principalmente informações contábeis; e o fato de assumir que as relações entre variáveis são lineares.[3] No primeiro caso, critica-se a análise discriminante por enfatizar o resultado estatístico em lugar de tentar explicar a relação entre a insolvência e a medida selecionada para constar do índice geral. Entretanto, cabe ao analista trabalhar somente com informações que possam ajudar a entender a possibilidade de não pagamento. Em outras palavras, a técnica não pode ser criticada pelo seu mau uso. De igual modo, é possível incorporar à análise discriminante informação extracontábil, de modo a evitar os problemas decorrentes da qualidade das demonstrações contábeis. Mas é preciso reconhecer que informações qualitativas são difíceis de ser incorporadas à análise. Finalmente, critica-se a análise discriminante por assumir que a relação entre a Insolvência e as variáveis escolhidas pelo modelo são lineares. Certamente que ao escolher expressar a realidade sob a forma de uma relação linear, o analista está fazendo uma simplificação. Nesse caso, o importante é saber se a maior simplicidade do modelo não representa uma perda de qualidade das decisões que estão sendo tomadas. É ilusório pensar que modelos mais complexos possam, sempre, melhorar o processo de tomada de decisão.

5.6.2 Decisão de concessão de crédito pela análise das demonstrações contábeis

A análise de balanços é uma importante ferramenta na determinação do crédito para pessoas jurídicas. Através da análise podem-se determinar tendências – também denominada análise horizontal – ou participações – análise vertical. Os principais índices de interesse na análise de balanços são os de endividamento, de liquidez, de rentabilidade e de caixa.

O estudo do caixa já foi anteriormente detalhado no Capítulo 2. O estudo da liquidez é importante por se acreditar que uma empresa com pouca liquidez terá maior chance de se tornar, no futuro, insolvente. Além disto, para o caso de falência, a liquidez é importante, pois quanto mais líquido for o ativo, maior tende a ser seu valor de liquidação. Já o estudo do endividamento mostra a forma como o cliente está sendo financiado. Em geral, quanto maior o financiamento pelo capital de terceiros, maior o risco financeiro assumido. A rentabilidade confronta o

---

[3]   CAOUETTE, John et al. *Gestão do risco de crédito*. Rio de Janeiro: Qualitymark, 1999.

lucro obtido com o investimento (capital total ou capital próprio) ou o montante de vendas.

Não é de interesse deste livro tecer considerações pormenorizadas sobre análise de balanços, uma vez que a bibliografia existente sobre o assunto no Brasil é bastante extensa.[4]

Importa dizer que a análise de balanços é uma técnica também passível de problemas. O primeiro é que suas informações são periódicas, dependendo do encerramento de cada exercício. Deste modo, um cliente com exercício social anual, como é a situação prevista na atual legislação societária, muitas vezes fornecerá as Demonstrações Contábeis com grande defasagem.

O segundo problema são as várias limitações presentes na legislação societária e o reflexo da inflação nestas demonstrações. A não ser que a empresa apresente demonstrações pela correção integral, a forma como é apurado o lucro no Brasil impede melhor análise.

Finalmente, a análise de balanço é um instrumento que depende da experiência e da qualidade técnica do analista. Como tal, existe dificuldade de delegar o processo decisório a funcionários subalternos.

Uma forma de contrabalançar as vantagens e desvantagens das técnicas de concessão de crédito aqui apresentadas talvez seja utilizar um sistema de pontuação para concessão de crédito de pequeno montante, estendendo uma análise mais rigorosa, incluindo aí a análise das demonstrações contábeis àqueles casos em que o valor do crédito seja mais expressivo.

5.6.3 Estabelecendo o limite de crédito

A primeira etapa do processo de concessão de crédito é determinar se o cliente estaria apto a obter algum tipo de crédito. A segunda etapa é determinar o montante de crédito que poderá ser concedido. Por sua vez, este montante dependerá não somente da qualidade do cliente, mas também do volume pleiteado pelo cliente *vis-à-vis* ao total da carteira de duplicatas a receber da empresa.

O sistema de pontuação, comentado anteriormente, pode ser adaptado para contemplar a determinação deste limite de crédito. O Quadro 5.3 apresenta um exemplo da adequação do sistema de pontuação à determinação do limite para concessão de crédito para uma pessoa jurídica.

A principal base para determinação do limite de crédito do exemplo apresentado no Quadro 5.3 são as informações extraídas das Demonstrações Contábeis

---

[4] Para um aprofundamento do assunto recomenda-se: ASSAF NETO, Alexandre. *Estrutura e análise de balanços*. 7. ed. São Paulo: Atlas, 2002.

do cliente – patrimônio líquido, capital integralizado, vendas, estoques, compras e liquidez – e da própria empresa – vendas e compras.

Assim, pelo fato de o cliente possuir um patrimônio líquido de $ 1,2 milhão, isto lhe garante, de antemão, um limite correspondente a 10% deste valor, ou seja, $ 120.000. Somam-se a isto parcelas de crédito decorrentes do capital do cliente ($ 140.000), das vendas ($ 85.000), dos estoques ($ 150.000), das compras realizadas pelo cliente na empresa ($ 155.000) e no mercado ($ 160.000), dos pagamentos efetuados anteriormente ($ 156.000) e das vendas da empresa ($ 200.000).

Dos valores obtidos calcula-se a média, que, neste caso, representa $ 145.750. A seguir é feito um ajuste de acordo com o índice de liquidez da empresa. Para cada nível de liquidez, a média obtida é multiplicada ou subtraída de determinado percentual. (No exemplo do Quadro 5.3 o cliente possui um índice entre 1,51 e 2,00 e, por este motivo, soma mais 20% do valor da média.)

Caso o cliente tenha uma tradição de compra a crédito na empresa acrescenta-se 10% à média obtida anteriormente. Finalmente, soma-se ao resultado um "risco gerencial", variável a cada situação, para se obter o limite total de crédito.

Este sistema de ponderação e a determinação do limite de crédito, conforme exemplo apresentado no Quadro 5.3, podem ser obtidos a partir de experiências de cada empresa. Na determinação deste limite, a empresa que concede crédito deve considerar não somente a qualidade do cliente, em termos de pagamento, como também a participação de cada cliente na carteira total de clientes. A teoria de finanças mostra que o risco de um investimento pode ser reduzido pela diversificação: quanto maior for a diversificação, menor o risco.

Quadro 5.3 *Exemplo de limite de crédito com sistema de pontuação.*

Fator	Peso	Valor ($)	Peso × Valor ($)
Patrimônio Líquido	10%	1.200.000	120.000
Capital Integralizado	20%	700.000	140.000
Vendas do Cliente	10%	850.000	85.000
Vendas da Empresa	5%	4.000.000	200.000
Estoque do Cliente	5%	3.000.000	150.000
Compras da Empresa	100%	155.000	155.000
Compras do Mercado	20%	800.000	160.000
Pagamentos Anteriores	120%	130.000	156.000
Total			1.166.000
Média			145.750
Ajustes			
Liquidez	+ 30%	Acima de 2	
	+ 20%	De 1,51 a 2	
	+ 10%	De 1,21 a 1,5	
	+ 5%	De 1,01 a 1,2	
	– 30%	De 0,91 a 1,0	
	– 50%	De 0,81 a 0,9	
	– 80%	Abaixo de 0,8	29.150
Tradição do Cliente (+ 10%)			14.575
= Crédito Matemático			189.475
+ Risco Gerencial			10.525
= Limite Total de Crédito			200.000

Fonte: TAVARES, Ricardo F. *Crédito e cobrança.* São Paulo: Atlas, 1988. p. 53.

Deste modo, considerando-se que valores a receber são um investimento da empresa, a concentração de inversões em um só cliente (ou em poucos clientes) aumentaria o risco da empresa.

Duas considerações importantes devem ser feitas antes de discutir a administração de valores a receber em uma situação inflacionária. A primeira diz respeito à análise multiperíodo; a segunda, sobre o custo de investigação.

5.6.4 Exemplo de um sistema de concessão de crédito

Para demonstrar como funciona um sistema de concessão de crédito, considere um *exemplo* de empresa que deseja segregar seus clientes de acordo com sua experiência histórica de crédito. Atualmente, 20% dos clientes são problemáticos, seja porque atrasam constantemente suas duplicatas, seja porque são insolventes. Esse índice é muito elevado e deve-se à ausência de um critério mais adequado na concessão do crédito. A estruturação de um sistema de concessão de crédito pode reduzir o nível de clientes problemáticos. Sabe-se que algumas variáveis são relevantes para separação dos clientes problemáticos daqueles que interessam à empresa. Em especial, três variáveis, definidas como X1, X2 e X3, serão consideradas neste texto.

A empresa coletou os dados dos últimos 50 clientes para a estruturação do novo sistema de concessão de crédito. O Quadro 5.4 apresenta esses dados, assim como a classificação dos clientes em problemáticos (ou insolventes) e solventes.

Quadro 5.4 *Informações sobre os clientes – Exemplo.*

Cliente	Class.	X1	X2	X3	Cliente	Class.	X1	X2	X3	Cliente	Class.	X1	X2	X3
1	I	0,3	20	7,5	18	S	3,4	31	1,8	35	S	1,8	32	1,5
2	I	0,2	19	9,5	19	S	3,2	34	1,7	36	S	1,5	29	1,2
3	I	0,4	17	6,3	20	S	3	32	0,9	37	S	2,4	28	2,5
4	I	0,6	18	4,4	21	S	2,5	29	0,5	38	S	4	26	2,8
5	I	0,5	21	6,4	22	S	2,6	30	4	39	S	3,7	38	2,7
6	I	0,1	20	7,2	23	S	2,4	35	4,2	40	S	1,2	41	2,6
7	I	0,9	29	8	24	S	2,2	34	2,1	41	S	1,7	42	1,4
8	I	1,1	22	6,2	25	S	2,1	49	0,5	42	S	1,9	44	4,5
9	I	0,1	23	6,5	26	S	1,7	37	2,3	43	S	2	30	3
10	I	0,7	24	6,9	27	S	1,4	41	2,2	44	S	2,1	27	3,1
11	S	1,6	28	2,4	28	S	0,7	55	1,2	45	S	2,6	22	3,4
12	S	1,9	27	0,7	29	S	2	29	0,7	46	S	2,8	43	4,3
13	S	0,8	24	0,4	30	S	2,8	28	5,2	47	S	2,9	60	0,5
14	S	2,3	25	3,1	31	S	4,1	23	7,4	48	S	1,8	32	2,8
15	S	1,5	29	4,4	32	S	3,9	25	2,7	49	S	1,9	35	1,5
16	S	1,2	28	1,6	33	S	2,2	31	2,8	50	S	2,5	28	3
17	S	1,8	41	0,4	34	S	3,2	35	3					

O cálculo da média das variáveis X1, X2 e X3 já revela a possibilidade de utilizar essas informações na administração de valores a receber da empresa:

	X1	X2	X3
Média dos clientes insolventes	0,490	21,300	6,890
Média dos clientes solventes	2,283	33,425	2,425

Observando essa informação, pode-se inferir que os clientes insolventes possuem variáveis X1 e X2 em valores inferiores aos solventes; por outro lado, a variável X3 dos solventes é inferior à obtida pelos insolventes. Um novo cliente poderia ser analisado a partir dessas três variáveis e sua capacidade de tornar-se insolvente revelada. Entretanto, em diversas situações, talvez a classificação não seja tão fácil de ser feita, pois o cliente pode ter, por exemplo, um valor para variável X1 que o aproxima do grupo de insolvente, embora o valor da variável X3 esteja mais perto dos solventes. Situações conflitantes como essa restringem o uso da informação média das variáveis.

Uma abordagem mais quantitativa pode reduzir o nível de subjetividade do processo de concessão de crédito. Existem diversos métodos quantitativos passíveis de serem utilizados. Como o objetivo é mostrar como construir um sistema para decisão de crédito, escolheu-se um desses, a denominada estatística do qui-quadrado (χ^2).[5] Por esse modelo, valores menores do χ^2 sugerem que o novo cliente aproxima-se mais de um grupo; valores elevados para o χ^2 calculado significam que o comportamento do novo cliente desvia da média do grupo e provavelmente não pode ser considerado na classificação. Isso é conhecido como a "regra do qui-quadrado mínimo". Obviamente, esse processo exigirá um pouco de matemática, mas deve-se destacar novamente que o objetivo é mostrar o processo de construção de um modelo de probabilidade de insolvência de crédito, que será aplicado na decisão de crédito de novos clientes.

O valor do χ^2 é obtido da seguinte forma:

$$\chi_1^2 = x\, S_w^{-1}\, x'$$

sendo S_w^{-1} a inversa da matriz de covariância dos dados apresentados no Quadro 5.4, x a matriz dos desvios dos dados dos novos clientes em relação ao grupo de solventes ou insolventes, e x' sua transposta. Considere a existência de cinco novos clientes que estão solicitando crédito. Suas informações são as seguintes:

Clientes	X1	X2	X3
A	0,8	20	6,1
B	1,1	19	5,2
C	0,5	33	4,5
D	2,4	40	1,9
E	2,7	35	1,2

---

[5] Veja, por exemplo, BESLEY, Scott; OSTERYOUNG, Jerome. Determining trade credit default probabilities using the minimum chisquare rule. In: KIM, Yong; SRINIVASAN, Venkat. *Advances in working capital management*. Greenwich: Jai, 1991, v. 2, p. 173-195.

Utilizando, inicialmente, as variáveis do cliente A para calcular o valor do χ^2. Inicialmente, para cada variável utilizada (X1, X2 e X3) determina-se a diferença entre os valores do cliente A e a média do grupo dos insolventes: 0,310 (= 0,8 – 0,490); – 1,3 (= 20 – 21,3); e – 0,79 (= 6,1 – 6,89). O valor da matriz de covariância de todos os dados apresentados é o seguinte:

$$S_w = \begin{vmatrix} 1,077 & 2,398 & -0,931 \\ 2,398 & 81,280 & -11,292 \\ -0,931 & -11,292 & 5,276 \end{vmatrix}$$

E a inversa de S_w é:

$$S_w^{-1} = \begin{vmatrix} 1,099 & -0,008 & 0,177 \\ -0,008 & 0,018 & 0,036 \\ 0,177 & 0,036 & 0,298 \end{vmatrix}$$

Obtendo o valor do χ^2 para o grupo dos insolventes:

$$\chi^2 = x\, S_w^{-1}\, x' =$$

$$= |0,31 \quad -1,3 \quad -0,79| \times \begin{vmatrix} 1,099 & -0,008 & 0,177 \\ -0,008 & 0,018 & 0,036 \\ 0,177 & 0,036 & 0,298 \end{vmatrix} \times \begin{vmatrix} 0,31 \\ -1,3 \\ -0,79 \end{vmatrix}$$

$$= 0,3153$$

A diferença entre os valores das variáveis X1, X2 e X3 do cliente A em relação ao grupo de solvente é de – 1,483 (= 0,8 – 2,283); – 13,425 (= 20 – 33,425); e 3,675 (= 6,1 – 2,425). Realizando os mesmos cálculos para obter o valor de χ^2 para o grupo de solventes:

$$\chi^2 = x\, S_w^{-1}\, x' =$$

$$= |-1,483 \quad -13,425 \quad 3,675| \times \begin{vmatrix} 1,099 & -0,008 & 0,177 \\ -0,008 & 0,018 & 0,036 \\ 0,177 & 0,036 & 0,298 \end{vmatrix} \times \begin{vmatrix} -1,483 \\ -13,425 \\ 3,675 \end{vmatrix}$$

$$= 3,7945$$

Esses mesmos cálculos podem ser feitos para os outros clientes. O resultado do χ^2 para todos os clientes encontra-se a seguir:

Clientes	Valor de χ^2 Insolvente	Valor de χ^2 Solvente	Decisão
A	0,3153	3,7945	Insolvente
B	1,2918	3,1600	Insolvente
C	2,0728	3,3918	Insolvente
D	6,8847	0,5728	Solvente
E	7,7460	0,3515	Solvente

Os clientes serão classificados num dos dois grupos de acordo com a regra do χ^2 mínimo, uma vez que menores valores de χ^2 sugerem menor dissimilaridade da norma da população. Desse modo, dos cinco novos clientes, apenas dois são considerados como solventes, sendo tomada a decisão de concessão de crédito.

É importante notar que os cálculos efetuados permitem que a decisão de crédito seja estabelecida de forma impessoal e objetiva. Apesar dessas grandes vantagens da utilização de um sistema de concessão de crédito, como apresentado anteriormente, é importante que o administrador tenha consciência dos pressupostos e limitações do modelo utilizado. O uso inadequado de um modelo estatístico pode levar a decisões errôneas com respeito ao crédito.

Considere, ainda, a título de *exemplo*, os cálculos efetuados anteriormente. Um dos pressupostos assumidos é que as dispersões dos clientes solventes e dos clientes insolventes são idênticas. Por esse motivo, foi utilizada a matriz de correlação de todos os clientes. Caso as dispersões sejam diferentes, deve-se calcular a matriz de correlação para cada grupo, ou seja, S_w^s (matriz de correlação dos clientes solventes) e S_w^i (matriz de correlação dos clientes insolventes), usá-las no lugar da matriz S_w. Os valores de ambas as matrizes são:

$$S_w^i = \begin{vmatrix} 0,103 & 0,493 & -0,103 \\ 0,493 & 10,810 & 1,113 \\ -0,103 & 1,113 & 1,593 \end{vmatrix} \qquad S_w = \begin{vmatrix} 0,678 & -1,473 & 0,463 \\ -1,473 & 69,494 & -3,566 \\ 0,463 & -3,566 & 2,210 \end{vmatrix}$$

Parece que as matrizes de correlações dos dois grupos são diferentes. Com efeito, enquanto o determinante da matriz de correlação do grupo insolvente é de 1,029, o determinante do grupo solvente é de 80,755. Desse modo, faz-se necessário refazer os cálculos utilizando as matrizes específicas de cada grupo. Para o cliente A, tem-se o valor do χ^2 para o grupo de insolventes:

$$\chi^2 = x\, S_w^{-1}\, x'$$

$$= |0,31 \quad -1,3 \quad -0,79| \times \begin{vmatrix} 15,5273 & -0,8745 & 1,6160 \\ -0,8745 & 0,1489 & -0,1607 \\ 1,6160 & -0,1607 & 0,8446 \end{vmatrix} \times \begin{vmatrix} 0,31 \\ -1,3 \\ -0,79 \end{vmatrix}$$

$$= 1,8543$$

Fazendo o mesmo cálculo para o grupo de solventes:

$$\chi^2 = x\, S_w^{-1}\, x'$$

$$= |-1,483 \quad -13,425 \quad 3,675| \times \begin{vmatrix} 1,7443 & 0,0199 & -0,3331 \\ 0,0199 & 0,0159 & 0,0215 \\ -0,3331 & 0,0215 & 0,557 \end{vmatrix} \times \begin{vmatrix} -1,483 \\ -13,425 \\ 3,675 \end{vmatrix}$$

$$= 16,5220$$

Com isso, o resultado de cada cliente é o seguinte:

Clientes	Insolvente	Solvente	Decisão
A	1,8543	16,5220	Insolvente
B	6,8509	11,1812	Insolvente
C	33,9172	10,3998	Solvente
D	66,4660	0,7888	Solvente
E	62,5858	1,4632	Solvente

Por esse novo cálculo, dois clientes seriam classificados como insolventes e três como solventes. Observe que o pressuposto assumido anteriormente prejudicaria o processo decisório ao considerar o cliente C como insolvente; já utilizando matrizes de correlações diferentes, esse cliente passa a ter seu crédito aceito pela empresa.

Existe outro pressuposto da regra do χ^2 mínimo que pode comprometer o resultado apurado: o número de observações de cada grupo deve ser aproximadamente o mesmo. Evidentemente, isso não é satisfeito no exemplo, em que o número de clientes insolventes corresponde a 20% do total. Novamente, é possível corrigir essa distorção por meio do cálculo de um χ^2 ajustado ou $\chi^{2'}$:

$$\chi^{2'} = \chi^2 + \ln |S_w| - 2(\ln p)$$

sendo In = logaritmo natural; $|S_w|$ = determinante da matriz de covariância; e p = proporção de clientes insolventes ou solventes. A determinante da matriz de covariância dos clientes insolventes é de 1,029 e dos clientes solventes é de 80,755. Calculando a expressão para o cliente A tem-se:

$$\chi_i^{2'} = 1,8543 + 1,029 - 2(\ln 0,2) = 5,102$$

$$\chi_s^{2'} = 16,522 + 80,755 - 2(\ln 0,8) = 21,360$$

Fazendo os mesmos cálculos para os demais, encontram-se os seguintes valores ajustados do χ^2:

Clientes	Insolvente	Solvente	Decisão
A	5,102	21,360	Insolvente
B	10,099	16,019	Insolvente
C	37,165	15,237	Solvente
D	69,714	5,627	Solvente
E	65,833	6,301	Solvente

Indicando novamente que a empresa não deve conceder crédito para os clientes A e B.

5.6.5 Agências de classificação de crédito (*ratings*)

As agências de classificação de crédito são empresas especializadas na avaliação do risco de pessoas jurídicas. Através de seus informes, pode-se determinar o risco envolvido na concessão de créditos nas transações comerciais com empresas. Nos mercados desenvolvidos, o trabalho dessas agências encontra-se bastante consolidado. Nos denominados mercados emergentes, o trabalho de classificação encontra-se em fase embrionária, mas já é possível utilizar as informações geradas por essas agências. De maneira geral, as análises produzidas por essas agências são resumidas em classificações que traduzem o nível do risco que será assumido numa transação com uma empresa.

Para fazer uma classificação, uma agência especializada leva em consideração as características do setor, a posição da empresa perante o mercado, a administração e a posição financeira, incluindo aqui a lucratividade, a estrutura de capital, o fluxo de caixa, entre outras. É importante notar que uma agência de classificação de crédito de atuação internacional leva em consideração, ao avaliar uma empresa brasileira, os riscos do país. Significa dizer que geralmente as empresas brasileiras podem ser penalizadas na classificação pelos problemas externos do Brasil.

Uma vez que o resultado do trabalho das agências representa o risco que deverá ser assumido ao fazer transação com uma empresa, uma classificação de crédito adequada deve traduzir em menores taxa de juros. De igual modo, mudanças de classificação poderão representar assumir maior risco, quando houver um rebaixamento na classificação, ou menor risco, quando houver uma melhoria na classificação.

5.7 ANÁLISE MULTIPERÍODO NA CONCESSÃO DE CRÉDITO

Um pedido de crédito será concedido desde que o custo de sua concessão, incluindo-se neste custo a possibilidade do não pagamento, seja inferior ao valor esperado da receita de venda a prazo.

Se um cliente solicita pela primeira vez a concessão de crédito, a probabilidade de efetuar o pagamento é, em condições normais, menor que para um cliente tradicional da empresa. Esta situação faz com que a análise referente à concessão ou não de crédito para um novo cliente deva ser ampliada para mais de um pedido.

Caso o novo cliente efetue pagamento da primeira concessão de crédito, a empresa passa a contar com uma informação valiosa sobre ele. Nesta situação, pode-se afirmar que, provavelmente, a probabilidade de pagamento de um cliente tende a ser maior quando este já tenha obtido e pago, anteriormente, um crédito na empresa.

Assim, na concessão de crédito para um novo cliente deve-se levar em consideração mais de um período sob pena de rejeitar um pedido de crédito de um cliente pontual e, provavelmente, reduzir o faturamento da empresa.

Para mostrar esta situação tome-se um *exemplo* de uma empresa que vende um produto a um preço de $ 5.000 e cujo custo é de $ 3.100. Tomando-se por base somente um único período, a empresa deverá conceder crédito desde que a probabilidade do pagamento seja superior a 62% (= $ 3.100/$ 5.000). Existindo uma probabilidade de somente 3/5, ou 60%, de pagamento para um novo cliente, o crédito seria, a princípio, recusado, dada sua contribuição negativa ao resultado da empresa, ou seja:

Receita de Venda	5.000
Custo de Venda	− 3.100
Probabilidade de não recebimento (40% × 5.000)	− 2.000
= Prejuízo	− 100

Conforme comentado anteriormente, é natural esperar que, se o cliente não efetuou o pagamento, não lhe seja mais concedido crédito. Caso contrário, ou seja, o cliente tenha efetuado o pagamento, a chance de pagamento para um novo crédito deve, a princípio, aumentar.

Assim, em cada nova etapa de solicitação de crédito, se ocorreu o pagamento na etapa anterior, a probabilidade de pagamento seria revista e aumentada. Na situação numérica anterior, suponha que, caso o cliente tenha pago, a probabilidade de pagamento para o novo crédito cresça para 4/6.

Assim, a decisão depende do valor esperado do primeiro e do segundo pedido. Existe 12/30 [= (4/6) × (3/5)] de chance de o cliente pagar no primeiro e segundo pedido; 6/30 [= (3/5) × (2/6)] de pagar na primeira vez e não pagar na segunda; e 12/30 [= 2/5] de não pagar na primeira vez e não ser concedido mais crédito. O valor esperado para este cliente é o seguinte:

Valor Esperado:

$$[12/30 \times (1.900 + 1.900)] + [6/30 \times (1.900 - 3.100)] +$$
$$+ [12/30 \times (- 3.100)] = \$ 40$$

Consoante o afirmado anteriormente, a decisão de crédito que leva em conta somente um único período pode ser errônea. O exemplo acima mostra que considerando-se um único período, o valor esperado é de menos 100 (– 2/5 × 3.100 + 3/5 × 1.900). Analisando, porém, dois períodos, a decisão passa a ser conceder crédito no primeiro instante e, caso o cliente efetue pagamento, conceder novo crédito.

Assim, a decisão de conceder crédito deve ser tomada observando-se infinitos períodos de tempo. Deve ser novamente ressaltado que a análise multiperíodo somente terá sentido lógico se *os parâmetros iniciais sofrerem alguma alteração. Caso contrário, a recusa no primeiro momento implica a recusa nos períodos seguintes.*

O pressuposto básico é que para um novo cliente a empresa terá um risco maior, em virtude do desconhecimento de sua idoneidade ou capacidade de pagamento. À medida que o cliente se torna conhecido, adquirindo, repetidamente, produtos da empresa, acredita-se que a probabilidade de não pagamento diminua.

5.8 CUSTO DA INFORMAÇÃO

Quando um cliente solicita a concessão de crédito a uma empresa, esta tem três possíveis opções: *negar o* pedido, *aceitá-lo ou*, no caso de dúvida, promover uma *investigação* sobre tal cliente. Existem diversas fontes de informações sobre um cliente. Se não for um cliente novo, as compras anteriores são fontes primárias – inestimáveis e baratas – de dados.

Entidades que pesquisam crédito constituem outra fonte importante. Um caso típico destas entidades são os sistemas de consulta de cheque, existentes em muitas cidades brasileiras.

Referências bancárias e comerciais também são fontes de informações que podem ser usadas na concessão de crédito. Elas são geralmente pedidas quando o cliente faz o cadastro para compra a prazo. Deste mesmo cadastro a empresa pode extrair outras informações sobre a capacidade de pagamento através, por exemplo, da análise de balanços.

Financeiramente, no entanto, é importante destacar a relação custo-benefício destas informações. O benefício da informação decorre da redução da probabilidade de rejeitar uma venda com valor presente positivo ou de aceitar uma venda com valor presente negativo.

Na prática, a empresa sempre irá defrontar-se com as três opções apresentadas no início: *negar, aceitar ou investigar* mais. Um exemplo esclarece melhor como ocorre este dilema na administração de uma empresa:

a) se aceitar prontamente o crédito, sem nenhuma investigação, existe 75% de chance de ser um cliente bom;

b) a empresa pode investigar em seus arquivos para verificar se o cliente já adquiriu da empresa no passado. Esta investigação custa $ 10 e suponha que, em geral, 10% sejam clientes novos;

c) cerca de 98% dos clientes antigos devem efetuar o pagamento. Os 2% restantes serão insolventes;

d) com os novos clientes, a empresa pode aceitar de imediato o crédito ou investigar mais detalhadamente. Caso opte por conceder crédito, existe 80% de chance de o cliente efetuar o pagamento;

e) uma investigação mais rigorosa custa $ 80. Esta investigação classifica o cliente em *Bom*, onde existe 90% de receber o pagamento, ou *Regular*, onde este percentual cai para 60%. Em geral, 70% dos novos clientes estarão classificados como *Bom*;

f) preço e custo de fabricação são de $ 1.000 e $ 700, nesta ordem.

Com estas informações pode-se construir uma árvore de decisão, mecanismo que visualiza melhor a decisão a ser tomada. A Figura 5.1 representa a situação proposta.

Pode-se notar que precedendo cada ramo da árvore existem quadrados e círculos: os quadrados são decisões a serem tomadas e os círculos são situações decorrentes destas. Assim, existem duas decisões a serem tomadas: se *aceita* ou *investiga* um pedido de crédito qualquer (número 1 da figura) e o mesmo dilema para um pedido de crédito de um cliente novo (número 5).

Administração de Valores a Receber 157

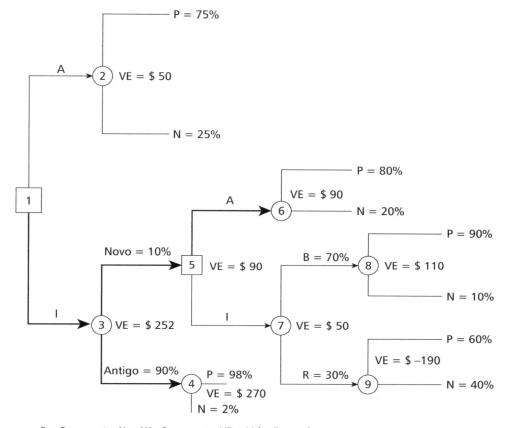

P = Pagamento, N = Não Pagamento, VE = Valor Esperado,
B = Bom, R = Regular, A = Aceita e I = Investiga.
O custo da investigação é $ 10 e $ 80.

Figura 5.1 *Custo da informação – uso da árvore de decisão.*

Considere a situação de uma investigação inicial (item 1). A análise da árvore de decisão deve começar dos "ramos" da árvore. Assim, se o cliente for novo, pode-se aceitar de imediato o crédito ou efetuar uma investigação. Se aceita de imediato, existe 80% de possibilidade de pagamento. Logo, o valor esperado do item 6 é dado por:

Valor Esperado = [0,8 × ($ 1.000 – $ 700)] – [0,2 × $ 700] – $ 10 = $ 90

Caso seja feita uma investigação mais rigorosa, a um custo adicional de $ 80, o cliente novo pode ser classificado como bom ou regular. Se for identificado como bom, o valor esperado é de $ 110 (= 0,9 × $ 300 – 0,1 × $ 700 – $ 90). Na hipótese de ser considerado um cliente regular, o valor esperado será de menos $ 190 (= 0,6 × $ 300 – 0,4 × $ 700 – $ 90), sendo, por este motivo, rejeitado crédito para os clientes novos classificados neste grupo.

Conciliando estes dois resultados, tem-se que, caso seja tomada a decisão de investigar o cliente novo, o valor esperado seria $ 50, ou 0,7 × $ 110 – 0,3 × $ 90. Observe que para os clientes classificados como regular deve ser considerado somente o custo da investigação, uma vez que o crédito seria rejeitado por ter um valor esperado negativo.

A decisão a ser tomada para o cliente novo – investigar ou aceitar de imediato o pedido de crédito – envolve escolher o maior valor esperado. Ou seja, escolher entre o item 7 e o item 6. Como o item 6 é superior, opta-se por aceitar, a princípio, o crédito do cliente novo, sem efetuar uma investigação mais rigorosa.

Este mesmo processo descrito acima é válido para a primeira decisão. A Figura 5.1 mostra que a empresa deve investigar o cliente, no momento 1 e, se for cliente novo, deve aceitar a proposta sem investigação adicional. (A decisão a ser tomada pela empresa está destacada na Figura 5.1.)

O exemplo apresentado mostrou como uma empresa pode decidir investigar mais uma proposta de concessão de crédito, aceitar de imediato ou recusá-la. Esta técnica pode ser alterada para acrescentar mais ramos na árvore, seja sob a forma de outras fontes de investigação – no exemplo acima foram somente duas – ou de classificações menos maniqueístas.

Outro aspecto que pode ser considerado na técnica é o fato de os clientes terem, em geral, prazos divergentes de pagamentos. Assim, um pedido pode também ser considerado sob a forma do tempo médio em que se espera receber o investimento realizado.

A variável tempo, por sinal, não foi propositalmente considerada na situação apresentada para fins de simplificação. Para maior rigor, os valores esperados sempre devem ser calculados em termos de valor presente.

Importa também afirmar que diferentes montantes de venda e diferentes classes de risco levam a árvores de decisão distintas. Suponha, por exemplo, que em lugar de um pedido com uma mercadoria seja feito um pedido com dez mercadorias.

A segunda árvore de decisão (Figura 5.2) apresenta o resultado desta situação. Observe que com o acréscimo no tamanho do pedido o custo relativo da investigação diminuiu. Isto implicou uma decisão diferente da tomada anteriormente. Em lugar de aceitar o cliente novo, no item 5 da árvore, a empresa deve efetuar uma investigação mais rigorosa para qualquer tipo de cliente. (A decisão a ser tomada aparece em destaque na Figura 5.2.)

5.9 VALORES A RECEBER EM INFLAÇÃO

A empresa que vende a prazo em um ambiente inflacionário está sujeita a perdas monetárias, por investir em ativos que não estão protegidos da inflação. Quando o processo inflacionário recrudesce, a empresa pode optar por duas políticas.

A primeira diz respeito à eliminação das vendas a prazo ou à redução do prazo concedido. Neste caso a empresa deixa de financiar o cliente.

A segunda opção é embutir no preço de venda um adicional para fazer face à variação no poder de compra da moeda. Não existe uma solução única para todas as empresas, embora talvez fosse importante, ao escolher a opção, procurar saber as razões pelas quais seus clientes buscam o crédito (ver a introdução deste capítulo).

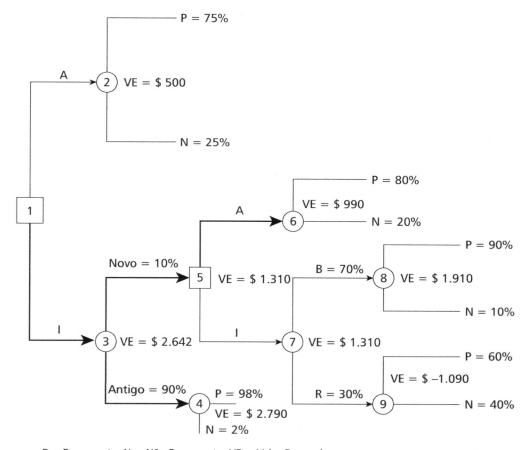

P = Pagamento, N = Não Pagamento, VE = Valor Esperado,
B = Bom, R = Regular, A = Aceita e I = Investiga.

O custo da investigação é $ 10 e $ 80.

Figura 5.2 *Custo da informação – uso da árvore de decisão.*

Em ambientes inflacionários torna-se imprescindível trabalhar com o conceito de valor presente conforme já foi bastante realçado nesta obra. Para mostrar o processo decisório de uma política de crédito em inflação, considere o seguinte caso de uma empresa varejista.

A Empresa Varejo Ltda. é uma pequena empresa que comercializa mais de 3.000 produtos diferentes. Seu gerente encontra-se diante de um dilema: deve manter a venda ou não para funcionários de uma repartição pública?

Este tipo de venda decorre de um convênio assinado entre a Empresa Varejo e a associação destes funcionários, pelo qual a empresa vende a prazo para os conveniados desta associação.

Apesar de as vendas ocorrerem ao longo do mês, somente no dia 25 de cada mês a Varejo entrega a relação dos conveniados que adquiriram produtos. No início do mês seguinte, ao receberem o pagamento, os conveniados têm descontado o valor correspondente às compras feitas no mês.

A associação de funcionários paga a Varejo no dia 15 do mês seguinte, cobrando 3% sobre o valor da compra a título de despesa administrativa. O convênio é, a princípio, vantajoso para todas as partes: ao funcionário permite adquirir produtos e pagar em até 40 dias; para a associação, o convênio aumenta o número de associados; e para a Varejo possibilita aumentar as vendas.

Apesar da existência de inúmeros produtos em estoques, todos eles podem ser classificados em três grupos. O que irá diferenciá-los são a margem obtida e a participação do vendedor na receita apurada.

No primeiro grupo de produto, denominado I, o preço é obtido multiplicando-se o custo de aquisição por 1,42. Neste agrupamento, o vendedor recebe 2% do montante vendido. No grupo de produto seguinte, chamado de II, o preço significa duas vezes o custo de aquisição. Por ter uma rentabilidade maior, os vendedores recebem uma participação de 20% da venda. Finalmente, o grupo III possui um preço correspondente a 1,54 do custo da mercadoria. Neste grupo, a participação nas vendas é também de 2%.

Tradicionalmente, metade da receita mensal da Empresa Varejo é representada pelos produtos do grupo I. Os grupos II e III respondem com 30% e 20% da receita, nesta ordem. Os custos e despesas variáveis são representados basicamente pelo custo do produto e pela participação em sua receita. As informações acima encontram-se resumidas no Quadro 5.5.

Quadro 5.5 *Valores a receber em inflação – exemplo.*

	Grupo I	Grupo II	Grupo III	Total
Receita	50% R	30% R	20% R	100% R
CMV	35,2% R	15% R	13% R	63,2% R
% Vendedor	1% R	6% R	0,4% R	7,4% R
Margem Contribuição	13,8% R	9% R	6,6% R	29,4% R

A análise das vendas revelou que ela ocorre, em média, no dia 9 de cada mês. Seu recebimento, conforme comentado anteriormente, se dá no dia 15 do mês seguinte, significando um prazo médio de recebimento de 36 dias.

Diante de um aumento mais rigoroso na taxa de inflação, o gerente passa a duvidar da validade de continuar efetuando vendas a prazo nas condições estabelecidas para este convênio. Faz-se necessário comparar uma despesa que ocorre no momento da venda com uma receita que será transformada em caixa 36 dias após:

Para responder à dúvida do gerente, basta colocar a valor presente a receita de venda recebida no 36º dia. Se o valor presente for superior ao custo, que representa 70,6% da receita, a Empresa Varejo deve continuar com o convênio. Para uma inflação de 25% ao mês, por exemplo, tem-se os seguintes resultados:

$[(0{,}97\ R)/(1{,}25)^{(36/30)}] = 0{,}742\ R > 0{,}706\ R$

Deste modo, apesar da alta taxa de inflação, a empresa pode continuar vendendo aos associados, uma vez que o valor recebido, em termos de valor presente e à taxa de 25% ao mês de inflação, é superior ao custo.

Existe outra forma de solucionar este problema, através da determinação do nível de inflação em que será vantajoso para a empresa vender a prazo. Ou seja,

$[(0{,}97\ R)/(1 + I)^{(36/30)}] = 0{,}706\ R$

$(0{,}97\ R)/(0{,}706\ R) = (1 + i)^{(36/30)} = 1{,}374$

$i = 30{,}3\%$ a.m.

Uma terceira forma de obter resposta para o gerente é chegar ao prazo máximo de recebimento, para uma inflação de 25% a.m., para que a empresa não tenha uma margem negativa.

$[(0{,}97\ R)/(1{,}25)^{(t/30)}] = 0{,}706\ R$

$1{,}374 = (1{,}25)^{(t/30)}$

$t = 42$ dias

Evidentemente, outras importantes considerações sobre as influências da inflação nas decisões de vendas a prazo poderiam ser estabelecidas. Além do mais, o raciocínio acima não levou em consideração o prazo de pagamento a fornecedores.

De maneira geral, em ambientes inflacionários, a análise de valores a receber deve sempre ser realizada em termos de valor presente, escolhendo-se uma data focal e descontando-se os valores a uma taxa apropriada, exatamente como foi feito no exemplo retrocitado.

5.10 RISCO NA DECISÃO DE CRÉDITO

O risco deve ser levado em consideração na escolha de uma política de crédito. No início do capítulo mostrou-se como uma empresa pode determinar uma melhor política de crédito através da comparação entre a situação atual e uma proposta. Nesse caso, o risco envolvido na decisão era calculado a partir da estimativa do volume de devedores duvidosos, determinada em termos da participação dos créditos que não serão recebidos em relação às vendas a prazo. Essa é uma forma simples de incorporar o fator risco no processo decisório. No entanto, é possível fazer uma análise mais rigorosa sobre o risco envolvido na decisão de crédito.

Em *primeiro lugar*, é preciso considerar que quanto mais diversificada for a política de concessão de crédito, menor será o risco envolvido. Isso é decorrente da teoria em finanças que afirma que a diversificação pode reduzir o risco de investimentos. Uma empresa que centra suas atividades em vendas para pessoas com menor rendimento terá o volume de devedores duvidosos associado à possibilidade de pagamento dessas pessoas. Um período de recessão, que atinge o emprego dessas pessoas, poderá comprometer a posição financeira em virtude da incapacidade de recebimento dos valores a receber. Apesar de a teoria de finanças afirmar que se deve "diversificar para reduzir risco", na prática isso pode ser muito difícil por existir, muitas vezes, conflito entre as decisões financeiras e outras decisões. Para a empresa que atua junto à camada mais pobre da população, a diversificação pode significar a perda do seu foco de atuação mercadológico.

Em *segundo lugar* deve-se conhecer se a lucratividade obtida com a política de crédito é vantajosa em relação ao risco assumido. Uma decisão de afrouxar os padrões de crédito pode ser a princípio bastante interessante, mas pode significar a necessidade de assumir maiores riscos. Existem diversos instrumentos para analisar o risco em valores a receber. A seguir serão demonstradas duas dessas ferramentas.

5.10.1 RAROC

A análise da relação risco e retorno pode ser feita através do retorno sobre o capital ajustado pelo risco (RAROC),[6] originalmente criado para instituições financeiras, mas que pode ser adaptado para empresas com atividades comerciais. Considere, a título de exemplo, que uma empresa tenha um volume de duplicatas a receber de $ 100 mil e deseja ter um capital necessário para cobrir 99% da maior perda possível num determinado ano. Suponha também que a dispersão da política de crédito seja de 20% ao ano. Nesse caso, a pior perda possível será de:

$$20\% \times 2,33 \times \$ 100 \text{ mil} = \$ 47 \text{ mil,}$$

onde o valor 2,33 representa a correspondência de 1% em termos de desvio-padrão numa distribuição normal.[7] O valor de $ 47 mil representa a exigência de capital para sustentar a posição financeira. Caso o lucro da política de crédito seja de $ 10 mil, o retorno sobre o capital ajustado pelo risco (RAROC) será de $ 10/$ 47 = 21%. Uma nova política de crédito está sendo estudada pela empresa e sabe-se que a mesma terá um lucro de $ 14 mil, um risco de 30% e um volume de duplicatas de $ 150 mil. A princípio, quando se compara a taxa de retorno, de 10% (ou $ 10 mil/$ 100 mil) para a política atual *versus* 9,3% (ou $ 14 mil/$ 150 mil), a decisão seria de rejeitar a proposta pois a proposta teria menor retorno e maior risco. Calculando a pior perda possível tem-se:

$$30\% \times 2,33 \times 150 \text{ mil} = \$ 105 \text{ mil}$$

Como *a política* de crédito terá um lucro de $ 14 mil, o RAROC será de 13% ou $ 14/$ 105. Nesse caso, a política proposta é interessante, uma vez que seu retorno, ajustado ao risco, é superior.

No exemplo apresentado considerou-se a determinação do capital necessário para um período de um ano. Essa não seria a posição mais adequada. Em lugar disso talvez fosse interessante trabalhar com a *duration*.

5.10.2 *Duration*

O prazo médio de recebimento é uma das principais medidas de uma política de crédito. De forma geral, quanto maior o prazo, maior o risco assumido pela política de crédito. Quando se analisam duas políticas de crédito, a utilização do valor presente líquido é a mais relevante medida de rentabilidade da decisão a ser

---

[6] JORION, Philippe. *Value at risk*. São Pauto: BMF, 1998, p. 65-80. A sigla RAROC deriva de *Risk--adjusted return on capital*.

[7] A empresa poderá trabalhar com um percentual diferente dos 1% considerados aqui. Maiores percentuais facilitam a verificação do modelo adotado pela empresa.

tomada. Entretanto, as alternativas existentes também devem ser consideradas sob a ótica do risco envolvido. Por existir uma relação entre o prazo de recebimento e o risco, pode-se calcular uma medida auxiliar que mensure o risco.

O *duration* é uma opção que se pode considerar pela empresa quando avalia duas opções. Considere uma empresa que vende um produto de R$ 267 em quatro parcelas de R$ 73,58. Nesse caso, a taxa de juros cobrada é de 4% ao mês. A empresa está estudando aumentar o prazo de pagamento para cinco parcelas de R$ 60, que significa a manutenção da taxa de juros em 4% ao mês. Entretanto, o aumento do prazo de pagamento implica no aumento do risco envolvido na operação de crédito. Nesse caso, o cálculo da *duration* poderá fornecer uma medida de risco e uma medida de sensibilidade da variação das taxas de retomo, sendo um importante instrumento de gestão de risco.

O Quadro 5.6 apresenta o cálculo da *duration* para a situação atual e para situação proposta. Como pode ser notado, utilizando a taxa de juros de 4%, tem-se o mesmo valor presente para ambas as propostas, aproximadamente R$ 267,10. Mesmo com valores iguais, a situação atual possui menor risco pois seu duration é de 2,45 anos contra 2,92 anos.

Quadro 5.6   Duration *para política de crédito.*

	Tempo	Prestação	% Juros	Valor Presente	Tempo × V. Presente	*Duration*
	1	73,58	0,04	70,75	70,75	
	2	73,58	0,04	68,03	136,06	
Atual	3	73,58	0,04	65,41	196,24	
	4	73,58	0,04	62,9	251,59	
	Total	294,32		267,09	654,63	2,45
	1	60	0,04	57,69	57,69	
	2	60	0,04	55,47	110,95	
Proposta	3	60	0,04	53,34	160,02	
	4	60	0,04	51,29	205,15	
	5	60	0,04	49,32	246,58	
	Total	300		267,11	780,39	2,92

Nesse caso, a medida de *duration* mostra que ocorreu um aumento no risco em razão da menor liquidez do volume de valores a receber.

EXERCÍCIOS

Questões

1. Apresente as razões para existência de vendas a prazo.

2. Cite os métodos de análise de política de crédito, apresentando vantagens e desvantagens.

3. Qual a razão pela qual uma análise de crédito não deve ficar restrita a um único período?

4. Como o custo da informação interfere na aceitação ou recusa de uma proposta de crédito?

5. Complete o quadro seguinte:

	Padrões de Crédito		Prazo de Crédito		Descontos Financeiros		Política de Cobrança	
	Frouxo	Restrito	Amplo	Pequeno	Grande	Pequeno	Liberal	Rígida
Vendas								
Desp. Crédito								
Val. a Receber								

6. Além do investimento em valores a receber, quais são outros ativos que serão influenciados por uma alteração na política de crédito da empresa? Por quê?

Problemas

1. Uma empresa,[8] definindo sua política de crédito para o próximo exercício, efetuou as seguintes projeções

   - Vendas: $ 26.000.000,00/mês, sendo 40% recebidos a vista e 60% a prazo.

   - Custos e despesas variáveis referentes a despesas de vendas e administrativas = 45% das vendas totais.

   - Custos e despesas variáveis relativas às despesas gerais de crédito e calculados sobre as vendas a prazo = 8%.

   Dentro dessas condições, a empresa tem normalmente concedido um desconto financeiro de 4% nas vendas realizadas a vista. Paralelamente à elaboração dessas previsões, a direção da empresa vem desenvolvendo estudos sobre os reflexos que uma elevação nos descontos financeiros produziria sobre os resultados. A propos-

---

[8] MARTINS, Eliseu; ASSAF, Alexandre. *Administração financeira.* (Livro de Exercícios) São Paulo: Atlas, 1986. p. 53.

ta em consideração é a de um incremento dos descontos para compras a vista de 4 para 8%. Com isso, espera-se uma ampliação de 5% no total das vendas, passando as vendas a vista a representar 50% dessas receitas. Como reflexo, ainda, espera-se uma redução das despesas gerais variáveis de crédito para 6%. Pede-se:

a) Determinar o lucro marginal resultante da adoção da nova política de crédito.

b) Que decisão você recomendaria para as propostas apresentadas, supondo-se que:

- não haja alteração no investimento em valores a receber;

- a situação proposta requeira $ 800.000 a menos em investimento em valores a receber comparativamente à situação original?

2. CXEB S.A. está pensando em alterar a política de crédito tornando mais rígido o seu padrão de crédito. Em virtude desta mudança, estima-se que as vendas mensais reduzirão de $ 80.000 para $ 70.000. O perfil dessas vendas também será afetado com a nova proposta, reduzindo a parcela de venda a prazo do total das vendas. Atualmente, 60% das vendas realizadas são pagas em dois meses; pela proposta, 60% das vendas serão a vista e o prazo médio deverá reduzir para um mês. A redução no faturamento será acompanhada de um decréscimo nos devedores duvidosos, de 2,5% para 2%. As despesas de cobrança e de crédito deverão manter-se nos atuais $ 5.000,00 ao mês. Os custos variáveis correspondem a 50% do faturamento e o valor dos custos fixos é de $ 20.000,00.

Pede-se:

a. Qual o lucro operacional atual?

b. Qual o lucro operacional marginal?

c. Qual o valor de duplicatas a receber na situação proposta?

d. Qual o impacto da proposta no montante de duplicatas a receber?

e. Qual a necessidade máxima de caixa para a situação proposta?

f. Qual a necessidade marginal de caixa?

g. Qual o valor presente líquido do fluxo de caixa da situação proposta? Utilize uma taxa de 10%. Custos e despesas são desembolsados no mês de competência.

h. A proposta deve ser aceita? Justifique adequadamente.

3. Comtec S.A. está pensando em rever sua política de crédito e fez um estudo sobre o impacto dos novos clientes no volume de devedores duvidosos. Estes clientes não têm tradição de compra na empresa e o índice de inadimplência é bastante elevado. Um levantamento feito no setor de cadastro mostrou que o índice de insolvência diminuía à medida que o cliente tornava-se um freguês mais assíduo da empresa. O resultado deste levantamento é mostrado a seguir:

Número de Compras do Cliente na empresa	Valor da Compra média	Percentagem de Insolventes	Percentagem do Cadastro	Chance de nova compra na empresa
1	27,10	6,4%	10%	75%
2	25,20	3,8%	15%	80%
3	23,50	2,7%	12%	84%
4	27,40	2,3%	11%	87%
5	28,80	1,6%	9%	92%
6	30,90	1,4%	7%	96%
Mais de 7	32,40	1,2%	36%	97%

A primeira coluna da tabela mostra a classificação do cliente pelo número de compras feitas na Comtec; a segunda apresenta o valor médio das compras em $; a terceira coluna indica a quantidade de clientes que são insolventes na empresa. Pode-se notar que o montante de insolventes diminui à medida que o cliente compra de forma mais frequente. A quarta coluna evidencia que 36% dos clientes já efetuaram mais de sete compras da Comtec. A quinta coluna apresenta a chance do cliente de comprar novamente na empresa. Assim, o cliente que comprou uma vez tem 75% de chance de voltar a adquirir mercadorias da Comtec. (É importante destacar que o cliente insolvente não está computado nesta percentagem.)

Sabe-se ainda que o custo do produto representa 85% do valor de venda da empresa.

a) Analise a situação da empresa e determine se deve ser tomada alguma medida preventiva.

b) O processo de concessão de crédito para um cliente novo é diferente daquele para o cliente que já adquiriu mercadorias anteriormente na empresa. Como consequência, as despesas de crédito envolvidas também são mais representativas. Um estudo recente feito na empresa mostrou que a despesa de crédito para um novo cliente é de $ 2,50 contra despesa de $ 1,25 para um cliente já cadastrado. Faça uma análise para esta situação.

c) A empresa utiliza a denominação de *Cliente Diamante* para aquele que compra mais de sete vezes. Qual a chance de um novo cliente ser, no futuro, um cliente diamante?

4. Considere as seguintes informações para a empresa Caldense:

Preço de Venda $ 400/unidade
Custo Variável $ 200/unidade

Caso a empresa decida vender sem qualquer investigação sobre a qualidade do crédito, existe uma chance de 90% de receber as vendas. Uma opção é aplicar análise discriminante para reduzir a quantidade de clientes duvidosos. Isto implica num custo adicional de $ 10 por análise efetuada, e 80% dos clientes terão o seu crédito aceito. Deste total, 4% são devedores duvidosos.

Uma análise adicional pode ser feita com auxílio de um sistema de cadastro, com um custo de $ 40 por consulta. Essa análise, em conjunto com a análise discriminante, reduz a percentagem de devedores duvidosos para 1,5% e 75% terão seus créditos aprovados.

a. Determine a política a ser adotada pela empresa.

b. Considere que os clientes com créditos rejeitados deixem de comprar da empresa. De que forma isto altera a sua resposta?

c. Um estudo do departamento de marketing da empresa mostrou que a existência de um sistema de análise de crédito reduz o volume de venda em 2%. Qual o impacto deste fato na análise efetuada até o momento?

6

ANÁLISE E CONTROLE DE VALORES A RECEBER

O estudo de valores a receber encontra-se neste livro dividido em duas grandes partes. O capítulo anterior centrou-se prioritariamente em seus aspectos decisoriais, enfocando os valores a receber como uma decisão de investimento no contexto da administração financeira. Neste capítulo, serão desenvolvidos os elementos fundamentais para o estabelecimento de uma política de crédito e definidos os critérios de análise de atratividade econômica da decisão.

O presente capítulo é um complemento do anterior, envolvendo aspectos da análise e controle da carteira de valores a receber, além de avaliação do custo de oportunidade e estratégias de vendas a prazo.

O processo de controle constitui-se, em essência, na comparação entre os valores esperados e aqueles efetivamente realizados. Um acompanhamento sistemático dos valores permite que se observem as variações mais relevantes no comportamento da carteira de valores a receber, identificando-se suas origens e repercussões sobre os resultados da empresa.

A análise, por seu lado, promove uma quantificação, em termos econômicos (resultados) e financeiros (liquidez), do desempenho da carteira de valores a receber, indicando seus aspectos positivos e negativos.

6.1 GIRO DOS VALORES A RECEBER

O giro dos valores a receber é obtido principalmente pela relação entre as vendas a prazo da empresa e o montante de valores a receber apurados ao final de um período, isto é:

> Giro dos Valores a Receber = Vendas a Prazo/Valores a Receber

Por exemplo, sendo de $ 820.000 as vendas realizadas a prazo e de $ 328.000 o volume da carteira de duplicatas a receber, apurados ao final de um trimestre, tem-se o seguinte giro dos valores a receber no período:

Giro = $ 820.000/$ 328.000 = 2,5 vezes.

Pelo resultado, conclui-se que as vendas a prazo giraram (foram recebidas) 2,5 vezes no período, indicando um prazo médio de recebimento das vendas de 36 dias (90 dias/2,5).

Uma tendência de crescimento deste índice revela uma consequente redução no prazo do crédito concedido pela empresa. Ao contrário, uma retração no giro dos valores a receber indica maior expansão nos prazos de concessão de crédito.

Em qualquer das situações descritas é importante avaliar as causas e repercussões da evolução apresentada pelo giro sobre os resultados operacionais e posição de liquidez da empresa. Os índices de rotação não devem ser analisados isoladamente, fora do contexto amplo de desempenho da empresa. Uma elevação no giro, por exemplo, apesar de poder sugerir inicialmente um resultado positivo, pode ter sido construída com elevado sacrifício do preço de venda e, consequentemente, da margem de lucro. Por outro lado, um crescimento no prazo de cobrança, em princípio uma indicação gerencial desfavorável, pode ser financeiramente justificado por suas repercussões positivas sobre o volume de vendas ou, ainda, ser lastreado por maiores prazos de pagamento concedidos pelos fornecedores dos produtos vendidos.

Ilustrativamente, admita uma empresa que tenha levantado os seguintes resultados referentes aos quatro últimos semestres:

	1º Sem.	2º Sem.	3º Sem.	4º Sem.
Giro dos Valores a Receber	2,0	2,5	3,0	4,0
Giro dos Valores a Pagar (Fornec.)	2,0	2,2	2,7	3,4
Prazo Médio de Estocagem das Mercadorias	110,0 dias	90,0 dias	70,0 dias	50,0 dias

O comportamento crescente do giro dos valores a receber denota sensível redução nos prazos de recebimento das vendas em cada período, encontrando-se os seguintes valores:

Período	Prazo Médio de Recebimento das Vendas
1º Sem.	180,0/2,0 = 90,0 dias
2º Sem.	180,0/2,5 = 72,0 dias
3º Sem.	180,0/3,0 = 60,0 dias
4º Sem.	180,0/4,0 = 45,0 dias

A evolução semestral decrescente dos prazos de cobrança vem acompanhada, na ilustração apresentada, de progressiva redução do prazo de estocagem das mercadorias.

Em termos principalmente do custo de oportunidade do investimento em estoque e do equilíbrio financeiro da empresa, as variações no giro de valores a receber apresentam repercussão favorável. No entanto, é necessário inserir no processo de análise informações adicionais relativas ao desempenho da margem de lucro das vendas, de maneira a melhor visualizar o acerto da decisão tomada. Pelos valores apresentados, é aparentemente possível relacionar a redução do prazo de cobrança a elevados descontos financeiros oferecidos para condições de pagamento a vista.

Por outro lado, a elevação no giro dos pagamentos aos fornecedores elimina parte da folga financeira adquirida pelo encurtamento dos prazos de crédito. No primeiro semestre, o prazo de pagamento das compras atingiu 90 dias (180,0/2,0), reduzindo-se nos períodos seguintes, respectivamente, para 82 dias (180,0/2,2), 67 dias (180,0/2,7) e 53 dias (180,0/3,4).

6.2 CRÉDITOS DUVIDOSOS E CRONOLOGIA DOS VALORES A RECEBER

Uma medida representativa da participação de créditos com problemas na carteira de valores a receber é o *índice de inadimplência*, calculado para um período qualquer através da seguinte expressão:

Índice de Inadimplência = Devedores Duvidosos/Vendas Totais

O controle dos créditos com problemas processa-se pela avaliação do comportamento apresentado pelo índice ao longo do tempo. Se o indicador ultrapassar determinado nível estabelecido como limite de segurança, deve ser processada uma análise mais pormenorizada destes devedores.

> O comportamento desse índice irá depender de fatores conjunturais. Assim, em momentos de desemprego elevado existirá uma tendência a um aumento no índice de inadimplência. Essa situação exige mais cuidado quando o crédito foi concedido num bom momento da economia.

Um problema inerente ao controle de devedores duvidosos, também aponta-do em Scherr,[1] revela que a inadimplência somente é identificada tempos após as vendas. Uma empresa que vende com prazo de 45 dias, por exemplo, somente irá reconhecer créditos com dificuldades após este intervalo de tempo e, ao calcular o índice de inadimplência, pode ser levada ainda a relacionar os devedores duvidosos com as vendas do mês seguinte, as quais não geraram a inadimplência apurada.

Idealmente, o índice de inadimplência deve ser apurado relacionando-se os devedores duvidosos com as vendas de competência do período que lhe deram origem, e não com as vendas do mês em que foram levantados os problemas nos créditos.

Outra avaliação da qualidade da carteira dos valores a receber pode ser de-senvolvida através da *cronologia* das contas realizáveis, a qual destaca a participa-ção das dívidas em relação a seus vencimentos. Em outras palavras, esta técnica mensura a proporção dos valores vencidos e a vencer em relação ao total da car-teira de realizáveis da empresa, permitindo uma avaliação cronológica dos ativos.

Admita *ilustrativamente* que a posição da carteira de duplicatas a receber de uma empresa ao final do mês de junho de determinado ano seja a seguinte:

Duplicatas	Valor	Participação
A vencer em agosto	$ 615.000	41,0%
A vencer em julho	$ 750.000	50,0%
Total a Vencer:	**$ 1.365.000**	**91,0%**
Vencidas em junho	$ 105.000	7,0%
Vencidas em maio	$ 30.000	2,0%
Total Vencido:	**$ 135.000**	**9,0%**
TOTAL GERAL	**$ 1.500.000**	**100,0%**

Pelos valores do exemplo, observa-se que em junho 91 % da carteira de valo-res a receber da empresa ainda estavam a vencer, esperando realizar 50% em 30

---

[1] SCHERR, Frederick C. *Modern working capital management*. Englewood Cliffs: Prentice Hall. Cap. 5, 1989.

dias (julho) e 41 % em 60 dias (agosto). A composição da carteira revela, ainda, que 9% das duplicatas se encontravam vencidas no final de junho, sendo 2% há mais de um mês.

6.3 VALORES A RECEBER EM DIAS DE VENDAS

Uma medida largamente adotada no controle da carteira de valores a receber é o *DVR – dias de vendas a receber*, que expressa o montante de contas a receber em número de dias de vendas. É calculado de forma seguinte:

$$DVR = \frac{\text{Valores a Receber no Período}}{\text{Vendas do Período/Número de Dias do Período}}$$

Por exemplo, se o DVR de um determinado mês for igual a 18, isto indica que 18 dias das vendas efetuadas pela empresa ainda não foram recebidos, constando da carteira de realizáveis. Ou seja, para o momento considerado, o montante da carteira de valores a receber equivale a 18 dias de vendas.

Ilustrativamente, suponha que as vendas de uma empresa tenham totalizado $ 1,8 milhão em determinado trimestre. O volume de duplicatas a receber ao final deste período atinge $ 740 mil. Logo, o DVR do trimestre atinge:

$$DVR = \frac{\$\ 740.000}{\$\ 1.800.000/90\ \text{dias}} = 37,0\ \text{dias}$$

Este resultado revela que 37 dias das vendas do trimestre ainda não tinham sido recebidas ao final do período, encontrando-se registradas na carteira de valores a receber da empresa.

O DVR pode também ser utilizado como indicador das necessidades de recursos para financiar os investimentos exigidos pelas vendas a prazo. Suponha que no exemplo acima a empresa estime que as vendas do próximo trimestre irão alcançar $ 2,7 milhões. Para este volume de vendas e mantendo o DVR constante, tem-se o seguinte montante de duplicatas a receber ao final do período:

$$\text{Duplicatas a Receber ao Final do Período} = \frac{DVR \times \text{Vendas Totais do Período}}{\text{Número de Dias do Período}}$$

$$\text{Duplicatas a Receber ao Final do Período} = \frac{37 \times \$\ 2.700.000}{90\ \text{dias}} = \$\ 1.110.000,$$

o que representa um investimento adicional a preços de venda de $ 370.000 ($ 1.110.000 – $ 740.000) em duplicatas a receber.

Se o DVR se elevar para 45 dias, o investimento necessário em valores a receber, para um volume de vendas de $ 1.800.000 sobe para $ 900.000 ($ 1.800.000 × 45 ÷ 90) a preços de venda, e assim por diante. Para cada dia de aumento do DVR, tem-se uma necessidade adicional de investimento de $ 20.000 ($ 1.800.000 ÷ 90) em contas a receber.

Esta necessidade de investimento pode também ser apurada a preços médios de custo. Admitindo-se um volume de custos equivalentes a 85% das vendas (margem líquida de lucro = 15%), o investimento médio em valores a receber atinge:

Investimento Total: $ 740.000 × 85% = $ 629.000

Investimento Diário: ($ 740.000 × 85%) / 90 = $ 6.988,90/dia

A partir destes resultados, podem-se determinar os seguintes valores de investimentos exigidos pelas vendas a prazo para diferentes níveis de DVR:

	DVR = 10	DVR = 20	DVR = 30	DVR = 37	DVR = 40
Investimento Necessário a Preço de Custo (médio)	$ 69.888,90	$ 139.777,80	$ 209.666,70	$ 258.588,90	$ 279.555,60

Para um DVR de 37 dias, se a empresa elevar em 20% suas vendas a prazo, seu investimento médio a preço de custo passa para o total de $ 754.800 ($ 629.000 × 1,20), determinando um investimento médio diário de $ 8.386,70 ($ 754.800/90) nas contas a receber.

Pelos resultados, têm-se os seguintes reflexos sobre o fluxo de caixa da empresa:

Investimento em Valores a Receber:

(8.386,70 – 6.988,90) $ 1.397,80/dia

Variação nas Vendas a Prazo a Preço de Venda:

($ 1.800.000 × 20%)/90 = $ 4.000

Lucro Adicional: 15% × $ 4.000 $ 600,00/dia

Contribuição ao Fluxo de Caixa: $ 797,80/dia

A elevação de 20% nas vendas a prazo proporciona uma contribuição negativa ao caixa, expressa em valores médios diários, de $ 797,80. Em verdade, este é o montante das necessidades adicionais de recursos da empresa visando financiar o aumento no volume de atividade.

Apesar de estes resultados não se apresentarem de forma tão rigorosa como a técnica do fluxo de caixa desenvolvida anteriormente, o uso do DVR nestas condições costuma apresentar resultados bastante aceitáveis, além de permitir maior agilidade nos cálculos envolvendo o controle e avaliação dos valores a receber.

6.4 CRONOLOGIA DOS VALORES A RECEBER E O DVR

Enquanto o DVR permite controlar o volume de vendas a prazo que permanece pendente de pagamento, a técnica da cronologia complementarmente permite que se mensure a proporção das contas vencidas e a vencer que fazem parte da carteira de valores a receber.

Com o intuito de analisar os resultados de uma carteira de valores a receber através do DVR e da série cronológica dos realizáveis, também conhecido por *aging*, admita as seguintes informações fornecidas por uma empresa e relativas ao primeiro semestre de certo exercício:

$$
\text{a. } \textit{Padrão de vendas} \left\{ \begin{array}{l} \text{A vista} = 30\% \\ \text{Em 30 dias} = 50\% \\ \text{Em 60 dias} = 20\% \end{array} \right.
$$

b. *Volume de vendas* $ 800/mensais

A partir desses dados, é elaborado o seguinte quadro de controle mensal dos valores a receber:

Mês	Jan.	Fev.	Mar.	Abr.	Maio	Jun.
Vendas Totais	$ 800	$ 800	$ 800	$ 800	$ 800	$ 800
Valores a Receber:						
No 1º mês	$ 560	$ 560	$ 560	$ 560	$ 560	$ 560
No 2º mês		$ 160	$ 160	$ 160	$ 160	$ 160
TOTAL	$ 560	$ 720	$ 720	$ 720	$ 720	$ 720
DVR ($ 720/$ 800) × 30	–	27,0	27,0	27,0	27,0	27,0
AGING: No 1º mês ($ 560/$ 720)	–	77,8%	77,8%	77,8%	77,8%	77,8%
AGING: No 2º mês ($ 160/$ 720)	–	22,2%	22,2%	22,2%	22,2%	22,2%

Admitindo um padrão de cobrança e volume de vendas inalterado ao longo de todo o período, as medidas do DVR e do *aging* permanecem constantes no mesmo intervalo de tempo, sinalizando idêntico comportamento dos valores a receber. Mensalmente, a empresa mantém o equivalente a 27 dias de suas vendas em valores realizáveis, apresentando uma cronologia de recebimento de valores de 77,8% no primeiro mês e de 22,2% no mês subsequente.

Ao considerar, por outro lado, oscilações nas vendas da empresa, o DVR é mais corretamente calculado relacionando-se os valores a receber com as vendas do mês que lhes deram origem, e não com as vendas do mês em que se estão procedendo os cálculos.

Esta recomendação técnica é bastante observada no cálculo do índice de inadimplência, permitindo que se mantenham as medidas de controle sinalizando para uma mesma tendência de movimentação dos valores.

Admita no exemplo ilustrativo desenvolvido acima que a empresa mantenha no segundo semestre o mesmo padrão de venda. No entanto, ocorreram variações nos volumes mensais de vendas, atingindo os seguintes valores:

Julho:	$ 600	Outubro:	$ 900
Agosto:	$ 400	Novembro:	$ 1.000
Setembro:	$ 700	Dezembro:	$ 1.200

O quadro sugerido de controle mensal das contas a receber apresenta-se da forma seguinte:

Mês	Jul.	Ago.	Set.	Out.	Nov.	Dez.
Vendas Mensais	$ 600	$ 400	$ 700	$ 900	$ 1.000	$ 1.200
Valores a Receber:						
No 1º mês	$ 420	$ 280	$ 490	$ 630	$ 700	$ 840
No 2º mês	$ 160*	$ 120	$ 80	$ 140	$ 180	$ 200
TOTAL:	**$ 580**	**$ 400**	**$ 570**	**$ 770**	**$ 800**	**$ 1.040**
DVR – Vendas Mês de Cálculo	29,0	30,0	24,4	25,7	26,4	26,0
DVR – Vendas Médias de 2 Meses	24,9	24,0	31,1	28,9	27,8	28,4
DVR – Vendas Mês de Origem:						
1º Mês	21,0	21,0	21,0	21,0	21,0	21,0
2º Mês	6,0	6,0	6,0	6,0	6,0	6,0
DVR TOTAL:	**27,0**	**27,0**	**27,0**	**27,0**	**27,0**	**27,0**
AGING no 1º Mês	72,4%	70,0%	86,0%	81,8%	79,5%	80,8%
AGING no 2ª Mês	27,6%	30,0%	14,0%	18,2%	20,5%	19,2%

* $ 160 referem-se às vendas de junho recebíveis em julho (20% × 800).

O *DVR – Vendas Mês de Cálculo* relaciona o total acumulado dos valores a receber com as vendas médias diárias do próprio mês. Por exemplo, para o mês de *setembro, o* valor do DVR segundo este critério é calculado:

$$DVR = \frac{\$\ 570}{\$\ 700/30} = 24,4 \text{ dias}$$

Para os demais meses, a apuração do DVR segue a mesma sistemática.

Parte das vendas consideradas na expressão de cálculo não apresenta relação com os valores a receber. No mês, dos $ 570 acumulados em contas a receber, $ 490 são provenientes das vendas do próprio mês e $ 80 de agosto.

O *DVR – Vendas Médias de 2 Meses* segue a mesma metodologia de cálculo anterior, somente considerando o valor médio das vendas em substituição a seu valor específico do mês. Assim, ilustrativamente para o mês de *setembro*, a apuração do DVR é processada a partir da seguinte fórmula:

$$DVR = \frac{\$\ 570}{(\$\ 400 + \$\ 700)/60} = 31,1$$

repetindo-se o critério de cálculo para os demais períodos.

O *DVR – Vendas Mês de Origem* leva em conta rigorosamente as vendas que originaram os valores a receber acumulados em cada mês. Para o mês de *setembro*, tem-se o seguinte cálculo:

$$DVR\ (1º\ Mês) = \frac{\$\ 490}{\$\ 700/30} = 21,0\ dias$$

$$DVR\ (2º\ Mês) = \frac{\$\ 80}{\$\ 400/30} = 6,0\ dias$$

e assim por diante.

Observe que ao se trabalhar com o DVR apurado exclusivamente pelas vendas de cada mês, ou pelas médias de dois ou mais meses, os resultados apurados não refletem a realidade das movimentações dos valores a receber. Comparando-se com as medidas de cronologia apuradas (*aging*), os resultados apresentam-se conflitantes.

Em verdade, não se alterando o padrão de crédito das vendas, o valor do DVR não deveria também se alterar. Esta estabilidade no indicador somente é obtida na apuração do DVR para cada vencimento, relacionando-se os valores a receber diretamente com as vendas que os determinaram.[2] Aplicando-se este critério, o DVR mantém-se inalterado em 27,0 dias para o mesmo padrão de venda definido no exemplo ilustrativo.

As oscilações no *aging* deveram-se, evidentemente, às variações ocorridas nas vendas da empresa em cada um dos meses considerados, acompanhando os índices de valores a receber/vendas as movimentações cíclicas ocorridas nas vendas.

---

[2] Este critério de cálculo do DVR é também apresentado em: SCHERR, Frederick C. Op. cit. Cap. 7.

> Mais recentemente, grandes empresas estão evidenciando em notas explicativas o comportamento da cronologia. Isso permite a comparação do desempenho da empresa com as companhias de grande porte do seu setor.

6.5 CAUSAS DAS MOVIMENTAÇÕES NA CARTEIRA DE VALORES A RECEBER

O volume de valores a receber sofre variações no decorrer do tempo explicadas basicamente a partir das:

a) variações nas vendas motivadas tanto pelos preços como pelas quantidades vendidas;

b) alterações no padrão de pagamento dos clientes, sejam elas definidas pela política de crédito da empresa ou provenientes de maior morosidade (atraso) nos pagamentos.

Uma avaliação temporal pelo DVR ou *aging* da carteira de valores a receber pode revelar oscilações em seu montante de um período para outro, sem contudo melhor esclarecer as causas efetivas dessas variações. Uma elevação do DVR, por exemplo, indica maior nível de investimento em contas a receber, mas a medida não é capaz de esclarecer se a movimentação foi devida a alterações no volume de vendas ou na prática de pagamento dos clientes, ou a ambas as causas.

Ilustrativamente, admita o caso de uma companhia que, pelas características de sua atividade comercial, trabalha com um alto volume de vendas a prazo. A evolução de sua carteira de valores a receber constitui-se em sua principal preocupação no momento, principalmente diante do acentuado crescimento demonstrado nos últimos seis meses.

Quadro 6.1 *Variações na carteira de valores a receber.*

Mês	(1) Vendas do Mês ($)	(2) Duplicatas a Receber no Mês ($)	(3) Evolução das Duplicatas a Receber ($)	(4) DVR	Variações Devido a:	
					Vendas ($)	Cobranças ($)
1	1.080.000	592.000	–	16,4	–	–
2	1.160.000	860.000	268.000	22,2	43.851,90	224.148,10
3	1.270.000	780.000	(80.000)	18,4	81.551,70	(161.551,70)
4	1.090.000	990.000	210.000	27,2	(110.551,20)	320.551,20
5	1.000.000	720.000	(270.000)	21,6	(81.743,10)	(188.256,90)
6	1.150.000	1.060.000	340.000	27,7	108.000	232.000

As três primeiras colunas do Quadro 6.1 ilustram a evolução mensal das vendas e a carteira de valores a receber da empresa referentes ao último semestre, onde todos os valores encontram-se expressos em moeda de poder aquisitivo constante.

Pelos dados do Quadro 6.1, é predominante o crescimento das contas a receber, apresentando uma evolução bastante acentuada, principalmente em relação ao comportamento das vendas.

Conforme foi discutido, as variações nos valores a receber não podem ser explicadas unicamente pelo índice de *Dias de Vendas a Receber – DVR*. É necessário que se isolem, através de alguns ajustes nas formulações, as causas das oscilações verificadas nos valores.

Observe na coluna (4) que o DVR acompanha a evolução das duplicatas a receber acumuladas em cada um dos meses, revelando crescimento ou redução do investimento expresso em dias de vendas. O indicador ignora, contudo, as causas determinantes do comportamento verificado.

As variações nos valores a receber determinadas pelas vendas são obtidas pelo crescimento monetário verificado nas vendas médias diárias de um período para outro, multiplicando este resultado pelo DVR do período anterior.

De maneira genérica, tem-se a seguinte formulação:

$$\text{Variações nas Vendas} = \left[\left(\begin{array}{c} \text{Vendas} \\ \text{Diárias do} \\ \text{Período} \end{array} \right) - \left(\begin{array}{c} \text{Vendas Diárias} \\ \text{do Período} \\ \text{Anterior} \end{array} \right) \right] \times \left(\begin{array}{c} \text{DVR do} \\ \text{Período} \\ \text{Anterior} \end{array} \right)$$

Por outro lado, a participação de alterações na forma de pagamento sobre os valores a receber é mensurada pela diferença entre o DVR de um período em relação a seu anterior multiplicada pelas vendas médias diárias do período, ou seja:

$$\begin{array}{c} \text{Variações na} \\ \text{Cobrança} \end{array} = \left[\left(\begin{array}{c} \text{DVR do} \\ \text{Período} \end{array}\right) - \left(\begin{array}{c} \text{DVR do} \\ \text{Período Anterior} \end{array}\right)\right] \times \left(\begin{array}{c} \text{Vendas Diárias} \\ \text{do Período} \end{array}\right)$$

Aplicando-se estas expressões no exemplo ilustrativo, obtêm-se os seguintes resultados, posteriormente transportados ao Quadro 6.1.

* Variações Devido às Vendas:

Mês 2	$\left(\dfrac{1.160.000}{30} - \dfrac{1.080.000}{30}\right) \times \left(\dfrac{592.000}{1.080.000 / 30}\right) = \$ 43.851,90$
Mês 3	$\left(\dfrac{1.270.000}{30} - \dfrac{1.160.000}{30}\right) \times \left(\dfrac{860.000}{1.160.000 / 30}\right) = \$ 81.551,70$
Mês 4	$\left(\dfrac{1.090.000}{30} - \dfrac{1.270.000}{30}\right) \times \left(\dfrac{780.000}{1.270.000 / 30}\right) = (\$ 110.551,20)$
Mês 5	$\left(\dfrac{1.000.000}{30} - \dfrac{1.090.000}{30}\right) \times \left(\dfrac{990.000}{1.090.000 / 30}\right) = (\$ 81.743,10)$
Mês 6	$\left(\dfrac{1.150.000}{30} - \dfrac{1.000.000}{30}\right) \times \left(\dfrac{720.000}{1.000.000 / 30}\right) = \$ 108.000,00$

* Variações Devido à Cobrança:

Mês 2	$\left(\dfrac{860.000}{1.160.000 / 30} - \dfrac{592.000}{1.080.000 / 30}\right) \times \left(\dfrac{1.060.000}{30}\right) = \$ 224.148,10$
Mês 3	$\left(\dfrac{780.000}{1.270.000 / 30} - \dfrac{860.000}{1.160.000 / 30}\right) \times \left(\dfrac{1.270.000}{30}\right) = (\$ 161.551,70)$
Mês 4	$\left(\dfrac{990.000}{1.090.000 / 30} - \dfrac{780.000}{1.270.000 / 30}\right) \times \left(\dfrac{1.090.000}{30}\right) = \$ 320.551,20$
Mês 5	$\left(\dfrac{720.000}{1.100.000 / 30} - \dfrac{990.000}{1.090.000 / 30}\right) \times \left(\dfrac{1.000.000}{30}\right) = (\$ 188.256,90)$
Mês 6	$\left(\dfrac{1.060.000}{1.150.000 / 30} - \dfrac{720.000}{1.000.000 / 30}\right) \times \left(\dfrac{1.050.000}{30}\right) = \$ 232.000,00$

Reportando-se ao Quadro 6.1, podem-se agora avaliar mais detalhadamente as causas que determinaram as oscilações na carteira de valores a receber.

No *mês 2*, o crescimento de $ 268.000 nas contas a receber é explicado pelo aumento das vendas ($ 43.851,90) e por maior demora no recebimento de clientes. Evidentemente, se o padrão de pagamento dos clientes não tivesse sofrido alterações no mês 2, a variação acumulada na carteira de duplicatas a receber teria sido de somente $ 43.851,90 e determinada exclusivamente pelo crescimento das vendas.

No *mês 3*, a situação alterou-se bastante com relação à cobrança das duplicatas. O prazo de recebimento foi sensivelmente reduzido em relação ao mês anterior, promovendo com isso variação negativa no volume de valores a receber ($ 161.552,70). A evolução das vendas no mês, por seu lado, elevou o investimento em $ 81.552,70, o que determinou uma involução líquida de $ 80.000.

No *mês 4*, a situação se deteriorou, verificando-se ao mesmo tempo redução nas vendas e maior morosidade no recebimento das vendas a prazo. Em verdade, o crescimento da carteira de duplicatas a receber de $ 210.000 no mês 4 foi motivado principalmente pela mudança do padrão de cobrança, já que as vendas sofreram redução no período.

No *mês 5*, a carteira de duplicatas a receber diminuiu em $ 270.000, sendo $ 81.743 originados de redução das vendas e $ 188.257 de cobranças mais rápidas.

O *mês 6* revela a maior expansão no montante de valores a receber, justificado pelo aumento das vendas a prazo e dilatação dos prazos de cobrança.

A identificação das causas determinantes das variações no saldo do realizável é indispensável para um melhor controle do desempenho destas contas e do volume de investimento demandado. A avaliação do semestre demonstrou alterações na qualidade das cobranças, promovendo em diversos meses um ingresso mais moroso de recursos ao caixa da empresa. Parte considerável do investimento em valores a receber nestes períodos é consequência, conforme demonstra a análise, de ampliação nos prazos de pagamento, determinando maior pressão sobre a liquidez da empresa e custos mais elevados pela maior necessidade de financiamento.

Os critérios apresentados podem evidentemente ser ajustados de maneira a melhor refletir as características operacionais de cada empresa e atender aos diferentes objetivos da avaliação.

Por exemplo, algumas empresas preferem avaliar o desempenho do saldo de uma carteira de valores a receber a partir da construção de período-padrão, definido para um mês, trimestre etc, ao invés de avaliar a evolução mensal conforme foi adotado no exemplo ilustrativo. Assim, respeitada a sazonalidade de suas vendas, a direção estabelece valores de venda e do saldo de contas a receber típicos de cada período definido. Os resultados efetivamente apurados no exercício seriam,

182 Administração do Capital de Giro • Assaf Neto / Tibúrcio Silva

então, comparados com o padrão estabelecido para cada período, seguindo-se a metodologia de cálculo exposta no exemplo ilustrativo desenvolvido.

6.6 VALORES A RECEBER E INFLAÇÃO

Em ambientes com inflação, os valores a receber provocam perdas motivadas pela redução da capacidade de compra do dinheiro.

Em verdade, o dinheiro de uma venda a prazo consegue adquirir menos bens e serviços na data de seu vencimento (recebimento) do que no momento da venda. E é esta diferença na capacidade de compra que representa a perda inflacionária, estando sujeitos todos os ativos monetários (caixa, duplicatas a receber etc.).

Ao manter, ilustrativamente, $ 100 guardados numa situação de inflação, ao final do mês tem-se nominalmente os mesmos $ 100 iniciais, somente que com capacidade aquisitiva reduzida. O poder de compra do dinheiro é menor ao final do mês do que no início.

Admitindo-se em 20% a taxa de inflação de um período, para que o dinheiro mantenha inalterado seu poder de compra inicial, deve sofrer uma correção igual a $ 20 (20%), acumulando ao final do período um montante de $ 120.

Assim, ao não proceder à correção monetária, de 20%, idêntica à taxa considerada de inflação, a perda inflacionária é medida pela diferença entre o valor corrigido e o valor sem correção, ou seja:

Perda Inflacionária = $ 120 – $ 100 = $ 20

ou aplicando-se diretamente os 20% sobre o valor inicial: 20% × $ 100 = $ 20

Observe que os $ 100 iniciais somente podem adquirir 83,33% ($ 100/$ 120) ao final do período do que compravam no início, quando os preços gerais da economia subiram 20%. Logo, em termos percentuais, o poder aquisitivo reduziu-se em 16,67% para uma elevação nos preços de 20%.

Algebricamente, a variação da capacidade de compra pode ser mensurada da forma seguinte:

$$\text{Variação do Poder Aquisitivo} = INF / (1 + INF),$$

sendo INF a taxa unitária da inflação no período.

Aplicando-se a expressão na situação ilustrativa de 20% de inflação no período, apura-se a seguinte variação no poder de compra da moeda: 0,20/(1 + 0,20) = 16,67%, a qual promove uma perda monetária de: 16,67% x $ 120 = $ 20.

Desta maneira, a perda determinada pela inflação na carteira de valores a receber é definida pela variação do poder aquisitivo da moeda, ou seja, pela variação em sua capacidade de compra.

Por outro lado, se os $ 100 originais tivessem sido aplicados em algum fundo de poupança e produzido um resgate de $ 125 ao final do período, ter-se-ia um resultado de $ 25.

Este resultado, no entanto, é nominal, não representando totalmente um lucro genuíno. Parte dele é correção monetária do principal, que não representa efetivamente receita; e outra parte, que excede a correção monetária, é que pode ser considerada genuinamente lucro. Ou seja, o conceito de lucro é mais bem compreendido como o valor monetário que pode ser utilizado (gasto) sem que se reduza o volume da riqueza inicial.

Logo:

Valor de Resgate da Aplicação	$ 125
Valor da Aplicação	(100)
Lucro Nominal:	$ 25
Perda Inflacionária	(20)
Lucro Real:	$ 5

Para avaliação e controle de seus resultados, a carteira de valores a receber deve ainda ter seus valores expressos em moeda de mesma capacidade de compra.

Por exemplo, admita uma carteira de valores a receber, levantada ao final do mês de abril de 19X4, com as seguintes características:

Valor a Receber	Data da Venda	Data de Recebimento	Prazo de Cobrança
$ 138.000	19-04	24-05	35 dias
$ 240.000	05-04	03-05	28 dias
$ 75.000	12-04	22-05	40 dias
$ 420.000	22-04	07-05	15 dias
Valor Nominal: $ 873.000			

Para uma taxa diária de inflação de 0,4953%, o valor da carteira atualizado monetariamente para fim de abril atinge o seguinte montante:

Valores a Receber Atualizados para 30-4 $=$

$$= \frac{138.000}{(1,004953)^{24}} + \frac{240.000}{(1,004953)^{3}} + \frac{75.000}{(1,004953)^{22}} + \frac{420.000}{(1,004953)^{7}}$$

$$= 122.569 + 236.469 + 67.275 + 405.722$$

$$= \underline{\$\ 832.035}$$

Este resultado é o valor presente para 30 de abril de cada uma das transações a prazo realizadas e vencíveis em datas posteriores ao final do mês.

O valor efetivo de recebimento ao final do mês é de $ 832.035, e não o registrado nominalmente no total da carteira. A diferença entre o valor nominal ($ 873.000) e o valor atualizado ($ 832.035), que atinge $ 40.964, representa o desconto inflacionário (perda) da carteira medida pela taxa de inflação verificada entre 30 de abril e a data de vencimento de cada título.

Por outro lado, as perdas inflacionárias totais da carteira de valores a receber verificadas em abril e maio, para uma taxa considerada de 0,4953% ao dia, podem ser mensuradas da maneira seguinte:

(1)	(2)	(3) = (1) – (2)	(4)	(5) = (2) – (4)	(6) = (3) + (5)
Valores a Receber Nominal ($)	Valores a Receber Atualizados para Fim de Mês 30-4 ($)	Perdas Inflacionárias de Maio ($)	Valores a Receber Atualizados para a Data da Venda ($)	Perdas Inflacionárias em Abril ($)	Perdas Totais ($)
138.000	122.569	15.431	$122.569/1,004953)^{11} =$ 116.085	6.484	21.915
240.000	236.469	3.531	$236.469/(1,004953)^{25} =$ 208.992	27.476	31.007
75.000	67.275	7.725	$67.275/(1,004953)^{3} =$ 61.550	5.725	13.450
420.000	405.722	14.277	$405.722/(1,004953)^{8} =$ 389.998	15.724	30.001
873.000	832.035	40.964	776.625	55.409	96.373

Para que mantenha o poder de compra do resultado da venda a prazo, a empresa deve levar em conta o custo inflacionário esperado na formação do preço de venda, de maneira que o valor presente das vendas a receber reflita o preço para pagamento a vista.

Calculando no preço de venda a prazo um percentual menor que a inflação verificada, a empresa apura perda de substância em seu resultado, diminuindo efetivamente o valor da carteira. Ao contrário, reajustando seus preços acima da taxa de correção de seus custos, produz-se na transação uma receita financeira real, sendo este rendimento transferido ao resultado do período.

6.7 GESTÃO DE RISCO DE CRÉDITO

O controle de valores a receber envolve a criação de mecanismos que permitam a redução das perdas potenciais da empresa com a venda a prazo. A necessidade desses controles revela, na verdade, que o processo de concessão de crédito não foi eficiente no sentido de impedir a venda para clientes problemáticos. Melhorias no processo decisório da concessão de crédito, conforme mostrado no Capítulo 5, permitem um volume menor que créditos com liquidação duvidosa.

Entretanto, é forçoso reconhecer que mesmo uma melhoria no controle não impede a existência de risco de crédito. Esse risco pode ser reduzido por meio do uso de metodologias de gestão do risco de crédito, no qual a cronologia de valores a receber ou do DVR é etapa preliminar.

Outros instrumentos podem ser utilizados visando ao acompanhamento do risco da carteira de crédito da empresa e da probabilidade do não pagamento por parte do cliente. Uma abordagem clássica para esse acompanhamento do risco da carteira decorre do estudo da chance de um cliente de boa qualidade transformar-se num cliente inadequado. Exemplo dessa metodologia será apresentado a seguir.

6.7.1 Estudo da transição do risco de crédito[3]

Considere uma empresa que possua em sua carteira de devedores 23 clientes. A posição de cada cliente para o final de novembro e dezembro de determinado ano é apresentada no Quadro 6.2.

---

[3] CYERT, R. M.; THOMPSON, G. L. Selecting a portfolio of credit risks by Markow Chains in SMITH, Keith; GALLINGER, George. *Readings on short-term financial management.* St. Paul: West, 1988.

Quadro 6.2 *Carteira de duplicatas a receber – exemplo (valores em $ 000).*

Cliente	Duplicatas em 30/11			Duplicatas em 31/12		
	Venda em Novembro	Venda em Outubro	Idade (mês)	Vendas em Dezembro	Venda em Novembro	Idade (mês)
A				$ 80		1
B	$ 92		1			
C		$ 79	2	$ 82		1
D		$ 97	2			
E				$ 70		1
F	$ 85	$ 50	2		$ 85	2
G			1	$ 71	$ 52	2
H				$ 68		1
I		$ 69	2			Insolvente
J	$ 72	$ 66	2	$ 69	$ 72	2
L	$ 91	$ 88	2	$ 67	$ 81	2
M		$ 82	2	$ 88		1
N	$ 99		1			
O	$ 68		1	$ 88		1
P				$ 60		1
Q	$ 80	$ 52	2			
R	$ 47		1	$ 55		1
S		$ 77	2			
T	$ 46		1		$ 46	2
U		$ 71	2	$ 59		1
V	$ 63		1	$ 95		1
X	$ 92		1			
Z	$ 52	$ 91	2	$ 63	$ 52	2

Considere, por exemplo, o cliente *A* da empresa em questão. Pela posição do dia 30 de novembro não existiam quaisquer duplicatas em nome deste cliente na empresa. Já no mês seguinte, existia um crédito de $ 80.000 referente à compra efetuada e não paga até o dia 31 de dezembro.

O cliente *B* apresenta uma situação distinta. No final de novembro, constava um total de duplicatas no valor de $ 92.000 referente à venda efetuada no mês. Entretanto, no final de dezembro inexistia qualquer dívida deste cliente com a empresa, o que significa que a duplicata foi efetivamente paga neste mês.

O cliente *C* possuía, em 30 de novembro, dívida decorrente de venda efetuada no mês anterior, no valor de $ 79.000. Esta dívida foi saldada no último mês do ano e o cliente efetuou novas compras a prazo que geraram uma posição de duplicatas, em 31 de dezembro, de $ 82.000.

Existem duas outras situações no quadro cujos comentários são relevantes. A primeira refere-se ao cliente *I*, que no dia 30 de novembro ainda tinha uma duplicata, no valor de $ 69.000, referente a uma compra do mês de outubro. No mês seguinte, este cliente ainda não tinha efetuado pagamento e, deste modo, foi classificado, pela empresa, como insolvente.

O cliente *L* tinha no final do mês de novembro uma posição de $ 179.000 em duplicatas a pagar. No mês seguinte, este cliente efetuou pagamento integral das duplicatas referente a outubro, no valor de $ 88.000, e parcial das duplicatas de novembro. Com efeito, comparando a primeira coluna do quadro com a quinta, nota-se uma redução de $ 10.000 no valor das duplicatas de novembro.

O Quadro 6.2 também agrupa os clientes, para o último dia de novembro e de dezembro, segundo a idade das duplicatas existentes em carteira, prevalecendo sempre a idade da duplicata mais antiga.

Assim, a empresa possuía, em 30 de novembro, oito clientes com duplicatas com idade de um mês – grupo um – e onze com idade de dois meses – grupo dois. Para o grupo um o valor das duplicatas correspondia a $ 559.000; para o grupo dois, o valor das duplicatas atingia $ 1.202.000, perfazendo, assim, um total de $ 1.761.000 em valores a receber em carteira nesta data.

Em 31 de dezembro, eram dez os clientes do grupo um, representando um montante de $ 745.000; já os clientes com duplicatas com idade de dois meses – grupo dois – eram em número de seis, com um valor de $ 658.000, totalizando $ 1.403.000 de duplicatas a receber em carteira no final do ano.

O estudo comparativo da carteira de duplicatas a receber da empresa, entre as duas datas, pode revelar importantes informações sobre as características da política de crédito e o comportamento de seus clientes. Interessa saber quando uma duplicata, referente a uma compra atual, será paga. Em outras palavras, procura-se descobrir se existe um padrão de comportamento no que diz respeito à transição ocorrida com os valores a receber ao longo do tempo.

Logo, dos clientes classificados no grupo um, no dia 30 de novembro, com duplicatas que totalizam $ 559.000, alguns foram classificados no grupo dos clientes sem dívidas para com a empresa em dezembro (os clientes X, N e B, com um total de $ 283.000 de duplicatas), outros ainda permanecem classificados neste grupo (clientes O, R e V com $ 178.000 de duplicatas) e o restante (clientes T e G) estão classificados no grupo dois.

Já dos clientes do grupo dois, com valores a receber de $ 1.202.000 no final de novembro, uma parcela quitou suas dívidas sem contrair novos créditos (clientes D, Q e S, representando $ 306.000 em valores a receber), outra parcela pagou suas duplicatas e obteve novos créditos (clientes C, M e U com valores de

$ 232.000), outro grupo pagou parcialmente suas dívidas (clientes F, J, L e Z, o que representa valores de $ 595.000 em duplicatas) e um cliente não pagou uma dívida (cliente I).

Esta análise enfatizou a situação do cliente no dia 30 de novembro em face de sua posição um mês após e encontra-se resumida no Quadro 6.3, denominado *Quadro de Transição*. Esta denominação decorre da preocupação em evidenciar a relação entre "aonde estava" *versus* "onde se encontra" um cliente.

Quadro 6.3   *Quadro de transição – exemplo – em $ 000.*

Situação em 30/11	Situação em 31/12 Grupo 0	Situação em 31/12 Grupo 3	Situação em 31/12 Grupo 1	Situação em 31/12 Grupo 2	TOTAL
Grupo 0 em %	100	0	0	0	100
Grupo 3 em %	0	100	0	0	100
Grupo 1 em $	283	0	178	98	559
Grupo 1 em %	50,63	0	31,84	17,53	100
Grupo 2 em $	306	69	232	595	1.202
Grupo 2 em %	25,46	5,74	19,30	49,50	100

Além destas informações, foi acrescentada ao quadro a transição do grupo zero – clientes que não estão na carteira de duplicatas a receber da empresa em 30 de novembro – e do grupo três – clientes insolventes.

Este quadro pode ser transformado numa matriz, denominada matriz de transição (T):

$$T = \begin{vmatrix} 1 & 0 & 0 & 0 \\ 0 & 1 & 0 & 0 \\ 0,5063 & 0 & 0,3184 & 0,1753 \\ 0,2546 & 0,0574 & 0,1930 & 0,4950 \end{vmatrix}$$

(Não faz parte do escopo deste livro o desenvolvimento matemático de cálculos matriciais. O uso que se faz destas técnicas quantitativas tem por finalidade demonstrar suas importantes aplicações na área financeira das empresas, notadamente no estudo da política de crédito. Planilhas possuem funções que possibilitam multiplicações rápidas e eficientes entre matrizes.)

A matriz T, obtida, apresenta outras importantes informações sobre a política de crédito da empresa. Para isto se faz necessário desmembrar esta matriz em quatro outras matrizes menores:

$$I = \begin{vmatrix} 1 & 0 \\ 0 & 1 \end{vmatrix} \qquad 0 = \begin{vmatrix} 0 & 0 \\ 0 & 0 \end{vmatrix}$$

$$A = \begin{vmatrix} 0,5063 & 0 \\ 0,2546 & 0,0574 \end{vmatrix} \qquad B = \begin{vmatrix} 0,3184 & 0,1753 \\ 0,1930 & 0,4950 \end{vmatrix}$$

sendo I = matriz identidade, ou seja, matriz que apresenta um na diagonal principal e zero nas outras posições.

0 = matriz de zeros

Subtrai-se a matriz identidade da matriz B e obtém-se a inversa:

$$(I - B)^{-1} = \begin{vmatrix} 1,62715 & 0,56488 \\ 0,62191 & 2,19613 \end{vmatrix}$$

Multiplicando o resultado acima pela matriz A, tem-se:

$$(I - B)^{-1} A = \begin{vmatrix} 0,96757 & 0,03242 \\ 0,87393 & 0,12606 \end{vmatrix}$$

Esta matriz tem um sentido financeiro importante. A primeira linha indica a chance de os clientes do grupo um estarem, ao longo do tempo, no grupo dos que efetuarão pagamento ou dos insolventes. Assim, 96,76% dos clientes atualmente no grupo devem quitar suas dívidas; o restante, 3,24%, será insolvente.

A mesma análise é válida para a segunda linha. No caso, indica a probabilidade de os clientes, classificados no grupo dois, efetuarem o pagamento (87,39%) ou não (12,61%).

Para determinar o montante de insolventes em unidades monetárias, basta multiplicar as duplicatas existentes ao final de novembro, segregadas nos grupos um (= \$ 559) e dois (= \$ 1.202), pela matriz anterior:

$$\begin{vmatrix} 559 & 1.202 \end{vmatrix} \times \begin{vmatrix} 0,96757 & 0,03242 \\ 0,87393 & 0,12606 \end{vmatrix} = \begin{vmatrix} 1.591 & 170 \end{vmatrix}$$

Assim, das contas a receber existentes, o valor esperado de recebimento é de \$ 1.591, estimando-se a perda em \$ 170.

Com base nos valores calculados a empresa passa a ter condições de estimar o risco de um cliente quando ele muda sua posição de crédito. Com essas informações, medidas profiláticas podem ser tomadas para reduzir o risco de crédito.

> É interessante notar que modernamente as autoridades reguladoras estão adotando essa metodologia no acompanhamento do risco de crédito na economia. A razão disso reside no fato de ela ser dinâmica, mostrando as alterações ocorridas no risco de crédito no tempo.

Considere uma empresa que tenha informações sobre o comportamento dos clientes no tempo e tenha elaborado uma matriz de transição, que resume a transitoriedade das duplicatas no tempo. Tal matriz é apresentada a seguir:

$$T = \begin{vmatrix} 1 & 0 & 0 & 0 \\ 0 & 1 & 0 & 0 \\ 0,6 & 0 & 0,2 & 0,2 \\ 0,4 & 0,05 & 0,3 & 0,25 \end{vmatrix}$$

Subtraindo a identidade da matriz B e obtendo a inversa, tem-se:

$$(I - B)^{-1} = \begin{vmatrix} 1,388 & 0,370 \\ 0,555 & 1,481 \end{vmatrix}$$

Multiplicando este resultado pela matriz A, tem-se:

$$(I - B)^{-1} A = \begin{vmatrix} 0,9815 & 0,0185 \\ 0,9259 & 0,0741 \end{vmatrix}$$

Suponha que esta empresa esteja estudando a concessão de um desconto que levaria a seguinte matriz:

$$T = \begin{vmatrix} 1 & 0 & 0 & 0 \\ 0 & 1 & 0 & 0 \\ 0,6 & 0 & 0,3 & 0,1 \\ 0,4 & 0,05 & 0,4 & 0,15 \end{vmatrix}$$

As operações matriciais nesta nova situação resultariam em:

$$(I - B)^{-1} = \begin{vmatrix} 1,5315 & 0,1802 \\ 0,7207 & 1,2613 \end{vmatrix}$$

$$(I - B)^{-1} A = \begin{vmatrix} 0,9910 & 0,009 \\ 0,9369 & 0,0631 \end{vmatrix}$$

Assim, com o desconto, o montante de devedores duvidosos dos clientes atualmente classificados no grupo III diminuiu de 1,85%, da situação original, para 0,9%. Para o grupo IV, a redução foi de 7,41% para 6,31%.

A utilização da análise de Markov no estudo da concessão de desconto permite levar em consideração o fator risco e o fator rentabilidade. Infelizmente, o leitor terá que suportar algumas linhas a mais de operações matriciais. Mas vale a pena!

A primeira linha da matriz $(I - B)^{-1}$ é importante por fornecer o volume de duplicatas a receber que, a longo prazo, estarão classificadas no grupo III e no grupo IV. Se, por exemplo, para a proposta que está sendo considerada, a cada mês são concedidos 100 novos créditos, a longo prazo existirão 1 53 contas a receber no grupo III, ou seja, 100 vezes a junção da primeira linha e da primeira coluna de matriz $(I - B)^{-1}$. Da mesma forma, serão 18 as duplicatas que estarão no grupo IV ($100 \times 0,1$ 8).

Com a proposta de desconto, a empresa terá em estoque 153 contas classificadas no grupo III. Deste total, 138 ($= 153 \times 0,6 + 153 \times 0,3$) serão pagas com até dois meses; 14 ($= 18 \times 0,4 + 18 \times 0,4$) contas serão pagas entre dois e seis meses; e 1 ($= 153 \times 0 + 18 \times 0,05$) provavelmente não será paga. O mesmo cálculo foi feito para situação original e os resultados estão apresentados na tabela abaixo:

	Com Desconto	Sem Desconto
< um mês	138 ou 90%	111 ou 80%
Entre um e dois meses	14 ou 9,4%	20 ou 18,7%
Mais de dois meses	1 ou 0,6%	2 ou 1,3%
TOTAL	**153**	**139**

Suponha que a empresa possua o valor médio das duplicatas a receber existentes em carteira. Com esta informação é possível estimar o valor esperado dos recebimentos e o risco da situação original e da situação proposta.

Com isto pode-se analisar não somente a rentabilidade da proposta de concessão de desconto em face da situação original como também o nível de risco. Suponha que cada duplicata tenha, em média, um valor de face de $ 200, que o custo do produto vendido seja de $ 180 e o desconto oferecido para os clientes que estiverem com menos de dois meses em atraso seja de $ 10 para efetuarem o pagamento (situação proposta).

Com estas informações o valor esperado da política de crédito proposta (com desconto) e da situação original são apurados a seguir:

Valor Esperado – Com Desconto

	Venda	Custo	Lucro	Probabilidade	Lucro × Probabilidade
< 1 mês	190	180	10	90,2%	9,0
1 a 2 meses	200	180	20	9,1%	1,8
Mais de 2 meses	0	180	– 180	0,7%	– 1,1
TOTAL					9,7

Valor Esperado – Situação Original

	Venda	Custo	Lucro	Probabilidade	Lucro × Probabilidade
< 1 mês	200	180	20	79,9%	16,0
1 a 2 meses	200	180	20	18,7%	3,7
Mais de 2 meses	0	180	– 180	1,4%	– 2,6
TOTAL					17,1

O cálculo do risco das políticas de crédito é feito tradicionalmente através do desvio-padrão. Quanto maior esta medida de dispersão, maior deverá ser o risco do investimento. As tabelas a seguir resumem o cálculo do desvio-padrão para ambas as situações.

Desvio-padrão – Com Desconto

	Probabilidade	Lucro	(Lucro – Média)	(Lucro – Média)^2 × Probabilidade
< 1 mês	0,902	10	(10 – 9,7) = 0,3	0,3 × 0,3 × 0,902 = 0,1
1 a 2 meses	0,091	20	(20 – 9,7) = 10,3	10,3 × 10,3 × 0,091 = 9,8
Mais de 2 meses	0,007	– 180	(– 180 – 9,7) = – 189,7	189,7 × 189,7 × 0,007 = 235
Variância				245
Desvio-padrão				16

Desvio-padrão – Situação Original

	Probabili-dade	Lucro	(Lucro – Média)	(Lucro – Média)^2 × Probabilidade
< 1 mês	0,799	20	(20 – 17,1) = 2,9	2,9 × 2,9 × 0,799 = 6,6
1 a 2 meses	0,187	20	(20 – 17,1) = 2,9	2,9 × 2,9 × 0,187= 1,5
Mais de 2 meses	0,014	– 180	(– 180 – 17,1) = – 197,1	197 × 197 × 0,014 = 559
Variância				**567**
Desvio-padrão				**24**

De um lado, a concessão de desconto para a empresa significa a redução do valor esperado, de $ 17,1 para $ 9,7. Por outro lado, a redução na rentabilidade é compensada pelo menor risco. Com efeito, o desvio-padrão foi reduzido de $ 24 para $ 16. Com estas informações a empresa pode decidir o dilema risco-retorno sempre presente na administração financeira. Conceder desconto significa abrir mão de rentabilidade para obter maior segurança no recebimento, e vice-versa.

EXERCÍCIOS

Questões

1. Relacione Giro dos Valores a Receber e DVR.

2. Qual a diferença entre o investimento total em valores a receber e o investimento a preço de custo.

3. Qual a vantagem de usar o DVR para cada vencimento, em lugar do DVR apurado pela média de vendas de dois ou mais meses?

4. Uma alteração na conjuntura econômica, como o aumento do desemprego, pode alterar o DVR de uma empresar? Explique como isto pode ocorrer.

5. Cite as duas causas da movimentação na carteira de valores a receber.

6. O controle de valores a receber diz respeito à gestão *a posteriori* do crédito na empresa. Discuta como a administração de valores a receber, estudada no capítulo anterior, pode influenciar este controle.

Problemas

1. Uma empresa possui o seguinte comportamento do seu *aging* para outubro e novembro (final de cada mês)

Duplicatas	Outubro	Novembro
A vencer em Janeiro	–	4.500
A vencer em Dezembro	4.000	3.200
A vencer em Novembro	3.000	–
Vencidas em Novembro	–	550
Vencidas em Outubro	420	250
Vencidas em Setembro	120	50
Vencidas em Agosto	60	60
Vencidas em Julho	80	80

Analise a mudança na cronologia das duplicatas da empresa.

2. Uma empresa apresentou vendas mensais de $ 45.000 para maio e $ 48.000,00 para junho. Ao final desses meses o volume de duplicatas a receber era de $ 35 mil e $ 36 mil, conforme consta no quadro seguinte:

	Maio	Junho
Vendas	$ 45.000	$ 48.000
Duplicatas a Receber		
Venda do Mês	$ 25.000	$ 24.000
Venda do Mês Anterior	$ 10.000	$ 12.000

a. Determine o DVR da empresa.

b. Admitindo uma margem líquida de 10%, determine a necessidade de investimento para vendas de $ 50 mil para julho.

3. (Movimentação da Carteira de Valores a Receber) Considere as seguintes informações:

Mês	Vendas	Valores a Receber
Novembro	$ 75.200	$ 54.390
Dezembro	$ 94.300	$ 89.450
Janeiro	$ 52.150	$ 78.380
Fevereiro	$ 45.320	$ 73.140

A empresa em questão possui um alto grau de sazonalidade no final do ano. Faça uma análise das causas das movimentações na carteira de valores a receber da empresa.

4. Uma loja de departamento tem uma política de crédito que permite que seus clientes escolham a melhor data de pagamento. Uma pesquisa realizada no seu cadastro revelou que as compras a prazo eram uniformes ao longo do mês, muito embora os pagamentos ficassem concentrados no início de cada mês. Qual o impacto no DVR ao longo do mês?

5. Há um ano uma determinada empresa decidiu implantar um sistema para monitorar as suas duplicatas a receber. Na época, a empresa não fazia um acompanhamento sistemático das duplicatas vencidas, pois o volume de trabalho exigido era bastante significativo. Com a informatização, o sistema adquirido pela empresa pode efetuar tal tarefa, emitindo cartas de aviso aos clientes em atraso. O gerente de crédito resolveu fazer uma comparação entre a situação atual e a situação passada para saber se a aquisição do sistema foi economicamente adequada. Os custos anuais de tal sistema atingem a $ 20.000,00 e a matriz de transição anterior era:

$$\begin{vmatrix} 1 & 0 & 0 & 0 \\ 0 & 1 & 0 & 0 \\ 0,5 & 0 & 0,3 & 0,2 \\ 0,3 & 0,05 & 0,15 & 0,5 \end{vmatrix}$$

para um total de duplicatas de $ 38.000,00 e $ 7.000,00 classificadas no grupo um e dois, respectivamente. A implantação do sistema terminou por reduzir o volume de vendas a prazo, além de ter alterado a matriz de transição para:

$$\begin{vmatrix} 1 & 0 & 0 & 0 \\ 0 & 1 & 0 & 0 \\ 0,6 & 0 & 0,25 & 0,15 \\ 0,35 & 0,03 & 0,17 & 0,45 \end{vmatrix}$$

para um total de duplicatas de $ 35.000,00 e $ 5.000,00 classificadas no grupo um e dois, nessa ordem. Analise e determine se foi vantagem para empresa adquirir ou não o sistema de monitoramento.

7

ADMINISTRAÇÃO FINANCEIRA DE ESTOQUES

Investimento em estoques é um dos fatores mais importantes para a adequada gestão financeira de uma empresa. Esta relevância pode ser consequência tanto da participação deste ativo no total de investimento, quanto da importância de gerir o ciclo operacional ou por ambos os motivos. São poucos os setores da economia que não apresentam como aspecto fundamental a administração financeira dos estoques.

São várias as razões que levam ao investimento em estoques. Possuir estoques tem a importante função de *tornar o fluxo econômico contínuo*. Numa indústria, por exemplo, a falta de um estoque de matéria-prima pode paralisar a linha de produção. Deste modo mantém-se determinada quantidade como precaução pela possível falha no fornecimento de estoque ou por um pedido extra de um cliente. Já no comércio varejista, a existência de uma variedade de produtos significa maior volume de vendas, sendo este o caso típico das grandes redes de supermercados.

A ideia de estocar visando evitar a interrupção no fluxo de produção tem sido objeto de críticas. O *just-in-time*, uma filosofia de produção que será debatida neste capítulo no item 7.7, acredita que o estoque, ao manter contínuo o fluxo econômico da empresa, impede que seus dirigentes tomem conhecimento dos problemas que estão ocorrendo na produção. Este fato termina por contribuir para a não resolução das ineficiências do processo econômico, uma vez que este problema estaria sendo encoberto pelos estoques.

Características econômicas particulares de cada setor é outro fator que contribui para a existência de estoques. Em setores onde a produção está concentrada em determinadas épocas do ano, enquanto a demanda encontra-se distribuída ao longo do ano, a empresa não consegue uma saída para seus produtos na mesma proporção da oferta.

Um caso típico é o setor agrícola, em que a colheita de alguns produtos é sazonal, concentrando-se em alguns meses do ano, enquanto o mercado consumidor tem uma demanda relativamente estável. Como em geral os estabelecimentos agrícolas precisam obter recursos para fazer face às despesas incorridas no período anterior à safra, é usual a transferência do estoque para terceiros. Os atacadistas de produtos agrícolas, no entanto, não conseguem transferir este alto investimento em estoques ao consumidor final, arcando com os custos de estocagem.

Em outra situação, o interesse em estocar produtos decorre da *perspectiva de um aumento imediato do preço do produto.* Neste caso acredita-se que o ganho obtido por comprar na pré-alta mais que compense os custos de estocagem.

É bastante comum empresas que, ao não levar em consideração os custos de estocagem ou ao subestimá-los, terminam por investir excessivamente em estoques. Neste capítulo serão tecidas considerações de como se pode determinar corretamente o valor a investir quando de um aumento do preço de produto de modo a melhorar a rentabilidade.

Em ambientes inflacionários, a estocagem é muitas vezes utilizada como *proteção contra perdas inflacionárias.* Este fato é reforçado quando o mercado de capitais não se encontra plenamente desenvolvido e as opções de investimento não são adequadas.

Assim, alguns gerentes preferem aplicar os recursos da empresa na aquisição de estoques em lugar de deixá-los numa aplicação financeira. Em determinadas situações a rentabilidade desta aplicação é inferior à rentabilidade do investimento em estoques, embora às vezes esta rentabilidade seja ilusória em decorrência da inadequada mensuração dos custos de estocagem.

A *política de venda do fornecedor* pode ser outro fator que explique a existência de maiores volumes de estoques numa empresa. Por receber descontos por parte do fornecedor para adquirir maior quantidade de matéria-prima, o gestor é incentivado a ter maior comprometimento de recursos em estoques.

Analisando as vantagens de possuir estoques, deve-se compará-las com seus custos para decidir quanto deve ter de estoque e quando deve solicitar a reposição dos produtos que estão sendo vendidos ou consumidos no processo de produção. A decisão de *quando* e *quanto* comprar é uma das mais importantes a serem tomadas na gestão de estoques.

Este capítulo discute basicamente a gestão de compra de estoque, sendo apresentados aspectos que podem auxiliar o administrador nesta importante função.

Inicialmente apresenta o lote econômico de compra, o mais tradicional método de auxílio ao administrador na gestão de estoques. Posteriormente são discutidas algumas situações especiais. Finalizando o capítulo são apresentados alguns conceitos modernos de gestão de estoques.

7.1 LOTE ECONÔMICO DE COMPRA

O Lote Econômico de Compra (LEC) foi desenvolvido em 1915 por F. Harris e ainda hoje é um dos modelos mais utilizados na gestão financeira de estoques, se não for o mais utilizado. No capítulo de administração de caixa foi apresentada uma interessante aplicação dos conceitos do lote econômico na gerência de caixa.

Antes de aplicar o LEC é preciso conhecer bem as suposições deste modelo, que são as seguintes:

a. *Demanda Constante* – A empresa pode determinar a procura pelo produto e sabe-se que é constante por unidade de tempo (dia, quinzena, mês etc). Se um produto tem vendas anuais de 144 mil unidades por ano isto significa que cada mês ter-se-á vendas iguais de doze mil unidades.

Por consequência, a utilização do LEC depende da previsibilidade da demanda do produto e do fato de sua demanda não ser muito irregular ao longo do ano. Em algumas situações pode-se não saber com precisão qual o valor da demanda, embora informações aproximadas possam ser utilizadas no cálculo do LEC.

b. *Recebimento instantâneo do estoque* – Esta suposição diz respeito ao fornecimento do estoque a ser comercializado. Quando chegar o momento em que o estoque da empresa atingir zero, novas unidades serão pedidas e recebidas imediatamente. Esta hipótese não é do modelo do LEC, mas será adotada neste instante somente por conveniência de exposição do assunto.

c. *Não existe desconto* – A existência de desconto é um incentivo para que se adquira mais unidades do que previsto originalmente. Ao não admitir a existência de desconto procura-se retirar o incentivo dado pelo fornecedor para compra do produto e concentrar-se na análise tão somente dos incentivos internos (da empresa) no processo de tomada de decisão de estocagem. Posteriormente tal hipótese será objeto de estudo neste capítulo no item 7.2.2.

d. *Os preços não se alteram* – Buscam também isolar algumas variáveis para estudar melhor a gestão de estoques de uma empresa. Em ambientes inflacionários deve-se alterar esta restrição para melhor estruturar a decisão de estocagem; caso o estoque a ser adquirido esteja indexado por uma moeda forte, ao gestor basta utilizar o LEC em moeda forte; caso contrário, é necessário considerar esta variável, como será mais bem detalhado no item 7.3.

e. *Não existe risco* – O LEC considera somente a variável rentabilidade no modelo, relegando, assim, a questão do risco.

f. *Existem dois tipos de custo* – Para o lote econômico de compra existiriam somente dois tipos de custos: o custo de estocagem e o custo do pedido.

O *custo de estocagem* refere-se a todo tipo de custo proveniente da atividade de estocagem. Enquadraram-se neste grupo os custos de aluguel, segurança, seguros, financiamento de estoques, impostos, obsolescência etc.

O *custo do pedido*, como o próprio nome diz, refere-se a todo custo decorrente do ato de pedir determinado produto: o número de funcionários que trabalham no setor de material, o custo de emissão do pedido etc.

Deste modo, enquanto o custo de estocagem guarda uma relação com o número de estoques existentes, o custo do pedido está intimamente ligado ao processo de fazer um pedido para um fornecedor.

g. *Cada estoque é analisado independentemente* – O lote econômico de compra considera que a administração de estoques é independente para cada produto. A gestão de um item do estoque não afeta a gestão de outros itens.

O desenho da situação típica do LEC é apresentada na Figura 7.1. A empresa parte de uma quantidade de estoques, (Q), quantidade esta que será definida pelo modelo, e com o passar do tempo unidades de estoque são vendidas aos seus clientes.

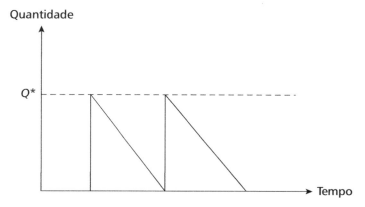

Figura 7.1 *Lote econômico de compra.*

Pela suposição apresentada na letra *a*, o volume vendido é constante no tempo e por isto a representação em forma de uma reta inclinada. No momento que o volume de estoque atingir zero, um novo pedido é feito – e recebido – quando então a quantidade de unidades de estoque volta ao nível máximo.

O lote econômico procura a melhor estratégia para determinar qual será quantidade que deve ser mantida em estoque e de quanto em quanto tempo deverá fazer novo pedido. Para tanto, o LEC ajuda a encontrar a quantidade ótima de cada pedido (Q^*), de modo que os custos totais, compreendidos pelo custo do pedido e o custo de estocagem, sejam os menores possíveis.

A estimativa do custo de estocagem pode, em certas situações, ser complicada. Isso ocorre pelo fato de existir um custo de oportunidade do dinheiro aplicado em estoque, que geralmente não é considerado nessas medidas. Assim, além dos custos tradicionais é interessante multiplicar o valor do estoque pelo custo de oportunidade do prazo de estocagem.

Como a demanda por período é conhecida, ao encontrar a quantidade por pedido que minimiza os custos da empresa pode-se obter a quantidade de pedidos do período relacionado Q^* – quantidade do lote econômico – com a demanda.

O custo de estocagem total é determinado pelo custo de estocagem unitário (Ce) multiplicado pelo estoque médio.

$$\text{Custo de Estocagem Total} = Ce \times \text{Estoque Médio}$$

Uma forma de calcular o custo de estocagem é somar o custo do espaço físico, incluindo impostos, seguros, obsolescência, custo do dinheiro investido e manuseio do estoque. A soma destes valores, dividido peto valor do estoque, representa o Fator K.[1]

Como a demanda do produto é constante, o estoque médio é dado por ($Q/2$), correspondendo à metade da quantidade de cada pedido.

$$\text{Estoque Médio} = Q/2$$

Assim,

---

[1]   MULLER, Max. *Essentials of inventory management*. New York: Amacom, 2003.

$$\boxed{\text{Custo de Estocagem Total} = Ce \times (Q/2)} \qquad 7.1$$

Já o custo do pedido total é o custo de cada pedido individual multiplicado pelo número de pedidos realizados em determinado período de tempo.

$$\boxed{\text{Custo do Pedido Total} = Cp \times \text{Número de Pedidos}} \qquad 7.2$$

O custo do pedido tende a reduzir na medida em que cresce a integração entre o setor de compras da empresa e os fornecedores. Em alguns casos, o processo de integração na compra pode reduzir substancialmente este custo.

Já o número de pedidos que será feito num período de tempo é obtido pela divisão das vendas no período (V) pela quantidade de (Q). Deste modo, lotes pequenos significam uma redução do nível de estoque, um acréscimo no número de pedidos e uma redução no intervalo de tempo existente entre dois pedidos.

$$\boxed{\text{Número de Pedidos} = (V/Q)}$$

Portanto, para um volume qualquer de vendas, a decisão de estocar menor quantidade reduz o custo de estocagem total, mas aumenta o custo do pedido. Será através da combinação destes dois custos – custo de pedido e custo de estocagem – que o lote econômico de compra encontra a melhor quantidade de cada produto a ser pedida. Assim, o custo total da política de estoques de uma empresa é dado por:

$$\boxed{CT = Cp \, (V/Q) + Ce \, (Q/2)} \qquad 7.3$$

Cp = Custo de cada pedido.

V = Volume de vendas do período.

Q = Quantidade de cada pedido.

Ce = Custo de estocagem de cada unidade.

Para obter o menor custo deriva-se na equação 7.3 o custo total em relação a quantidade, obtendo a expressão 7.4 que é a fórmula do lote econômico de compra:

$$Q^* = \sqrt{\frac{2\,V\,Cp}{Ce}}$$
7.4

O valor obtido na fórmula 7.4 é a quantidade a ser pedida aos fornecedores em cada ordem de modo que os custos da empresa sejam minimizados. Pela equação 7.4, um aumento no volume de vendas irá aumentar quantidade pedida, embora isto ocorra numa proporção menor. O mesmo é válido para o custo de pedido. Por outro lado, um acréscimo no custo de estocagem diminui, em proporção menor, a quantidade pedida.

Este fato é importante, pois alerta para o uso de indicadores de rotação de estoques para o controle dos estoques. Se as vendas de uma empresa quadruplicassem, a utilização do modelo levaria a um aumento no estoque que corresponderia ao dobro do montante original. Nesta situação, o aumento das vendas e do estoque, em proporção diferente, leva a uma mudança no giro de estoques e, por consequência, no prazo de estocagem, sem que tenha ocorrido mudança significativa na política de estoques da empresa.

Para melhor entendimento do LEC, *considere* uma empresa que tenha vendas de 100 unidades ao mês de determinado produto. O custo de cada pedido é de $ 1 e o custo de estocagem é de $ 0,2 por produto. A quantidade de produtos solicitados a cada compra é dada por:

$$Q^* = \sqrt{\frac{2 \times 100 \times 1}{0,2}} = 31,62 \text{ unidades}$$

Cada pedido a ser feito ao fornecedor é de 31,62 unidades. Com isto o estoque médio do produto será de 15,81 unidades, o número de pedidos ao longo do mês será de 3,16 e o tempo entre cada pedido é de aproximadamente 9,49 dias:

Estoque médio = 31,62 unidades ÷ 2 = 15,81 unidades

Número de pedidos no mês = 100 unidades ÷ 31,62 unidades = 3,16 pedidos

Tempo entre cada pedido = 30 dias ÷ 3,16 pedidos = 9,49 dias

Entre as hipóteses do Lote Econômico foi afirmado que a empresa recebe as mercadorias instantaneamente (letra *b* das hipóteses). Conforme foi comentado então, a existência desta hipótese visava facilitar a exposição sobre este modelo de gestão de estoques.

A inexistência de tal hipótese em nada prejudica a utilização do modelo. Afinal, inexistindo o atendimento imediato, deve-se estimar o tempo decorrido entre a solicitação do estoque e seu recebimento para que se possa determinar o chamado *ponto de recompra.*

O *ponto de recompra* mostra em que momento a empresa deve efetuar o pedido de estoque a seu fornecedor. Se no exemplo acima a quantidade de tempo entre a solicitação do estoque e seu recebimento for de quatro dias, o ponto de recompra pode ser obtido facilmente, bastando multiplicar a demanda diária pelo tempo estimado de recebimento do pedido.

No exemplo, o ponto de recompra é de 13,33 unidades (= [4 × 100] ÷ 30), significando que quando existirem no estoque 13,33 unidades, deve-se efetuar novo pedido.

Quando ocorrer uma situação em que o prazo de estocagem for menor que o prazo de atendimento ao pedido, o modelo desenvolvido também é válido. Em tais contextos, a empresa, mesmo tendo pedidos que ainda não foram atendidos, deve efetuar novos pedidos de acordo com o preconizado. Os pedidos em carteira serão recebidos, enquanto novo pedido entra na fila de espera para que o fornecedor possa atender.

Entretanto, deve ser ressaltado que o volume de compras da empresa não corresponde ao valor dado no modelo do lote econômico quando o nível de estocagem estiver abaixo do ponto de recompra. Neste caso, a quantidade a ser adquirida corresponde ao lote econômico de compra mais o volume para atingir o ponto de recompra.

Se no exemplo retrocitado a empresa tivesse no início do dia um estoque de 14 unidades e ao longo do dia forem vendidos 3,33 unidades (= 100 unidades : 30 dias), o estoque ao final do dia será de 10,67 unidades. A empresa deverá solicitar 31,62 unidades – que corresponde ao LEC – mais 2,66 unidades – que representa a diferença entre o ponto de recompra, 13,33 unidades, e o estoque ao final do dia, 10,67. Deste modo, o pedido será de 34,28 unidades:

Estoque no início do dia	14	unidades
– Vendas do dia	3,33	unidades
= Estoque no final do dia	10,67	unidades
Ponto de Recompra	13,33	unidades
– Estoque no final do dia	10,67	unidades
+ Lote Econômico de Compra	31,62	unidades
= Quantidade a ser adquirida	34,28	unidades

Em determinada situação é difícil estimar com precisão o custo de estocagem. Uma alternativa à fórmula tradicional do LEC é utilizar a estimativa do *custo de capital* para determinar o custo de estocagem. Assim, o custo de estocagem passa a ser expresso como uma percentagem do custo de aquisição ou de venda do produto.

Se no exemplo anterior o custo de estocagem correspondesse a 2% do preço do produto, com a informação do preço de aquisição poder-se-ia determinar o custo de estocagem multiplicando este preço por 2%. O valor obtido seria o custo de estocagem a ser usado na fórmula original do lote econômico. Deve ser ressaltado que neste caso não se levam em consideração outros custos de estocagens como obsolescência, aluguel, seguro etc.

Pode-se então afirmar que o Lote Econômico de Compra é um método desenvolvido para dar uma resposta ótima com respeito ao volume de unidades que deverão ser adquiridas ou processadas. A partir das suposições apresentadas no início deste capítulo, obtém-se o ponto em que o custo da gestão de estoques seja mínimo. A Figura 7.2 apresenta uma síntese do LEC.

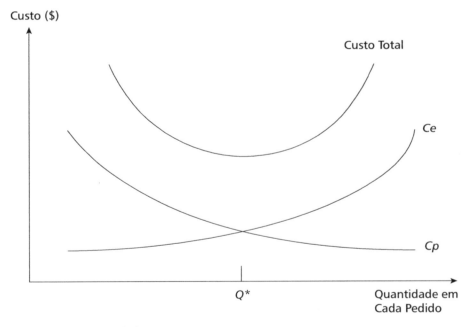

Figura 7.2 *Custo total de estocagem.*

Enquanto a curva do custo de estocagem unitário é crescente quando o número de unidades por cada pedido cresce (eixo x do gráfico), o custo do pedido é decrescente. A junção destes dois custos faz com que o custo total da política de estoque seja, inicialmente, decrescente.

No instante em que a curva do custo de pedido cruza a curva do custo de estocagem, o custo total é mínimo, representando, portanto, o lote a ser adquirido pela empresa. Após este ponto, o custo total torna-se crescente em virtude do custo de estocagem.

De acordo com a situação dada, o ponto mínimo da curva, onde estaria a melhor política de estocagem, assume um desenho mais ou menos acentuado. Quando a figura apresentar uma curva mais suave, em decorrência dos parâmetros utilizados, a gerência poderá trabalhar não com um lote específico, mas com um intervalo.

As Figuras 7.3 e 7.4 ilustram este confronto. Na Figura 7.3, como a curva é mais suave, a empresa pode usar o intervalo, indicado na figura, como o lote a ser solicitado. Quaisquer valores dentro deste intervalo provocarão uma alteração muito reduzida no custo de estocagem e por isto o intervalo pode ser considerado como o valor que minimiza a gestão de estoques.

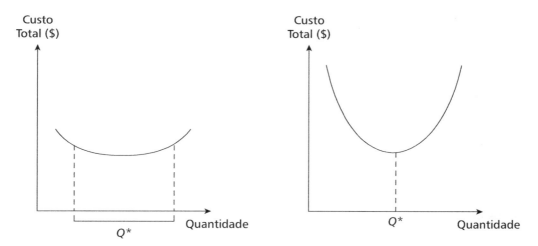

Figura 7.3   *Lote Econômico de Compra.*   Figura 7.4   *Lote Econômico de Compra.*

Na Figura 7.4, como a curva é mais acentuada, deve-se, sempre que possível, trabalhar com o lote mínimo – informação pontual em lugar da informação intervalar.

O exemplo numérico apresentado anteriormente é bastante adequado para explicar este aspecto. Adquirindo 31,62 unidades o custo total será o seguinte:

$$CT = Cp\,(V/Q^*) + Ce\,(Q^*/2) = 1 \times (100/31,62) + 0,2 \times (31,62/2) = \$\,6,32$$

Caso o volume a ser pedido fosse de 25 unidades, o custo total seria o seguinte:

$$CT = 1\,(100/25) + 0,2 \times (25/2) = \$\,6,5$$

Ou seja, uma redução de 21% no lote a ser pedido provoca, neste exemplo, um aumento somente de 2,85% no custo total. Em situações como esta deve-se considerar o resultado obtido no lote econômico mais como um guia para decisão do que uma lei a ser seguida.

Além disso, como em geral os parâmetros do lote econômico são estimativas que devem aproximar-se da realidade, cabe ao gerente determinar quanto comprar utilizando o lote econômico como instrumento de auxílio na decisão a ser tomada.

7.2 SITUAÇÕES ESPECIAIS DO LOTE ECONÔMICO DE COMPRA

As suposições iniciais do LEC podem ser relaxadas para que este instrumento seja utilizado em situações que mais se aproximam da realidade de cada empresa. Interessa mostrar que o lote econômico de compra é uma metodologia que pode ser utilizada na determinação da quantidade a ser adquirida.

7.2.1 Situação de produção

Esta aplicação do Lote Econômico de Compra é assim denominada por ser típica do processo econômico de uma indústria.

De maneira geral, uma indústria possui capacidade que é utilizada para fabricar diversos produtos. A partir de uma demanda constante, dada pelo mercado, deve-se decidir quanto de cada produto deve-se fabricar em cada bateria de produção.

Suponha, a título de exemplificação, que uma indústria fabrique 250 unidades por semana de determinado produto e que suas vendas semanais sejam de 40 unidades. Neste caso, como a capacidade produtiva para o produto é maior que a demanda, a empresa deve decidir quanto deverá fabricar do produto.

Se fabricar 250 unidades durante uma semana, 40 serão vendidas ao longo da semana de produção e ainda sobrarão 210 unidades para serem vendidas ao longo de cinco semanas. Nesta situação existirá novo tipo de custo decorrente da decisão de efetuar a produção de um novo lote. Estes custos dizem respeito à preparação das máquinas para produção de um novo lote e são denominados *custo de interrupção* (*Ci*).

Voltando ao exemplo, suponha que a empresa tenha uma demanda de 40 unidades por semana ou 2.080 ao ano e que sua capacidade seja de 250 unidades por semana ou 13 mil ao ano. Se o custo de interrupção for de $ 125 e o custo de estocagem for de $ 6 por unidade, a quantidade que minimiza o custo total da empresa é dada pela fórmula 7.5.

$$Q^* = \sqrt{\frac{2\,V\,Ci}{Ce\,[1-(d/p)]}} \qquad\qquad 7.5$$

A quantidade que deve ser fabricada para minimizar o custo é Q^* e depende do volume anual de vendas (V), do custo de interrupção (Ci), do custo de estocagem (Ce), da demanda do produto (d) e da capacidade de produção (p). No exemplo tem-se:

$$Q^* = \sqrt{\frac{2\times 2.080\times 125}{6\times[1-(2.080/13.000)]}} = 321,21 \text{ unidades}$$

Portanto, em cada lote de produção devem ser fabricadas 321,21 unidades do produto. Como a produção semanal é de 250 unidades, isto representa uma semana e dois dias de produção. Durante o período de produção vendem-se 51,4 unidades e fica com um estoque de 269,8 unidades ao final da produção deste lote:

Produção	321,21	unidades
÷ Produção Semanal	250	unidades
= Tempo de Produção	1,28	unidades
× Demanda Semanal	40	unidades
= Venda	51,4	unidades
Produção	321,21	unidades
− Venda	51,4	unidades
= Estoque ao Final da Produção	269,81	unidades

Se no ano a empresa precisa de 2.080 unidades e cada lote produzido tem 321,21 unidades, isto significa que a empresa irá fazer 6,5 lotes ao longo do ano (= 2.080/321,21). A situação da produção encontra-se representada na Figura 7.5.

Conforme pode ser observado, apesar de a empresa precisar fabricar 321,21 unidades por cada lote de produção, o estoque ao final do período será das unidades produzidas menos o valor vendido durante o período de produção. Ao final de 1,28 semana, a empresa termina a produção das 321,21 unidades e 6,75 semanas após (= 269,81 ÷ 40) deve ter início um novo lote de produção.

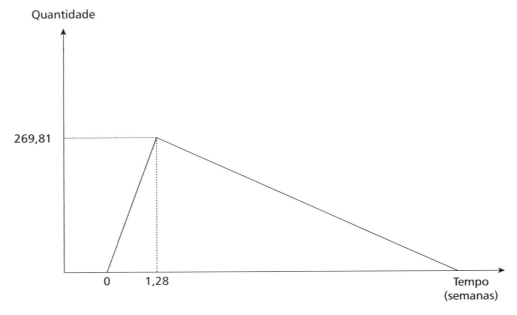

Figura 7.5 *Lote econômico de compra – situação de produção.*

7.2.2 Desconto

Nas suposições do lote econômico colocou-se que o modelo básico não admitia a existência de desconto. Entretanto, em situações práticas é bastante usual a existência de fornecedores que concedam desconto caso sejam adquiridas grandes quantidades do produto.

Nesta situação existiria um incentivo adicional para estocar e isto deve ser levado em consideração no momento da decisão financeira de estocagem.

Quando o desconto for linear para qualquer quantidade a ser adquirida, basta que se considere na equação básica do modelo como redutor do custo de estocagem. A situação fica mais complexa quando existirem diferentes níveis de desconto para aquisição de quantidades distintas.

Para entender melhor como utilizar o conceito de lote econômico na situação com desconto, considere um *exemplo* de vendas de dez mil unidades ao ano de um produto qualquer. Os custos de pedido são de $ 25 e o custo de estocagem é de $ 1 por cada unidade. Se a empresa faz um pedido normal, o preço do produto é de $ 10 e, portanto, o lote é de:

$$Q^* = \sqrt{\frac{2 \times 10.000 \times 25}{1}} = 707 \text{ unidades}$$

Nesta situação, o custo de estocagem total é de \$ 353 (= 707 × 0,5 × \$ 1) e o custo de pedido é de \$ 354 (= 10 mil × 25/707).

Suponha que o fornecedor conceda um desconto de 0,5% se a quantidade de cada pedido for maior ou igual a 1.000 unidades e de 0,7% se a quantidade for maior ou igual a 2.000 unidades.

Para descobrir a melhor opção de compra de cada lote, a empresa deve fazer uma análise das diferentes condições dadas pelo fornecedor. Estas condições estão expressas em descontos diferentes para quantidades de mercadorias compradas dentro de diferentes intervalos.

Para encontrar a melhor política de estoque, estuda-se cada intervalo e se determina a melhor opção dentro de cada um deles para, posteriormente, determinar a melhor política de gestão de estoque que maximiza a riqueza da empresa.

No exemplo apresentado, existem três intervalos, a saber: o primeiro, de zero a 999 unidades; o segundo, de 1.000 a 1.999 unidades; e o terceiro acima de 2.000.

O primeiro passo é determinar, dentro de cada intervalo acima, o ponto de minimização dos custos. Para o intervalo em que se encontra o lote econômico, este ponto é o próprio lote. Nos outros intervalos, é o valor mais próximo do lote econômico.

Para o primeiro intervalo, o LEC calculado, de 707 unidades, representará a melhor política de compras. Para o segundo intervalo, serão 1.000 unidades (o valor do intervalo mais próximo do lote econômico); e para o terceiro intervalo, serão 2.000 unidades.

Com cada uma destas três quantidades – 707, 1.000 e 2.000 unidades – calcula-se o custo de estocagem, o custo de pedido e o desconto obtido e, com a soma destes valores, o custo total com a política de estocagem:

> Custo Total = Custo Pedido + Custo Estocagem – Economia com Desconto

Para o primeiro ponto, de *707 unidades*, tem-se:

Custo Total = 25 × (10.000/707) + 1 × (707/2) + 0 = \$ 707

Para um lote de 1.000 unidades, sendo o preço de cada unidade de \$ 10:

Custo Total = 25 × (10.000/1.000) + 1 × (1.000/2) – 10 × 0,005 × 10.000 = \$ 250

Para o lote de *2.000 unidades*:

$$\text{Custo Total} = 25 \times (10.000/2.000) + 1 \times (2.000/2) - 10 \times 0{,}007 \times 10.000 = \$\ 425$$

Assim, o resultado indica que a melhor opção é a aquisição de 1.000 unidades, usufruindo do desconto de 0,5%. Adquirir mais do que esta quantia faz com que o custo de estocagem aumente sem a devida compensação por parte do desconto.

A representação gráfica deste exemplo está apresentada na Figura 7.6.

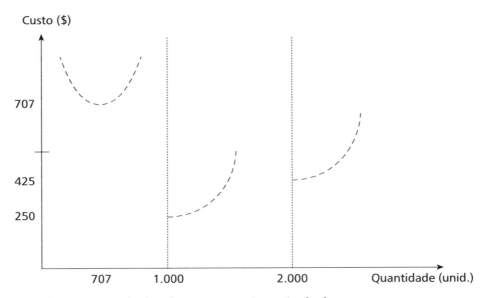

Figura 7.6 *Lote econômico de compra – situação de desconto.*

Pode-se notar que existem três curvas. A primeira, representando o primeiro intervalo, tem o ponto mínimo em 707 unidades. A curva é decrescente em valores menores que 707 e crescente em valores acima deste ponto. A segunda curva é sempre crescente e seu ponto mínimo encontra-se num nível abaixo da primeira curva. A terceira curva assume o mesmo comportamento da segunda, e o ponto mínimo, de 2.000 unidades, encontra-se acima do ponto mínimo do segundo intervalo.

7.2.3 Falta planejada

Em determinadas situações, pode-se administrar o estoque considerando-se que existirá uma falta do produto e que a empresa não fará nenhuma ação para evitá-la. Isto ocorre seja porque o custo de estocagem é muito alto ou porque a falta do produto não representa perda significativa nas vendas da empresa.

Esta forma de gerir estoque é bastante usual em lojas de roupas que vendem produtos com pequenas diferenciações entre si. Caso a empresa não tenha um modelo específico, em determinada cor e tamanho, existirá um modelo que, para o cliente, poderá aproximar-se de suas necessidades. Nas concessionárias de veículos, a falta planejada é importante por reduzir o custo de estocagem.

Na falta planejada está-se assumindo um *custo de falta*, custo este que deve incluir insatisfação do cliente, perda de venda, perda de *goodwill*, entre outros. Acredita-se que, nestas situações, a economia obtida na estocagem mais que compense o custo da falta.

Aqui, o custo total refere-se ao custo de estocagem, ao custo de pedido e ao custo da falta, custo este que também deve ser objeto de mensuração. No modelo com falta planejada admite-se que somente numa parte do tempo ter-se-á estoque. O lote de compra, neste caso, será obtido através da equação 7.6:

$$Q^* = \sqrt{\frac{2\,V\,Cp\,(Ce + Cf)}{Ce \times Cf}}$$

7.6

onde o lote depende do volume de vendas (V), do custo do pedido (Cp), do custo de estocagem (Ce) e do custo da falta (Cf). A equação 7.6 fornece quanto deve ser adquirido em cada pedido. O valor da falta, representado pela demanda não atendida (Qf^*), é dado na equação 7.7:

$$Qf^* = Q^* \frac{Ce}{Ce + Cf}$$

7.7

Para mostrar como operar o modelo do lote econômico na situação de falta planejada, considere-se uma empresa que vende roupas femininas em diferentes quantidades de estilos e tamanhos. Como o setor depende do gosto do consumidor, a aquisição de uma grande quantidade pode significar um excesso de estoques com prejuízos para a empresa. Por este motivo, a empresa nesta situação utiliza o conceito da falta planejada.

A demanda de um item específico é de 1.000 unidades por ano. O custo de pedido é de \$ 5, o custo de estocagem foi estimado em \$ 1 por unidade e o custo da falta é de \$ 10. O valor do lote econômico é dado por:

$$Q^* = \sqrt{\frac{2 \times 1.000 \times 5(1 + 10)}{1 \times 10}} = 105 \text{ unidades}$$

sendo que a quantidade não atendida é de:

$$Qf^* = 105 \times \left(\frac{1}{1 + 10}\right) = 9 \text{ unidades}$$

7.3 INFLAÇÃO E INVESTIMENTO EM ESTOQUES

O aumento de preços na economia deve ser contemplado no estudo da política de estocagem. Em ambientes inflacionários, é fundamental que na determinação do quando e do quanto comprar seja levado em conta o aumento no custo dos estoques. Mesmo em situações de maior estabilidade nos preços sempre irão existir variações no preço específico de um produto.

Investir em estoques geralmente é confrontado com investir em ativos monetários, particularmente aplicações financeiras. O confisco de ativos financeiros, ocorrido no início do Governo Collor, realçou a argumentação daqueles que acham que o investimento em estoque é mais seguro – ou seja, tem um menor risco – e mais rentável. Assim, encontra-se difundida a ideia de que aumentar o nível de estoques da empresa significa proteger-se da inflação, além de ser um investimento com pouco risco.

Uma análise tão parcial faz com que a empresa tome decisões de curto prazo errôneas, que podem comprometer sua liquidez e, por consequência, sua sobrevência. Como os estoques são menos líquidos que outros ativos circulantes, torna-se imprescindível levar em consideração outros aspectos.

> *"Assim, a propalada tese de investir em estoques, como uma forma sempre válida de a empresa proteger-se da inflação, requer um estudo bem mais amplo do que a simples constatação da natureza real desses ativos. Como a preferência por aplicações maiores em estoques afeta normalmente a liquidez da empresa (recorde-se que os estoques são os itens menos líquidos do ativo circulante), as medidas de contenção ao crédito poderão limitar o acesso da empresa a fontes externas de recursos gerando, consequentemente, sérios problemas financeiros. De forma idêntica, mesmo que os estoques apresentem uma valorização em termos reais (acima da taxa de inflação), é necessário sempre cotejá-lo com o custo do dinheiro (ou custo de oportunidade) normalmente elevado neste tipo de conjuntura. Empresas, ainda, enquadradas na política oficial de controle de preços, cujos reajustes autorizados são normalmente insuficientes para cobrir os preços de reposição (e, muitas vezes, a própria taxa de inflação), agravarão seu processo de descapitalização se optarem por investimentos mais elevados em estoques."*[2]

Entretanto, não serão somente estes fatores que deverão ser levados em consideração. Se, de um lado, o custo do pedido, conforme nomenclatura adotada anteriormente, é inferior quando a empresa compra mais estoques, de outro lado, o custo de estocagem aumenta consideravelmente.

---

[2] MARTINS, Eliseu; ASSAF NETO, Alexandre. *Administração financeira*. São Paulo: Atlas, 1985. p. 354-355.

O texto citado linhas atrás estava preocupado com somente um tipo de custo de estocagem – o custo do dinheiro –, embora um aumento no nível de estoques da empresa eleve o risco de obsolescência e da perda de estoques, além de aumentar o custo de gestão destes ativos.

Outro aspecto relevante refere-se ao fato de que a inflação não ocorre linearmente. Assim, a maioria dos preços da economia sempre estão aumentando acima ou abaixo da inflação.

É importante voltar a lembrar que aumentos diferenciados nos preços específicos são característicos de qualquer economia, inclusive daquelas em que a inflação é próxima de zero. (Considerações mais detalhadas sobre alterações nos preços específicos dos estoques serão feitas no Capítulo 8.)

Uma forma mais simples de decidir quanto adquirir numa situação de pré-alta pode ser obtida comparando-se o percentual de aumento com o custo do dinheiro. Neste caso, procura-se mensurar em quanto tempo o benefício de comprar antecipadamente seria consumido pela taxa de juros praticada no mercado.

Assim, se os juros nominais do mercado forem, *por exemplo*, de 32% a.m. e o aumento previsto for de 28%, o tempo pode ser obtido pela igualdade:

$$(1,32)^n = 1,28$$

$$n = 0,889 \text{ do mês ou 27 dias}$$

Deste modo, adquire-se mercadorias suficientes para 27 dias.

Situações em que se observa um aumento na taxa de juros do mercado fazem com que se reduza o volume a ser investido em estoque.

Esta forma de cálculo não leva em consideração outros custos relacionados com a decisão de efetuar compras adicionais, interessando-se somente pelo uso alternativo do dinheiro.

O lote econômico de compra pode ser adaptado para situações em que exista uma perspectiva de aumento do produto e a empresa deseje comprar uma quantidade maior do produto, visando a obter um ganho de estocagem. Neste caso, parte-se da suposição de que a empresa tem informação sobre a provável existência futura da alta do preço do produto específico.

A informação sobre uma possível alta no preço praticada de um produto geralmente é do conhecimento da empresa. Da mesma forma, é comum que se conheça não somente o instante de tal acréscimo nos preços, como também, com certa precisão, seu percentual.

Numa situação de eminência de um aumento no preço de um produto qualquer – denominada de *pré-alta* –, a rentabilidade obtida pela antecipação de compras será maximizada quanto maior for o aumento previsto.

Para estes casos, a equação original do lote econômico pode ser adaptada para a seguinte:

$$Q^* = p\,(V/Ce) + (1 + p)^{0,5}\,Q$$

7.8

sendo:

p = Percentual de aumento previsto

V = Volume de vendas no período

Ce = Custo de estocagem de cada unidade

Q = Lote econômico na situação anterior

Seja o caso da empresa apresentada no início deste capítulo, com vendas de 100 unidades, custo de estocagem de \$ 0,2 por produto, LEC de 31,62 unidades, e considere-se também um aumento previsto no preço do estoque de 5%. O valor do lote no período que antecede a alta de preço é dado por:

$$Q^* = 0,05 \times (1\,00/\$\,0,2) + 1,05^{0,5} \times 31,62$$

$$Q^* = 57,4 \text{ unidades}$$

ou 25,78 unidades acima do lote econômico de compra.

Aumentos maiores no preço do produto traduzem-se, como consequência, numa maior necessidade de aquisição da mercadoria. Suponha, por exemplo, um aumento de 10%, em lugar dos 5% anteriores. Nesta situação, tem-se:

$$Q^* = 0,10 \times (100/\$\,0,2) + 1,10^{0,5} \times 31,62$$

$$Q^* = 83,16 \text{ unidades}$$

7.4 ESTOQUE DE SEGURANÇA

O modelo de gestão estudado até o momento é denominado *determinístico*, ou seja, parte do suposto de que a quantidade demandada de estoque é conhecida. Na prática, sempre existe um fator de imprevisibilidade na quantidade que a empresa irá necessitar.

O número de unidades pode ser maior ou menor do que o esperado, podendo significar a falta ou o excesso de estoque. Tradicionalmente, importância maior tem sido dada à eventual falta do estoque, com consequente perda de vendas, e, por isto, para fazer face a imprevistos da demanda, usa-se formar um *estoque de segurança*.

No lote econômico de compra, a existência de um estoque de segurança altera o ponto de recompra – número de unidades existente em estoques a partir do qual deve-se fazer um novo pedido.

Se o ponto de recompra original for de 10 unidades e a empresa desejar um estoque de segurança de quatro unidades, o novo ponto de recompra será de 14 unidades. Assim, se não existirem variações imprevistas na demanda – a mais ou a menos – no momento do recebimento do novo pedido, a empresa terá em estoque quatro unidades – exatamente o estoque de segurança.

Para acrescentar um volume qualquer de estoque para fazer face à instabilidade da demanda, deve-se quantificar, adequadamente, qual o nível de segurança que se deseja. Considerando-se que a demanda de qualquer produto é probabilística, isto significa determinar a probabilidade que se deseja para a falta de determinado produto.

Quanto menor a probabilidade de falta que se deseja, maior deverá ser o volume do estoque de segurança. Assim, determinar que um estoque de segurança é de quatro unidades, como considerado no exemplo anterior, não possibilita informações sobre seu significado: qual a chance de um cliente não ser atendido.

Deste modo, quanto maior for a instabilidade na demanda de determinado produto, maior deverá ser o investimento em estoque de segurança: caso contrário, o *custo da falta* (conforme definição dada no item 7.2.3) tende a aumentar.

É importante salientar que investimento em estoque de segurança visando a reduzir a chance de um cliente não ser atendido significa aumento nas inversões neste ativo. Assim, o administrador deve confrontar a rentabilidade possibilitada pelo atendimento ao cliente com o valor investido no estoque de segurança.

A gestão de estoque, em face da imprevisibilidade da procura por determinado estoque, torna-se mais complexa quando o número de produtos e sua diversidade aumentam. Nesta situação, lida-se com uma grande diferenciação na demanda dos produtos e no custo de sua falta. Significa dizer que a empresa pode considerar diferentes níveis de investimento em estoque de acordo com o nível de probabilidade de atender à demanda que se deseja. Deste modo, produtos considerados mais relevantes devem ter um nível de segurança mais rigoroso do que produtos ditos secundários.

Para obtenção do estoque de segurança com maior rigor teórico, é importante que se tenha o valor da demanda médio e sua variabilidade esperada. O comportamento da demanda no passado pode ser uma valiosa fonte de informação da média e do desvio-padrão (variabilidade da demanda).

Assume-se que o comportamento da demanda segue um tipo de distribuição estatística denominada normal. *Distribuição normal* é um tipo de distribuição existente em inúmeras situações e possui duas grandes vantagens. A primeira é ter seus valores tabelados; a segunda é o fato de, a partir de quaisquer valores de média e desvio-padrão, ser possível determinar a probabilidade de qualquer valor.

Importa também destacar que existe um teorema, denominado *teorema do limite central*, que afirma que a distribuição torna-se normal quando o número de informações for grande; na prática, admite-se que quando o número de observações for acima de 30, a distribuição normal poderá ser utilizada.

O valor a ser calculado denomina-se *nível de serviço* e refere-se à probabilidade de existir o estoque quando este for demandado. Quanto maior o nível de serviço, maior deverá ser o estoque de segurança e, consequentemente, maiores os custos da empresa.

Obtém-se o estoque de segurança pela seguinte equação:

$$ES = z\delta \qquad\qquad 7.9$$

onde o estoque de segurança (ES) depende do desvio-padrão da demanda diária (δ) e do nível de serviço desejado (expresso pelo item z da equação 7.9).

O valor de z pode ser obtido em qualquer tabela de distribuição normal. O Quadro 7.1 apresenta alguns valores de z e o nível de serviço correspondente:

Quadro 7.1 *Distribuição normal.*

Nível de Serviço	z	Nível de Serviço	z
99,9%	3,09	99%	2,32
98%	2,06	97%	1,88
96%	1,75	95%	1,68
94%	1,55	93%	1,47
92%	1,41	91%	1,34
90%	1,28	85%	1,04
80%	0,85	75%	0,67
70%	0,53	65%	0,39

Se uma empresa tem uma demanda de 350 unidades, com um desvio-padrão de 10 unidades, e deseja um estoque de segurança que garanta um serviço em 95% das situações possíveis, tem-se:

$$ES = 10 \times 1,68 = 16,8 \text{ unidades}$$

Para um aumento no nível de serviço, deve-se aumentar o estoque de segurança e, por consequência, seus custos, numa proporção exponencial. No exemplo acima, se o nível de serviço for de 99%, o estoque de segurança passa a ser de:

$$ES = 10 \times 2,32 = 23,2 \text{ unidades}$$

Contudo, por outro lado, se a empresa consegue estabilizar a demanda do produto e com isto diminuir o desvio para 5, o estoque de segurança também diminui:

$$ES = 5 \times 1,68 = 8,4 \text{ unidades}$$

7.5 CUSTO DE OPORTUNIDADE EM INVESTIMENTO EM ESTOQUE[3]

O investimento em estoque deve levar em consideração a possibilidade de a demanda ser superior à quantidade de produtos disponíveis. Nessa situação, existirá um custo de oportunidade decorrente da falta do produto na empresa. Quando uma empresa possui a informação de que a venda diária de determinado produto é de 50 unidades, isso não garante que a demanda do produto para cada dia seja exatamente de 50 unidades. A situação ideal é que a demanda seja constante ao longo do tempo, mas na prática é natural que ocorra desvio em relação a essa demanda. Nesse sentido, quanto maior o desvio, mais irregular é a demanda do produto. Ao levar em consideração o desvio no processo analítico, a gestão de estoque torna-se probabilística.

Considere um produto cujo preço de venda é $ 100 e o custo unitário é $ 80. Para cada venda perdida, por não existir o estoque na empresa, tem-se um *custo de oportunidade* de $ 20, que corresponde ao lucro unitário que deixou de ser auferido. Suponha que a empresa tradicionalmente mantenha um estoque médio de 55 unidades do produto, para uma demanda média de 50 unidades e desvio de 5 unidades. Uma vez que a demanda média é de 50 unidades, espera-se que, de forma geral, a empresa consiga atender a essa demanda na maioria dos dias. Entretanto, em alguns dias, o estoque não será suficiente para suprir a demanda. Uma forma de reduzir o custo de oportunidade é aumentar o estoque médio; entretanto, essa solução apresenta um custo, decorrente do maior volume de investimento necessário.

A demanda de um produto pode ser representada pela distribuição de probabilidade normal. Essa distribuição possui a vantagem de ser de fácil utilização, pois requer somente a informação da média e da dispersão. Com as informações disponíveis, é possível determinar, por exemplo, qual a probabilidade de a demanda ser superior ao estoque existente, ou fazer simulações com o efeito da redução do estoque médio sobre a chance da perda de venda pela inexistência do produto.

---

[3] Baseado, parcialmente, em SILVA, César Augusto Tibúrcio. Custo de oportunidade para o comércio. *Temática contábil e balanços*, nº 24, São Paulo: IOB, 1996.

A Figura 7.7 mostra a relação existente entre o número de unidades existentes no estoque médio e a perda de oportunidade para vender um produto.

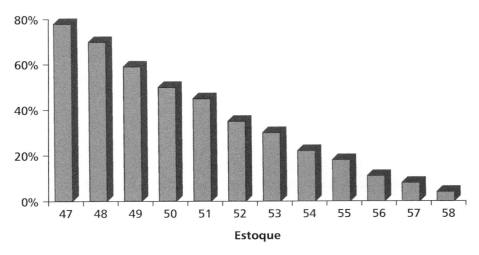

Figura 7.7   *Número de unidades em estoque e probabilidade de perda de venda – exemplo.*

Ao aumentar o volume de estoque, reduz-se a probabilidade de a demanda ser superior ao estoque e a empresa deixar de auferir receita. Contudo, essa decisão pode ser indesejável diante do custo de estocagem, da taxa de financiamento do ativo, entre outros. Para auxiliar na decisão, faz-se necessário determinar o custo de oportunidade esperado (COE), que pode ser obtido por meio da seguinte expressão:

$$\text{COE} = (\text{Preço de Venda} - \text{Custo}) \times \text{Desvio} \times \text{Valor da Normal Unitária}$$

Para determinar o valor da normal unitária é necessário calcular inicialmente o valor do z:

$z = (Estoque - Demanda) / Desvio = (55 - 50) / 5 = 1$

$Valor\ da\ Normal\ Unitária = d^m - z * (1 - d^c)$

Sendo d^m = função massa de distribuição normal, com média zero, desvio igual a unidade para o valor de z e d^c = função cumulativa da distribuição normal, também com média zero, desvio igual a unidade para o valor de z. Para $z = 1$, o valor da nominal unitária é de 0,0833.[4] Substituindo na expressão:

$$COE = (\$\ 100 - \$\ 80) \times 5 \times 0,0833 = 8,33$$

O custo de oportunidade esperado indica que a empresa tem uma perda de \$ 8,33 em seu lucro, em decorrência de seu nível atual de estoque. Em outras palavras, o lucro atual da empresa é menor em \$ 8,33 quando comparado com a situação em que toda a demanda é atendida. Esse valor obtido pode ser composto na parcela referente à receita e ao custo:

COE (Receita) = Preço de Venda $\times$ Desvio $\times$ Valor da Normal Unitária = $100 \times 5 \times 0,0833 = \$\ 41,66$

COE (Custo) = Custo $\times$ Desvio $\times$ Valor da Normal Unitária = $80 \times 5 \times 0,0833 = \$\ 33,33$

COE = COE (Receita) – COE (Custo) = \$ 41,66 – \$ 33,33 = \$ 8,33

Observe que o custo de oportunidade depende do lucro unitário, do desvio da demanda e da quantidade de estoque existente na empresa. Um aumento na dispersão da demanda faz com que o custo de oportunidade aumente. Suponha, a título de exemplo, que o desvio aumente de 5 para 10 unidades. Com isso aumenta-se o valor de z para 0,5 ou (55 – 50) / 10 e da normal unitária para 0,1978. O novo custo de oportunidade é:

$$COE = (\$\ 100 - \$\ 80) \times 10 \times 0,1978 = \$\ 39,56$$

Esse resultado é bastante intuitivo: se a demanda for mais inconstante, a chance de a empresa perder vendas por não ter estoque aumenta e, com ela, o custo de oportunidade esperado. Empresas que trabalham em situações de demanda mais constantes, com dispersão reduzida, possuem menor custo de oportunidade.

De igual modo, o custo de oportunidade também sofre influência da quantidade de estoque existente. Seja um aumento no estoque médio para 60 unidades, o novo valor de z será de 2 ou (60 – 50) / 5. O valor da normal unitária cai para 0,0085 e o COE será de apenas \$ 0,85.

7.6 LEC SIMPLIFICADO

Até o momento procurou-se mostrar situações onde o modelo básico do lote econômico não fosse suficiente, sendo necessário algum tipo de sofisticação (in-

---

[4] Esse valor também pode ser obtido por meio de uma planilha eletrônica. No Excel basta digitar: = dist.norm(1 ;0;1 ;0) – 1*(1–dist.norm(1 ;0;1 ;1)).

flação, falta planejada, desconto e situação de produção). Este tópico discute a possibilidade de simplificar o modelo.

Em certas situações, quando a empresa possui muitos tipos diferentes de estoques ou não comporta um modelo mais sofisticado, a utilização do lote econômico de compra pode ser inadequada. O principal problema encontra-se na estimativa do custo de estocagem e do custo do pedido. Dessa forma, a empresa está procurando um modelo de gestão de estoque que seja simples e que evite a falta do produto e penalize a empresa com um custo de oportunidade elevado.

O sistema proposto aqui apresenta uma forma simples de usar um gerenciamento de estoques com grande quantidade de itens e inexistência de sistema de custo.

Concentra-se nos produtos com uma grande demanda. Para os produtos de baixa *demanda,* deve-se manter uma quantidade *mínima* no estoque.[5]

As informações necessárias são a quantidade média demandada, o desvio-padrão, o nível de serviço, o estoque de segurança e o prazo da entrega física do produto. Com essas informações é possível determinar o volume em estoque e o ponto de recompra.

Para mostrar como funciona, considere, a título de exemplo, um produto X com uma demanda de dez unidades por dia e um desvio-padrão de 6 ao dia. Para um nível de serviço de 95% tem-se o seguinte estoque de segurança, conforme explicado, anteriormente, no item 7.4:

Estoque de Segurança $= 1,68 \times 6 = 10,08 \cong 10$ unidades

Como o fornecedor demora em média três dias para entregar o produto, isso significa que desejando obter a quantidade mínima em estoque é necessário considerar a demanda diária, o estoque de segurança e o prazo para entrega de novas unidades:

> Quantidade Mínima em Estoque = Demanda Diária + Estoque de Segurança + Tempo de entrega do Fornecedor = 10 + 10 + 30 = 50 unidades

Isso significa que a empresa deverá ter no mínimo 50 unidades na prateleira. Essa quantidade corresponde a estoque que "dispara" um novo pedido. Considerando que a empresa trabalhe com uma política de ter sete dias de venda em estoque, isso significa dizer que o pedido deverá ser de 60 unidades do produto, ou seis dias de vendas menos o estoque de *segurança.*

---

[5] Na realidade, trata-se de uma aplicação da curva ABC, que será comentada no Capítulo 8 do livro.

7.7 JUST-IN-TIME

Até agora, este capítulo tem-se preocupado em responder *quanto* e *quando* deve-se adquirir estoques. O modelo utilizado, o lote econômico de compra, tem sido criticado por estar preocupado em minimizar custos, deixando de lado fatores como demanda, preço, valor do dinheiro no tempo, característica do produto, entre outros.

O lote econômico deve ser entendido como uma ferramenta para auxiliar na tentativa de estabelecer parâmetros para as duas questões fundamentais da gestão de estoques: quanto comprar e quando comprar. Deste modo, o lote econômico não substitui a administração de estoques, mas apenas a torna mais fácil, pois estabelece parâmetros para decisão.

Nas décadas de 70 e 80, surgiram diversas teorias voltadas à gestão do *estoque, que buscavam resolver alguns dos problemas apresentados pelo LEC* na prática. Dentre estas teorias o capítulo deter-se-á, a partir de agora, em três consideradas mais relevantes: o *just-in-time*, o MRP e o OPT.

O *just-in-time* (JIT) é uma filosofia de gestão empresarial criada no Japão, baseada em dois fundamentos, a saber: *eliminação total dos estoques* e *produção puxada pela demanda*. Esta filosofia de gestão, não é exagero afirmar, alterou a forma de pensar da administração de estoques.

A filosofia do *just-in-time* supõe que a empresa somente deve produzir aquilo que tiver demanda. Inexistindo tal ênfase, o gestor de cada unidade da empresa, para melhorar seu desempenho, geralmente procura produzir sempre mais, independentemente da existência de demanda. Isto acontece em decorrência dos chamados custos fixos – custos que não se alteram com a quantidade produzida – e dos custos administrativos.

Estes custos usualmente são rateados a cada unidade da organização (divisão, departamento etc.) tendo por base o volume produzido. Deste modo, quanto maior o volume de produção da unidade organizacional, maior o valor a ser dividido e, por consequência, menor o custo por produto obtido pela unidade da organização.

Com o JIT, a produção só começa quando existir um produto demandado pelo cliente. Por isto afirma-se que na visão tradicional o processo produtivo inicia-se quando existe matéria-prima, enquanto na visão do JIT o processo depende da existência da demanda. Portanto, no JIT os equipamentos somente são utilizados quando necessários, mesmo que isto implique que a contabilidade de custos da empresa apure maiores custos por produtos.

Por dar início ao processo econômico da empresa somente quando existir demanda, o JIT termina por buscar a *eliminação dos estoques*.

> É importante notar que a implantação do JIT depende não só de um bom gerenciamento da empresa, mas de fatores externos também. Situações onde existem problemas crônicos de logística podem impedir sua implantação.

No início deste capítulo, foi comentado que um dos objetivos da formação de estoques é exatamente estabilizar o processo produtivo da empresa. Formam-se estoques para que o fluxo de produção dentro da empresa seja sempre contínuo.

Assim, estoques têm sido utilizados para evitar que ineficiências do processo produtivo fiquem evidentes e não para atender ao cliente. O JIT, ao buscar a eliminação do estoque, procura tornar estas ineficiências transparentes para que o gestor possa combatê-las. (A ideia é tornar evidente o problema para tentar resolvê-lo. Assim, o estoque deixaria de funcionar como solução de problemas estranhos à gestão deste ativo.)

Com o objetivo de eliminar os estoques, a empresa deve alterar o processo produtivo de tal forma que reduza ao máximo o número de defeitos, o tempo que não agrega valor, o volume de matéria-prima adquirida de fornecedores, a movimentação do estoque e a complexidade do processo de produção:

a. *Redução no número de defeitos* – Será através da atenção à manutenção preventiva e do controle de qualidade que o *just-in-time* conseguirá reduzir o número de defeitos.

   Enquanto numa empresa tradicional existe um setor responsável pela verificação da qualidade do produto, numa empresa que adota o JIT são os próprios funcionários que devem fazê-la. Assim, elimina-se a função específica de controle de qualidade e a inspeção deixa de ser por amostragem, tornando-se abrangente a todos os produtos da empresa.

   Acredita-se que a empresa tenha um ganho na qualidade de seus produtos. Em algumas empresas, a busca da qualidade chega ao ponto de permitir que funcionários paralisem toda a linha de produção ao notarem que algo está errado.

   Outro fato que ajuda no controle da qualidade do produto das empresas que adotam o *just-in-time* decorre de a produção ser feita em lotes menores. Isto traz a vantagem de permitir a correção mais rápida dos defeitos, se estes forem verificados.

   Dois outros fatores contribuem para redução do nível de defeitos: a busca da organização e limpeza da empresa e a verificação e manutenção diária dos equipamentos.

b. *Redução do tempo que não agrega valor – O lead time* corresponde ao tempo existente entre a entrada do pedido na linha de produção e a finalização do produto, passando pela preparação das máquinas, o processamento propriamente dito do produto e a movimentação da fábrica para a expedição. Do *lead time*, uma grande parcela não adiciona valor ao produto e, por este motivo, deve ter o tempo dedicado a tal tarefa reduzido ao máximo. Por esta razão, no JIT, grande ênfase é dada à preparação das máquinas, ao *layout* da fábrica, à rapidez que um pedido é comunicado à fábrica etc.

c. *Redução na quantidade comprada dos fornecedores* – Com o objetivo de reduzir o volume de matéria-prima adquirida dos fornecedores, o JIT busca minimizar o tamanho do lote de compra. Assim, enquanto o lote econômico de compra busca a quantidade que minimiza o custo total de estocagem, o *just-in-time* visa ao lote mínimo, independentemente do resultado financeiro que isto possa ter.

Os defensores do JIT acreditam que o menor lote é mais interessante para a empresa, por reduzir os custos de administração de estoques e os custos de produção. Acredita-se também que menor volume de estoques melhora o processo produtivo, arejando a fábrica.

Para atingir o objetivo de redução no volume de compras, o JIT sugere que os recebimentos sejam mais frequentes e mais confiáveis, e a forma para obtenção deste resultado encontra-se no relacionamento com os fornecedores:

d. *Redução no número de fornecedores* – No *just-in-time*, a empresa reduz o número de fornecedores usuais, o que leva, como consequência, a uma redução no custo de administração de estoques.

Ao reduzir o número de fornecedores, a empresa passa a ter maior vínculo com aqueles remanescentes, possibilitando expandir seus conceitos de qualidade. Assim, visando a reduzir o custo de inspeção, uma empresa que adota o JIT procura fazer com que seus fornecedores sejam confiáveis não somente quanto ao prazo de entrega, mas também com respeito à qualidade dos produtos vendidos.

e. *Redução da movimentação do estoque* – Para atingir tal objetivo, a empresa deve reestruturar a disposição física de seus equipamentos, de tal modo que o movimento do estoque pela fábrica seja minimizado.

Assim, o *layout* da fábrica é determinado a partir da movimentação do estoque pela fábrica, não se levando em consideração as unidades organizacionais, como na fábrica tradicional. A menor movimentação do estoque pela fábrica tende, por sua vez, a reduzir os erros e a minimizar o tempo de movimentação, ou seja, reduzir o *lead time*.

f. *Redução da complexidade do processo produtivo* – Ao reduzir a complexidade, a empresa lida com uma variedade menor de estoques – e, consequentemente, de fornecedores – e uma rapidez maior na produção.

Isto ocorre, por exemplo, na indústria automobilística, onde a produção de um modelo estava dissociada da produção de outro. Atualmente, tem-se nesta indústria linhas de produtos em que a maior parte do processo produtivo de um modelo é compartilhado por outro modelo. Isto reduz o custo, por reduzir a complexidade do processo de fabricação.

Uma das formas mais usuais de melhor administrar o processo produtivo e, por consequência, a gestão de estoques, é através do *custo-meta*. Antes de começar a fabricação de uma linha de produtos, a empresa determina qual o seu custo e o confronta com o custo de um concorrente. Através desta comparação, determinam-se os pontos em que a empresa pode melhorar o processo produtivo, buscando obter um produto com menor custo possível.

> O custo-meta tem sido usado em certos tipos de indústrias, como a de produtos duráveis de consumo. Nesses casos, a criação de modelos de produtos já existentes com menor custo pode significar uma importante vantagem competitiva.

O Quadro 7.2 apresenta um exemplo de um estudo de custo-meta para o item XYZ. As informações foram resumidas em somente três tipos de custo: matéria-prima, inserção de peças e tempo de máquina.

Quadro 7.2   *Custo-meta – produção do item XYZ.*

	Empresa	Concorrente
a. Custo da Matéria-prima	$ 200	$ 180
b. Número de Itens	10	11
c. Custo Total da Matéria-prima (a × b)	$ 2.000	$ 1.980
d. Número de Inserção de Peças	150	136
e. Custo de cada Inserção	$ 1,5	$ 1,6
f. Custo Total de Inserção (d × e)	$ 225	$ 217
g. Tempo de Máquina – Minutos	4	4,4
h. Custo da Máquina/Minuto	$ 115	$ 105
i. Custo Total de Máquina (g × h)	$ 460	$ 462
Custo Total (c + f + i)	$ 2.685	$ 2.659

Para a produção do XYZ, a empresa teria um custo de $ 26 a mais do que o concorrente imediato. Este custo a maior deve-se ao custo de matéria-prima por unidade ($ 200 *versus* $ 180), ao número de inserção de peças (150 *versus* 136) e ao custo de fabricação por hora ($ 115 *versus* $ 105). A empresa tem vantagem no número de itens, no custo de cada inserção e no tempo de fabricação.

Mantendo a atual estrutura de fabricação do produto, a empresa será menos competitiva que seu concorrente direto. Uma das alternativas possíveis para melhorar o custo final do produto é reduzir o custo da matéria-prima, particularmente através do custo unitário. Uma redução de $ 3 no custo de cada matéria-prima, por exemplo, já é suficiente para que o custo da empresa seja menor.

Outro fator que pode fazer com que a empresa reduza seu custo de produção é o número de inserção de peças. Atualmente, a empresa tem em seu produto 150 inserções. A empresa pode alterar o desenho do produto, visando a reduzir o número de inserções para 130 peças, por exemplo.

Finalmente, pode-se obter uma redução no custo através de um custo de fabricação de $ 106, por exemplo. Assim, o custo-meta fornece à empresa um retrato que mostra onde deve atuar para que seus produtos sejam mais competitivos e menos complexos.

7.8 CONCILIAÇÃO ENTRE O *JUST-IN-TIME* E O LOTE ECONÔMICO DE COMPRA

Uma política de estoque de uma empresa procura determinar quanto e quando solicitar insumo de um fornecedor.

Em resumo, a adoção do *just-in-time* numa empresa significa que a determinação de quanto e quando pedir de estoque fica dependente da demanda, ou seja, de uma variável externa à empresa.

No lote econômico de compra, pelo contrário, determina-se o quanto pedir, de tal sorte que o custo de gestão de estoque seja minimizado.

Diante destas diferenças, os defensores do *just-in-time* argumentam que o lote econômico é incompatível com essa técnica, por levar à formação indesejada de estoques.

Na prática, a adoção do JIT depende de uma série de fatores que possivelmente nem todas as empresas têm condições de obter: relacionamento adequado com os fornecedores, existência de demanda estável ao longo do tempo, número reduzido de produtos e o fato de o tempo de espera por parte do cliente não significar perda de venda, como ocorre no comércio, são algumas das condições necessárias para a implantação do *just-in-time*.

Em situações práticas, a inexistência destas condições ideais levou algumas empresas a adotarem o *just-in-time* com adaptações. Deste modo, existem organizações que utilizam o JIT com uma pequena parcela de estoques de produtos finais.

Entretanto, o *just-in-time* e o lote econômico podem ser conciliáveis. Tradicionalmente, tem-se *subestimados o custo de estocagem*, não se levando em conta, por exemplo, os custos adicionais decorrentes da movimentação do estoque na fábrica. A melhor apuração do custo de estocagem e a *redução do custo de pedido*, pela própria redução do número de fornecedores, reduzem o tamanho do lote a ser comprado.

> Com respeito à subestimação do custo de estocagem, alguns autores[6] chegam a considerar que o custo de estocagem representa cerca de 20% do valor do estoque. Esse percentual é uma "regra informal" na gestão de estoque, podendo ser adotada pela empresa, com as devidas adaptações.

Considere-se o *exemplo* apresentado no início deste capítulo. Naquele exemplo, as vendas da empresa eram de 100 unidades, o custo do pedido era de $ 1 e o custo de estocagem era de $ 0,2. Ali, o lote econômico obtido foi de 32,62 unidades.

Ocorrendo uma diminuição do número de fornecedores e, com isto, reduzindo-se custo do pedido para $ 0,1, além de uma melhor apuração do custo de estocagem, que revelasse um custo de $ 0,7, o novo lote seria:

$$Q^* = \sqrt{\frac{2 \times 100 \times 0,1}{0,7}} = 5,35 \text{ unidades}$$

Assim, o LEC diminui de 31,62 unidades para 5,35 unidades como consequência, a apuração do custo de estocagem de maneira mais realista e com a diminuição do custo do pedido.

7.9 *MANUFACTURING RESOURCES PLANNING II* – MRP II

O MRP II (*Manufacturing Resources Planning II*) é um sistema computacional que objetiva cumprir os prazos de entrega de uma indústria com a formação mínima de estoques.

Para o modelo MRP, o lote econômico de compra não pode ser utilizado indistintamente para todos os produtos. Dos itens de uma indústria, alguns têm de-

---

[6] Por exemplo, MULLER, Max. *Essentials of inventory management*. New York: Amacom, 2003. p. 36.

manda que depende da demanda de outros, e somente uma pequena parcela tem uma demanda que depende tão somente do mercado.

Assim, um item utilizado na fabricação de um produto final depende não do mercado, mas do produto final. Como consequência da definição de produtos com demanda dependente e independente é que a demanda do primeiro deve ser feita com base na demanda do segundo, e não de acordo com o lote econômico.

Para visualizar o funcionamento do MRP, seja um produto final, produto A, que utiliza duas matérias-primas, B e C. Por sua vez, o insumo B, para ser fabricado, necessita do insumo D. Cada unidade de A necessita de duas unidades de B e três unidades de C. Cada unidade de B requer duas unidades de D. Este exemplo encontra-se resumido na Figura 7.8.

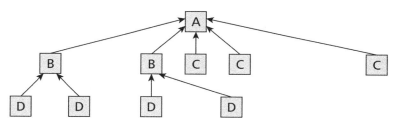

Figura 7.8   *MRP II – exemplo.*

Assim, B e C têm uma demanda que depende da demanda de A. A demanda de D também está vinculada à demanda de outro item, no caso, o insumo B. Somente A tem uma demanda que depende do mercado, por isto é o único item em que se poderia aplicar o lote econômico.

A partir da relação estabelecida acima, é possível determinar quantas unidades são necessárias de cada insumo, caso exista um pedido de 100 unidades de A:

Insumo B = 2 × 100 = 200 unidades

Insumo C = 3 × 100 = 300 unidades

Insumo D = 2 × 2 × 100 = 400 unidades

Suponha que o tempo gasto na produção de cada item seja de um dia para A, dois para B, 2 para C e 1 para D.

Para fabricar o produto A, parte-se do insumo D, utilizando-se um dia de produção. Após a produção de D, gasta-se mais dois dias em B e um dia para finalizar A, totalizando quatro dias de produção.

O insumo C pode ser fabricado ao mesmo tempo que os outros, e por este motivo ele pode estar disponível no início do quinto dia. Como este insumo consome dois dias de produção, o prazo máximo em que se deve iniciar sua produção é no início do segundo dia. A opção de iniciar a fabricação de C no primeiro dia não deve ser considerada, pois um dos objetivos do MRP é reduzir o volume de estoques.

Como eventualmente a empresa deve ter algumas unidades em estoque de cada um dos itens acima, o MRP determina a produção de unidades somente na quantidade para que o pedido seja atendido.

Assim, se existirem cinco unidades de A em estoques, a empresa precisa fabricar somente 95 unidades de A:

Quantidade Demandada do Produto A	100 unidades
– Quantidade existente em Estoque	5 unidades
= Quantidade a ser Produzida de A	95 unidades

Do mesmo modo, a quantidade necessária dos insumos B e C reduz-se de 200 e 300 unidades, nesta ordem, para 190 e 285 unidades: pelo fato de cada unidade de A precisar de duas unidades de B, ter cinco unidades de A em estoques representa a não produção de dez unidades de B. Assim, em lugar das 200 unidades, a empresa pode fabricar somente 190. Se por acaso existirem 10 unidades de B em estoques, o volume a ser produzido de B diminui para 180 unidades:

Quantidade a ser Produzida de A	95 unidades
× Número de item B existente em cada A	2 unidades
= Quantidade Demandada de B	190 unidades
– Quantidade de B existente em estoque	10 unidades
= Quantidade a ser produzida de B	180 unidades

Para chegar à produção de B, a empresa precisa iniciar o processo produtivo com D, o que significa uma necessidade de 360 unidades deste insumo. Existindo, por exemplo, 20 unidades em estoque de D, sua produção será somente de 340 unidades:

Quantidade a ser fabricada de B	180 unidades
× Número de D existente em cada B	2 unidades
= Quantidade Necessária de D	360 unidades
– Quantidade de D existente em estoque	20 unidades
= Quantidade a ser produzida de D	340 unidades

Com estas informações, um pedido de 100 unidades de A pode ser planejado pelo MRP, sendo possível determinar o momento em que cada insumo será realizado na empresa. Uma forma de expressar o processo de gestão de estoques no MRP é através de uma planilha em que estão expressas informações sobre em que período a empresa deve realizar cada tarefa do processo produtivo e quanto deve produzir. Estas planilhas, para o exemplo apresentado, são:

Produto A					
Período	**1º**	**2º**	**3º**	**4º**	**5º**
Necessidade					100
Estoque					5
Líquido					95
Realizado				95	

Produto B					
Período	**1º**	**2º**	**3º**	**4º**	**5º**
Necessidade				190	
Estoque				10	
Líquido				180	
Realizado		180			

Produto C					
Período	**1º**	**2º**	**3º**	**4º**	**5º**
Necessidade				285	
Estoque				0	
Líquido				285	
Realizado		285			

Produto D					
Período	**1º**	**2º**	**3º**	**4º**	**5º**
Necessidade		360			
Estoque		20			
Líquido		340			
Realizado	340				

A primeira linha de cada planilha informa o período em termos de dias. A segunda linha, denominada *necessidade*, informa a quantidade de cada item demandado pelo pedido. Para o produto A, são 100 unidades, para B são 190, para C são 285 e para D 360. Deve ser notado que, para os insumos, na quantidade requerida, já foi retirada a parcela de estoque do produto seguinte. Assim, no insumo B, já foi considerado que a produção de A será somente de 95 unidades.

A terceira linha, denominada *estoque*, informa a quantidade existente do item na empresa. Pelo fato de o MRP procurar minimizar a quantidade de estoque na empresa, espera-se que este volume seja reduzido ao máximo. A quarta linha informa a diferença entre a necessidade e o volume de estoque, ou seja, refere-se à diferença entre a segunda linha e a terceira. Este valor representa o quanto a empresa precisa fabricar de cada item.

A última linha mostra o valor realizado, sendo considerado aqui o momento em que se inicia o processo produtivo de cada item. Considere-se o insumo D, por exemplo, onde o realizado do insumo D encontra-se na coluna do primeiro dia, informando que este item terá sua produção iniciada neste dia. Já o valor do líquido encontra-se na coluna do segundo dia, sendo este o dia em que o item D será transferido para a linha de produção do insumo B. Confrontando com a planilha de B, deve ser notado que a produção deste insumo inicia-se no segundo dia, exatamente quando a divisão responsável por B recebe o insumo D.

Em linhas gerais, o MRP centraliza e coordena as atividades a serem desenvolvidas na empresa. Entretanto, alguns problemas podem ser levantados sobre a utilização do MRP. *Primeiro*, o MRP requer uma base de dados muito grande da empresa, o que o torna muito dispendioso. *Segundo*, é um sistema de gestão de estoques centralizador e que não incentiva a participação dos funcionários pois as tarefas são determinadas pelo próprio MRP.

7.10 *OPTIMIZED PRODUCTION TECHNOLOGY – OPT*

Optimized Production Technology (OPT) é uma abordagem de administração de empresas baseada no conceito de *gargalo*. Para o OPT, o objetivo da empresa é ganhar dinheiro; e esta meta é mensurada por três medidas: o fluxo de materiais que passa pela fábrica, o estoque e as despesas operacionais.

Fluxo de materiais é a taxa em que a empresa gera dinheiro pela venda de seus produtos. Em decorrência do objetivo da empresa, ou seja, ganhar dinheiro, não interessa computar neste fluxo os produtos já fabricados, mas não vendidos.

O conceito de *estoque* do OPT é diferente do conceito contábil, pois diz respeito a quanto a empresa gastou nos bens que vende. Ao contrário do conceito contábil, não inclui o valor adicionado pela empresa, mas somente o valor das matérias-primas utilizadas no produto final. (Tradicionalmente, a empresa apura o valor dos estoques através da soma do valor dos insumos mais os custos diretamente relacionados com o produto e o rateio dos custos indiretamente envolvidos.)

O OPT acredita que as aproximações da metodologia contábil e suas incoerências podem distorcer a visão dos empregados para o objetivo da empresa. Na visão tradicional, as unidades da empresa são incentivadas a produzir independentemente da existência de demanda. Conforme comentado anteriormente, a existência de custos que não variam com o volume da empresa incentiva o aumento de produção, pois isto reduz o custo unitário do produto e melhora o desempenho de cada unidade produtiva, embora traga um excesso inadequado dos estoques.

Despesas operacionais é o dinheiro gasto pela empresa para transformar o estoque em fluxo. As despesas de produção, que tradicionalmente estão embutidas no valor dos estoques, são considerados pelo OPT neste item.

O OPT afirma que existem dois tipos de recursos na empresa: o *recurso gargalo* e o *recurso não gargalo*. Se uma empresa tem excesso de capacidade em todos os seus recursos, ainda assim existirá o mercado como um fator restritivo.

O OPT considera que a empresa deve dar importância aos recursos gargalos, pois são eles que determinam toda a gestão da empresa, inclusive a gestão de estoques. Se, por exemplo, existir determinado tipo de estoque que a empresa tem dificuldade de conseguir, atenção maior deve ser dada a este estoque, pois ele será gargalo para a empresa.

Para ilustrar como o recurso gargalo é importante para a empresa, considerem-se dois recursos, um gargalo, denominado X, e outro não gargalo, denominado Y. Existem quatro situações básicas de relacionamento entre estes recursos:

a. *X é utilizado na produção de Y* – Neste caso, a produção de Y está condicionada à produção de X, e este determinará o nível de atividade de Y, pois não se pode produzir Y sem X.

b. *Y é utilizado na produção de X* – A empresa pode produzir Y a plena capacidade, mas como a fabricação de X está restrita a determinado nível, este excesso de produção não será utilizado. Nestas situações, a empresa corre o risco de formar estoques indesejados de Y pela incapacidade de dar vazão a esta produção.

c. *X e Y são utilizados na montagem de um terceiro produto* – Nesta situação, Y pode também ser produzido a plena capacidade. Como existe, porém, um gargalo na produção de X, o produto a ser montado dependerá da quantidade deste insumo. Nesta situação, é comum a formação de estoques em excesso de Y.

d. *X e Y são independentes* – Se Y não se relaciona com nenhum recurso gargalo, ainda assim existirá a restrição dada pela demanda do produto. Não adianta produzir muito, a custo baixo, se o mercado não consegue absorver o produto.

Estas quatro situações básicas mostram a importância do gargalo na gestão da empresa. O OPT acredita que a utilização de um recurso não gargalo qualquer deve estar condicionada por uma restrição, e não a sua disponibilidade. Não adianta fabricar o produto Y a plena capacidade se existe restrição para ser absorvido pela empresa ou pelo mercado. Assim, estes recursos não gargalos devem ser planejados tomando-se por base as restrições existentes na empresa.

O gerente deve dar atenção ao recurso gargalo, pois obter uma capacidade adicional neste tipo de recurso significa obter capacidade adicional para toda a empresa. Por outro lado, economizar ou aumentar a capacidade de recurso não gargalo não influi em nada no resultado como um todo da empresa.

Os recursos gargalos são tão importantes que o OPT defende a formação de estoques somente de insumos destes recursos. A existência destes estoques objetiva evitar que a falta de insumo paralise um recurso gargalo e, por consequência, a empresa perca capacidade de produção.

EXERCÍCIOS

Questões

1. Quais são as razões para uma empresa investir em estoques?

2. Cite exemplos práticos de setores da economia onde cada uma dessas razões podem ocorrer.

3. Quais são as suposições do modelo do Lote Econômico de Compra?

4. Discuta até que ponto cada uma das restrições do LEC pode efetivamente impedir a sua utilização.

5. Determine quais são as variáveis importantes na decisão de estocagem pelo lote econômico de compra.

6. Antes da estabilização da economia, as empresas brasileiras investiam muito em estoque como forma de proteção dos recursos. Isso era correto?

7. O que diferencia o *Just-in-time*, o MRP e o OPT do Lote Econômico de Compra?

Problemas

1. A empresa Polgar S.A. apurou que o custo de fazer cada pedido é de $ 1,2 e que o custo de estocagem é de $ 20. O produto comercializado pela empresa possui uma demanda de 9 mil unidades ano.

    a. Qual o tamanho do lote que a empresa deve adquirir de seu fornecedor de modo a maximizar o seu lucro?

b. Qual o estoque médio da empresa?

c. Acrescente uma unidade ao lote obtido na questão anterior e prove que este novo lote não maximiza o lucro da empresa.

d. Subtraia uma unidade ao lote obtido na alternativa "a" e prove que este novo lote não maximiza o lucro da Polgar.

e. Qual o intervalo de tempo entre um pedido e outro?

f. Se o fornecedor demora três dias para entregar o produto, qual o lote de segurança? Nessa situação, qual o estoque médio da empresa?

g. Considere a situação original. Caso o produto tenha um percentual de aumento de 10%, qual deverá ser o lote econômico numa situação de pré-alta?

2. Karpov é um produto que possui uma demanda de mil unidades/mês, com um desvio-padrão de 50 unidades-mês. O gerente da empresa deseja um nível de serviço de 90%. Qual o estoque de segurança? Suponha um custo do produto de $ 4,00 por unidade e que o gerente está estudando adotar um nível de serviço de 95%. Qual o impacto disso no investimento em estoque?

3. A Gráfica e Papelaria São João da Boa Vista fabrica e comercializa formulários utilizados para declaração de tributos ao governo federal e estadual. Além disso, a gráfica faz pequenos trabalhos como convites para casamento, impressos comerciais etc. Como é de praxe, anualmente os formulários de tributos se alteram e a empresa tem que produzir novos formulários. Para o ano de x8 a empresa efetuou a seguinte estimativa:

Tributo	Demanda Anual	Produção semanal (f)
Tributo 1	4.000 impressos	500
Tributo 2	5.000 impressos	300
Tributo 3	15.000 impressos	3.100
Tributo 4	1.800 impressos	500

Pela estimativa da empresa, o custo de interrupção é de $ 34,00 para um custo de estocagem de $ 0,02. Determine a quantidade a ser produzida de cada formulário, assim como o estoque existente ao final da produção.

4. A demanda de um produto é de 20.000 unidades por ano. O custo do pedido é de $ 8,00 para um custo de estocagem de $ 0,75. Desse modo, o lote de compra é de 653 unidades. Um fornecedor está concedendo $ 0,25 de desconto sobre o preço de $ 30,00 por unidade adquirida, caso a compra seja acima de 2.500 unidades. O desconto pode chegar a $ 0,30 caso a compra seja acima de 5.000 unidades.

a. Determine se a empresa deve aceitar o desconto.

b. De quanto deveria ser o desconto para que a empresa adquira um lote de 5.000 unidades.

c. Uma alteração na gestão de estoque resultou numa redução do custo de estocagem para $ 0,60. Qual o impacto desse fato no lote econômico de compra? Isso deverá alterar a aceitação do desconto?

5. Para cada uma das situações apresentadas a seguir determine a quantidade a adquirir numa situação de pré-alta. Sabe-se que a demanda mensal é de 500 unidades.

	Taxa de Juros	Aumento Previsto
Situação Padrão	10%	21%
Situação 1	10%	33,1%
Situação 2	4,89%	21%

6. Para produzir K, a empresa Pindaíba precisa dos insumos L, M e N, conforme consta da figura a seguir:

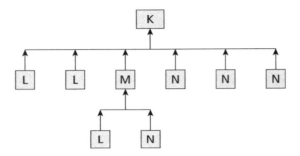

As quantidades em estoque e o período necessário para fabricar são apresentados a seguir:

Produto/insumo	Quantidade em Estoque	Tempo de Produção
K	4 unidades	2 dias
L	3	2
M	6	3
N	8	1

A empresa recebeu uma encomenda de entregar 20 unidades de K. Faça o planejamento da produção, determinando o prazo e a quantidade a ser produzida. De quanto tempo a empresa necessita para atender o pedido?

8

Avaliação da Decisão de Estocagem

A decisão de aumentar ou diminuir o prazo de estocagem, comprar mais ou menos quantidades por lote e melhorar o tempo do processo produtivo são típicas decisões de investimento tomadas por uma empresa. Pelo fato de a decisão de estoques também ser uma decisão de investimento, faz-se necessário analisar a rentabilidade de tal decisão, comparando-se os custos da aplicação em estoques com os prováveis benefícios obtidos.

Será no confronto entre o custo da política de estocagem e sua rentabilidade que se poderá melhor avaliar a decisão da empresa e fornecer informações para melhorar o desempenho de seu ciclo operacional.

Este capítulo procura desenvolver um modelo de avaliação da decisão de estocagem mais adequado às características da empresa brasileira.

Apresentam-se inicialmente considerações sobre a gestão de estoques em situações de variação de preços.

Dentro da visão de que o estoque é um investimento realizado pela empresa, procura-se conjugar a apuração do resultado do investimento, feita na primeira parte deste capítulo, com sua característica de liquidez. O retorno sobre investimento em estoque é uma medida que relaciona a margem obtida em cada produto com seu giro.

Através da curva ABC, um instrumento tradicional de gestão de estoque, poder-se-ão segregar os estoques por seu grau de importância e, posteriormente, definir a política de gestão de estoque, onde se inclui o controle e a avaliação deste ativo.

O capítulo termina fazendo uma recapitulação de alguns conceitos apresentados e utilizando-os para avaliação de uma política de estocagem através de demonstrativos contábeis.

8.1 ESTOQUES EM SITUAÇÕES DE VARIAÇÕES DE PREÇOS

A medida mais simples de mensuração de desempenho de estoque é a comparação entre o valor obtido na venda, preço de venda e o seu custo. Espera-se que a diferença entre o preço e o custo seja suficiente para gerar lucro para a empresa.

Entretanto, em situações de variação de preços, esta medida de desempenho pode estar distorcida. E isso pode ocorrer em razão seja da variação geral de preços da economia, inflação, ou das variações específicas de preços. Em ambos os casos, a comparação entre o preço e o custo pode ficar prejudicada.

8.1.1 Estoques com inflação

Em situação de inflação, os preços de toda economia se alteram. Nesse caso, não se deve comparar os preços de uma data com os de outra sem fazer um ajuste. Esse problema é maior quanto maior for a inflação e quanto mais indexados estiverem os insumos.

Considere um produto que foi adquirido por $ 100 e vendido, meses depois, a $ 140. Usando os valores nominais, ou seja, sem considerar a inflação, tem-se que o resultado da venda corresponde a $ 40 ou uma margem bruta de 28,57% (= $ 40/$ 140).

Esse resultado está superestimado, pois não considera que entre a compra da mercadoria e sua venda existiram variações de preços na economia. Considere que nesse período a taxa de inflação tenha sido de 5%. Assim, na data da venda, o custo do produto que foi vendido seria o valor de custo vezes (1 mais a inflação do período). Ou $ 100 × (1 + 5%/100) = $ 105.

O retorno obtido na operação seria dado pela comparação desse novo valor, $ 105, com o preço de venda, $ 140, indicando um lucro bruto de $ 35 e uma margem bruta de 25% ou 35/140. Assim, a taxa de inflação reduz a lucratividade da operação com mercadorias. E quanto maior a inflação do período, maior o efeito sobre a margem.

Os efeitos inflacionários também podem ocorrer em situações onde existe compra e venda a prazo. Nesse caso, o processo de mensuração é um pouco mais complexo, mas se devem levar em consideração somente os valores presentes da operação. Suponha, para exemplificar, que uma mercadoria foi adquirida no dia 1º de maio, por $ 100, com prazo de pagamento de 40 dias. Dois meses depois da compra, o estoque foi vendido por $ 140, com prazo de recebimento de 30 dias. A figura a seguir representa, graficamente, a operação:

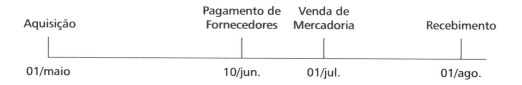

Considerando a data da venda como momento de análise da operação, faz-se necessário transformar os $ 100 de custo na data do dia 1º de julho, assim como o preço de venda, que será recebido em 1º de agosto. Supondo uma inflação de 1% ao mês, o resultado da operação será dado por:

Preço de Venda a Valor Presente de 1º/jul. = $\dfrac{140}{(1+0,01)^1}$ = $ 138,61

Custo do Produto a Valor Presente de 1º/jul. = $100 \times (1+0,01)^{20/30}$ = 100,67

Lucro com o Produto Vendido a Valor Presente de 1º/jul. = 138,61 − 100,67
= 37,95

Com isso, a margem bruta é de 27,38% ou 37,95/138,61.

O modelo de cálculo apresentado anteriormente é uma simplificação. Já que não considera a taxa de juros existente na operação de compra a prazo e venda a prazo. Em ambientes inflacionários, onde a taxa de juros mensal é bastante elevada, modelos mais complexos devem ser usados.[1]

8.1.2 Estoques com variações específicas de preços

O estudo de gestão de estoque apresentado anteriormente preocupou-se em comparar o custo da mercadoria com a receita obtida, ambos em moeda de mesmo poder aquisitivo. Assim, com determinado capital investido, a empresa compra e vende produtos, obtendo um resultado com tal atividade.

Essa análise concentra-se no montante investido pela empresa e no retorno obtido com tal investimento. No entanto, em qualquer economia, é comum ocorrer variações nos preços das mercadorias, distintas da inflação. Assim, enquanto a inflação aumenta 10% em determinado período, o estoque pode sofrer um aumento de 20% ou de 7%, ou até mesmo uma redução de preço.

---

[1] Até a 3ª edição desta obra apresentava-se modelos mais sofisticados de análise. Para aqueles que desejam uma sofisticação maior, o modelo pode ser encontrado no endereço eletrônico da editora.

Uma análise da política de estocagem tem que levar em consideração a variação no valor específico de cada estoque, para determinar se a empresa tem capacidade de fazer a reposição do produto nas condições existentes anteriormente.

Além disso, deve segregar dois tipos de rentabilidade: aquela proveniente da transação de compra e venda do estoque; e a outra, decorrente da manutenção de um estoque.

A preocupação é saber se a empresa consegue manter a capacidade de gerar lucro através de seu ciclo operacional. Aquisições de estoques antes de aumentos específicos de preços geram, para a empresa, um ganho de estocagem que será realizado no momento da venda do produto. Por outro lado, comprar estoques antes de uma redução de preço específico do produto promove uma perda de estocagem.

Considere uma empresa que comprou 16 unidades de um produto a $ 10 cada. Dias depois, a empresa comercializa 10 unidades por um preço de venda de $ 14 cada. A apuração do resultado é apresentada a seguir de maneira detalhada:

Receita de Venda	= 10 unidades a $ 14	= 140
– Custo da Mercadoria Vendida	= 10 unidades a $ 10	= (100)
Resultado com a Venda		= $ 40

Admita que a mercadoria que foi vendida tem agora um custo para a empresa de $ 11 cada. O fato de ter adquirido o produto a $ 10, e não $ 11, gerou um ganho, aumentando a lucratividade da empresa. Assim, considerando que a empresa deve repor o produto que foi vendido por um preço maior, a apuração do resultado seria a seguinte:

Receita de Venda	= 10 unidades a $ 14	= 140
– Custo para Repor a Mercadoria	= 10 unidades a $ 11	= (110)
Resultado com a Venda		= $ 30

O resultado a menor é compensado pelo fato da empresa ter ganho $ 1 por mercadoria vendida, já que adquiriu o produto por um valor menor. Além disso, o estoque que ficou na empresa também irá gerar uma economia no futuro. Nesse caso, a forma mais analítica para esta situação é a seguinte:

Receita de Venda	= 10 unidades a $ 14	= 140
– Custo para Repor a Mercadoria	= 10 unidades a $ 11	= (110)
+ Ganho de Estocagem	= 10 unidades a $ 1	= 10
= Resultado com a Venda		= $ 40
+ Ganho de Estocagem não Realizado	= 6 unidades a $ 1	= 6
= Resultado não Realizado		= $ 46

Em outras palavras, no período a empresa teve um resultado com a venda de $ 40, sendo $ 10 pelo fato de ter adquirido a mercadoria antes do aumento de preços. Isso possibilitou que a empresa tivesse um ganho com as mercadorias que ficaram no estoque, no valor de $ 6, também por ter adquirido o produto antes do seu aumento.

Essa forma de apuração do resultado com o estoque é mais esclarecedora do que a apresentada anteriormente. Com efeito, na demonstração separam-se os ganhos derivados da transação daqueles provenientes da estocagem.

8.2 RETORNO SOBRE INVESTIMENTO EM ESTOQUE

No Capítulo 7, discutiu-se que o volume investido em estoque guarda uma relação com a disponibilidade desejada do produto. Assim, quanto maior o *nível de serviço* maior deve ser o investimento requerido.

Esta relação, entre a disponibilidade do produto (nível de serviço) e o investimento em estoque, é crescente exponencialmente. Naquele capítulo foram apresentadas técnicas que permitem melhorar o nível de serviço sem demandar um padrão de investimento.

Graficamente, a relação de nível de serviço e investimento em estoque encontra-se na Figura 8.3.

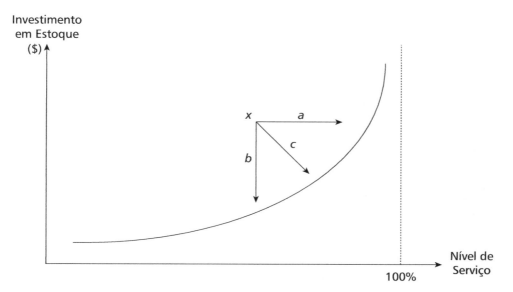

Figura 8.3 *Relação entre nível de serviço e investimento em estoque.*

A Figura 8.3 define uma curva que representa a relação ótima entre a inversão neste ativo e o nível de serviço, sendo representado também o ponto onde encontrar-se-ia uma empresa qualquer (x na figura). Através de técnicas como, por exemplo, o *just-in-time*, busca-se caminhar no sentido da curva, seja aumentando o nível de serviço sem investir em inventário (seta a), seja mantendo o nível de serviço reduzindo-se o investimento em estoques (seta b) ou uma combinação destas duas políticas (c na figura).

Deste modo, o objetivo da política de estocagem é maximizar o nível de serviço com um investimento mínimo neste ativo. De outra forma, para dado nível de serviço, determinado pela política operacional de uma empresa, procura-se reduzir ao mínimo o volume aplicado no inventário.

Na primeira parte deste capítulo, mostrou-se como uma empresa pode avaliar a rentabilidade de investimento em estoque em situações de inflação e de juros altos. Posteriormente, comentou-se a situação da variação de preço específico e como é possível segregar o ganho de transação do ganho de estocagem.

No entanto, a determinação do resultado desta forma não é suficiente para uma análise do investimento em estoque. Por ser o estoque um item do ativo de uma empresa que tem uma renovação rápida, em algumas situações esta renovação ultrapassa a casa da dezena por ano, faz-se necessário também levar este fato em conta na análise.

Da mesma forma, não basta saber que um investimento em estoque de $ 100 foi realizado numa venda de $ 110 trinta dias após. Estes valores dizem respeito à relação custo/receita para um só produto.

Suponha que a empresa trabalhe com um estoque que tenha um prazo de estocagem de 30 dias. Neste caso, o perfil do investimento mostra que a empresa tem um lucro de $ 10 a cada venda efetuada. Caso o lucro seja reinvestido na aquisição de um novo estoque, que por sua vez será comercializado, em cerca de 10 meses, o montante inicial (= $ 100) será recuperado.

Uma variação no prazo de estocagem tem impacto direto sobre a rentabilidade da empresa. Considere um aumento no giro de estoques de modo que a venda do produto ocorra a cada 15 dias.

Nesta nova situação, se o lucro continuar sendo reinvestido na aquisição de estoques, em cinco meses a empresa terá o retorno de seu investimento inicial. Os Quadros 8.1 e 8.2 resumem as duas situações.

Quadro 8.1 *Influência do giro no investimento em estoque – situação original.*
(Prazo de estocagem = 1 mês; compra e venda a vista)

Mês	Venda	Custo do Produto	Lucro	Fluxo de Caixa Acumulado
0				– 100
1	110	100	10	– 90
2	110	100	10	– 80
3	110	100	10	– 70
4	110	100	10	– 60
5	110	100	10	– 50
6	110	100	10	– 40
7	110	100	10	– 30
8	110	100	10	– 20
9	110	100	10	– 10
10	110	100	10	0

Quadro 8.2 *Influência do giro no investimento em estoque – situação alternativa.*
(Prazo de estocagem = 1 quinzena; compra e venda a vista)

Mês	Venda	Custo do Produto	Lucro	Fluxo de Caixa Acumulado
0				– 100
0,5	110	100	10	– 90
1,0	110	100	10	– 80
1,5	110	100	10	– 70
2,0	110	100	10	– 60
2,5	110	100	10	– 50
3,0	110	100	10	– 40
3,5	110	100	10	– 30
4,0	110	100	10	– 20
4,5	110	100	10	– 10
5,0	110	100	10	0

O exemplo apresentado mostra que o conceito de giro de estoque é relevante para a análise de rentabilidade do investimento em estoque. Assim, não basta determinar a margem obtida pela empresa na compra de venda do inventário; é preciso relacioná-lo com o prazo de estocagem ou com o giro de estoques.

O *retorno sobre o investimento em estoque* (*RSIE*) é uma medida que relaciona o giro de estoque com a margem, ou seja, leva em consideração, no retorno, o prazo de estocagem da empresa. Seu cálculo é obtido pela equação 8.1.

$$RSIE = \frac{Margem \times Giro\ de\ Estoque}{1 - Margem} \qquad 8.1$$

No exemplo numérico, a margem era de 9,1 % e o prazo de estocagem variava de 1 mês, na situação original, e 15 dias, na situação alternativa. Desta forma, o giro de estoque corresponde a unidade e a dois, nesta ordem.

Calculando o retorno sobre o investimento em estoque para uma margem de 10% e giro de um:

$$RSIE = \frac{0,091 \times 1}{1 - 0,091} = 0,10$$

Caso o giro aumente para dois, tem-se:

$$RSIE = \frac{0,091 \times 2}{1 - 0,091} = 0,20$$

O retorno sobre o investimento em estoque mostra, de cada unidade investida, quanto a empresa lucra. No primeiro cálculo, tem-se que cada unidade investida gera $ 0,10 de lucro por mês. Dobrando o giro de estoque, através da redução do prazo de estocagem, a empresa dobra o retorno mensal obtido com cada unidade investida.

Deve ser ressaltado que os valores apresentados na aplicação acima estão expressos em termos mensais. Isto não significa que o retorno sobre o investimento em estoque não possa ser utilizado numa análise anual de uma empresa. Para isto, basta que o giro de estoque refira-se ao giro anual. Assim, no primeiro exemplo, o giro unitário mensal corresponde a um giro de doze quando a unidade é o ano e o RSTE é de:

$$RSIE = \frac{0,091 \times 12}{1 - 0,091} = 1,12$$

A equação do RSIE (equação 8.1) é importante na gestão do estoque por destacar a relação existente entre a lucratividade e o prazo de estocagem. Reduzindo este prazo, e por consequência aumentando o giro, a empresa poderá manter o mesmo retorno com a redução na margem.

Tomando-se o custo como dado, isto significa que uma redução nos preços pode levar a um aumento nas vendas, que por sua vez aumenta o giro nos estoques. Se, no exemplo acima, a margem se reduzisse de 9,1% para 3%, o retorno sobre o investimento realizado seria o mesmo se o giro do estoque tivesse aumentado de 12 para 36 (ou se o prazo de estocagem tivesse reduzido de 30 para 10 dias):

$$\text{RSIE} = \frac{0,03 \times \text{Giro}}{1 - 0,03} = 1,12$$

Giro = 36,21 vezes

Prazo Médio de Estocagem = (360/36 vezes) = 10 dias

Outra forma de visualizar a relação entre giro, margem e retorno é relacionar margem e giro para dado retorno. Caso ocorra um aumento no giro de estoque, a margem poderá ser reduzida sem que seja alterado o retorno sobre o inventário. De outra forma, se for possível aumentar a margem, o giro poderá ser reduzido sem perda de retorno.

A relação entre giro e margem, para dado retorno, é apresentada na Figura 8.4. A reta representa o mesmo retorno sobre o investimento em estoque, para giro e margem diferentes. Com um acréscimo no giro, a empresa poderá reduzir a margem e obter o mesmo retorno, sendo que giro de estoque muito elevado permite que se trabalhe com uma margem mais reduzida e se obtenha o mesmo retorno.

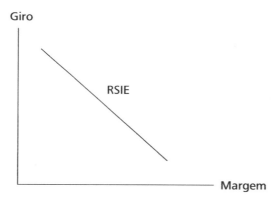

Figura 8.4 *Relação entre giro e margem para um mesmo RSIE.*

Um acréscimo no giro pode ser compensado por um acréscimo na margem, caso a empresa queira obter o mesmo retorno; nas situações em que o giro seja baixo, exige-se uma margem maior.

Considerando que o giro de estoque também depende da margem praticada pela empresa, uma redução nos preços, para o mesmo custo, poderá afetar o giro de tal forma que o retorno será inferior, igual ou superior ao que existia antes da alteração da margem.

Se o retorno permanecer o mesmo, estará num ponto da reta do gráfico da Figura 8.4; caso o retorno seja menor que o retorno inicial, a intersecção entre a nova margem e o giro encontrar-se-á abaixo da reta; finalmente, se o RSIE for maior que RSIE inicial, a intersecção entre a margem e giro ficará acima da curva do gráfico.

Este é exatamente o raciocínio que grandes empresas comerciais fazem. Em lugar de ter uma grande margem em cada produto, a empresa reduz o preço – e por consequência a margem – e com o aumento no giro de estoques, mantém – às vezes até amplia – o retorno sobre o valor que foi efetivamente investido no inventário.

Dentro de uma empresa, existirão itens com diferentes margens e diferentes giros. A lucratividade de cada item do estoque dependerá, portanto, não somente da margem, mas também do grau de utilização, expresso no giro de estoque. Produtos com pequena margem podem ser altamente lucrativos para uma empresa, se tiver um alto índice de rotação.

Já produtos que podem ser comercializados com uma margem maior poderão ter um giro menor. Produtos podem ser identificados e terem seu desempenho medido não somente em termos de margem, mas também em termos de retorno do investimento.

Para uma empresa que tem uma política de estoque com uma grande quantidade de itens diferentes, como é o caso do comércio varejista, é importante selecionar quais os que devem merecer uma atenção especial da empresa.

8.3 CURVA ABC

A curva ABC é uma metodologia que segrega os estoques por sua importância e permite que a administração da entidade dê mais atenção aos itens mais representativos. Numa empresa existirão, por um lado, uma pequena parcela dos estoques responsável pela maioria da sua receita; por outro lado, existirá uma grande quantidade de itens que terão reduzida participação na receita.

Será através desta constatação, também conhecida como Lei de Pareto, que será utilizada a curva ABC na administração do inventário. Os produtos A são alguns poucos itens que têm um grande faturamento; os produtos B são produtos que têm uma participação menor na receita do que os produtos A; e nos produtos C está classificada uma grande variedade e quantidade de itens que representam somente uma pequena parcela do faturamento.

Como consequência, o gerente deve acompanhar de perto, com todo cuidado possível, os produtos A, dando atenção mediana aos produtos B e fazendo um acompanhamento não tão cuidadoso dos produtos C. Assim, a curva ABC hierarquiza os estoques da empresa, selecionando-os de acordo com o grau de importância para o faturamento.

Em cada classificação, o gerente poderá empregar técnica específica de gestão de estoques. A determinação de quais produtos estarão classificados em A, B ou C é bastante simples, o que torna a curva ABC bastante atrativa para ser utilizada por qualquer empresa.

O primeiro passo é classificar todos os produtos por ordem decrescente de receita, utilizando informações históricas, como, por exemplo, as do último exercício social. Em empresas industriais, a curva ABC também poderá ser utilizada para matérias-primas, tomando como base de classificação o valor ou o uso projetado.

Após a classificação, os valores da receita são somados um a um, do produto que representa a maior contribuição ao faturamento ao produto com menor valor monetário. A soma dos valores da receita, que na estatística é denominada *frequência acumulada*, mostra que a receita da empresa, acumulada por produto, cresce em proporções cada vez menores à medida que vão sendo agregados itens com menor receita. Em geral, a receita acumulada segue o desenho da Figura 8.5, onde os primeiros produtos contribuem com grande parte do faturamento.

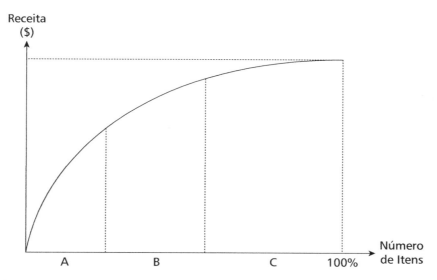

Figura 8.5 *Curva ABC.*

A Figura 8.5 mostra que ao se classificar os estoques em ordem decrescente de receita e somar estes valores, alguns poucos são responsáveis pela grande maioria do faturamento. Estes produtos estão na primeira parte da figura e, conforme já comentado anteriormente, são denominados *produtos A*.

Resta saber a partir de qual produto ter-se-ia a divisão entre A, B e C, existindo diversas possíveis regras na separação dos produtos. Sugere-se que os produtos da categoria A sejam compostos pelos primeiros 10% em tamanho de receita, o que, em geral, deve representar cerca de 70% da receita. Os produtos B seriam compreendidos pelos 20% seguintes e devem representar 20% da receita. Finalmente, os produtos C seriam compreendidos por 70% dos produtos em estoque, mas contribuem com uma pequena parcela da receita, algo em torno de 10%.

A curva ABC corresponde à curva de Pareto, assim nomeada devido ao economista italiano que percebeu a existência de uma elevada concentração de renda: alguns poucos ricos detinham a maior parte da renda nacional. Esse fenômeno tem sido observado em diversas situações, inclusive na gestão de estoques.

A classificação pode variar de empresa para empresa, embora o fenômeno de concentração de receita em alguns poucos produtos seja comum a todas. Determinada a curva ABC, poder-se-á trabalhar com ênfase e técnicas diferentes para cada um dos itens.

Assim, nos produtos A, a empresa pode utilizar técnicas complexas de controle e gestão de estoques, enquanto que nos produtos C dificilmente tais técnicas sejam recomendadas. Além disto, políticas de preço e quantidade de estoque poderão ser diferentes para cada uma das categorias.

A utilização da curva ABC e o retorno sobre investimento em estoque poderá mostrar que produtos de linhas diferentes têm retornos diferentes. Como, em geral, produtos A apresentam um giro muito maior que produto da linha C, pode-se dizer que em princípio aqueles produtos têm uma rentabilidade superior a estes.

Uma alternativa para gestão de estoques nesta situação é reduzir o investimento em estoques de produtos C e, consequentemente, seu nível de serviço, sem grande perda de faturamento para a empresa.

Em algumas situações particulares, a utilização da curva ABC, conforme preconizada anteriormente, pode trazer alguns problemas à gestão de estoques e, portanto, devem ser tomados alguns cuidados.

Existem alguns produtos que são básicos para empresa, mas que poderão estar classificados na categoria C, por exemplo. Estes produtos pouco representativos em termos de receita podem ser importantes por serem, por exemplo, puxadores de venda. Em situações de produção, determinada matéria-prima pode ter um baixo custo, sendo, portanto, classificada como item C, mas por ser gargalo da produção, o controle de sua estocagem torna-se tão ou mais importante que produtos da linha A. Nesta situação, estes produtos deverão ser considerados – mesmo não sendo – da linha A.

Uma segunda situação pode ocorrer quando o fator mais importante na gestão do estoque para a empresa não for a geração da receita. Quando, por exemplo, uma empresa tem como o mais relevante fator limitante a estocagem do produto, provavelmente um controle financeiro sobre venda não seja adequado. Neste caso, pode-se adotar em lugar da receita na classificação ABC o tamanho, em metros quadrados, do estoque.

A curva ABC física é uma interessante adaptação da curva ABC tradicional, onde a preocupação básica é com a quantidade vendida de cada estoque, deixando de considerar a contribuição monetária. Entretanto, geralmente, a curva ABC física não substitui a curva ABC obtida através da receita.

8.4 POLÍTICA DE ESTOQUES ATRAVÉS DE DEMONSTRATIVOS CONTÁBEIS

As informações apresentadas nas Demonstrações Contábeis podem fornecer valiosas informações sobre a política de estoques de determinada organização. Para mostrar como se pode analisar tal política a partir destes demonstrativos, considere uma empresa com as seguintes informações:

	(t_1)	(t_2)
Estoques (em 31-12)	$ 450	$ 480
Vendas	$ 14.870	$ 14.550
Custo da Mercadoria Vendida	$ 13.830	$ 13.480

Esta empresa apresentou um prazo médio de estocagem de 11,7 e 12,8 dias, em t_1 e t_2:

$$\text{PME } t_1 = \frac{450}{13.830} \times 360 = 11,7 \text{ dias}$$

$$\text{PME } t_2 = \frac{480}{13.480} \times 360 = 12,8 \text{ dias}$$

Portanto, o giro de estoques da empresa diminui de 30,7 vezes para 28,1 vezes:

$$\text{Giro } t_1 = \frac{360}{11,7} = 30,7 \text{ vezes}$$

$$\text{Giro } t_2 = \frac{360}{12,8} = 28,1 \text{ vezes}$$

Esta é uma típica análise de política de estocagem efetuada através de demonstrativos contábeis, concentrando-se no cálculo de prazo de estocagem e/ou giro de estoques. Não se estabelece relação alguma com o fluxo de caixa, com o ciclo operacional ou com a necessidade de capital de giro.

Foi comentado em outros capítulos que o aumento no prazo de estocagem tende a diminuir o fluxo de caixa gerado com as operações, a aumentar o ciclo operacional da empresa e, por consequência, aumentar a necessidade de capital de giro. Ao longo deste livro foram sempre enfatizados as inter-relações existentes na análise da liquidez de uma empresa.

Ao analisar a política de estocagem de uma empresa, inclusive quando esta análise se der através de demonstrativos contábeis, deve-se sempre relacionar com a política global de liquidez. Ao longo deste livro, e particularmente nos capítulos de análise e dimensionamento do investimento em capital de giro e de fluxos de caixa, tal assunto foi extensamente abordado.

Como o assunto é gestão de estoque, é interessante estudar os três itens apresentados acima sob a ótica do retorno do investimento em estoque (RSIE) e do lote econômico de compra.

O retorno sobre o investimento em estoque, para t_1 e t_2, é:

$$\text{Margem } t_1 = \frac{14.870 - 13.830}{14.870} = 7\%$$

$$\text{Margem } t_2 = \frac{14.550 - 13.480}{14.550} = 7,4\%$$

$$\text{RSIE } t_1 = \frac{0,07 \times 30,7}{1 - 0,07} = 2,31$$

$$\text{RSIE } t_2 = \frac{0,074 \times 28,1}{1 - 0,074} = 2,25$$

O RSIE da empresa reduziu de 2,31 para 2,25, o que significa que a empresa está obtendo um retorno menor sobre o investimento realizado em estoque. Tal comportamento da rentabilidade do inventário ocorreu apesar do aumento na margem de 7% para 7,4%, sendo particularmente justificado pela redução no giro de estoques, de 30,7 para 28,1 vezes.

No capítulo anterior, foi discutido que o lote econômico de compra pode ser obtido através da seguinte fórmula:

$$Q^* = \sqrt{\frac{2 V Cp}{Ce}} \qquad\qquad 8.2$$

onde se tem que o nível ótimo de pedido (Q^*) depende das vendas (V), do custo do pedido (Cp) e do custo de estocagem (Ce). Comentou-se que o nível ótimo de estocagem leva a um estoque médio que corresponde à metade do lote econômico de compra. Portanto,

Estoque médio $= Q^*/2$

$$\text{Estoque médio } = 2\sqrt{\frac{2\,V\,Cp}{Ce}}$$

8.3

Tomando-se o primeiro período, em que o giro de estoque foi menor, e considerando-se que o estoque de $ 450 representa o estoque médio, tem-se, aplicando a equação 8.3, que:

$$450 = 2 \times \sqrt{\frac{2 \times 14.870 \times Cp}{Ce}}$$

$225 = 172,45\ (Cp/Ce)^{0,5}$

$(Cp/Ce) = 1,70225$

Utilizando a relação (Cp/Ce) obtida no período t_1 para calcular o estoque médio ótimo para o período t_2, tem-se:

$$\text{Estoque} = 2 \times \sqrt{2 \times 14.550 \times 1,70225} = 445$$

Significa dizer que a empresa deveria, mantendo o mesmo custo de estocagem e de pedido, ter um estoque de $ 445 para vendas de $ 14.550. Entretanto, o estoque existente na empresa no final de t_2 é de $ 480, indicando um excesso de estoque de $ 35. Tal excesso de estoque traduziu-se num menor giro de estoque e, conforme mostrado anteriormente, num menor retorno sobre investimento em estoque.

Um cuidado adicional deve ser tomado no que diz respeito à relação entre o lote econômico de compra e o retorno sobre o investimento. Caso o estoque fosse efetivamente de $ 445, o giro de estoque e o RSIE seriam, para t_2, de:

$$\text{Giro} = \frac{13.480}{445} = 30,29 \text{ vezes}$$

$$\text{RSIE} = \frac{0,074 \times 30,29}{1 - 0,074} = 2,42$$

Assim, o RSIE obtido com o lote econômico de compra (2,42) foi superior ao RSIE efetivamente obtido no período t_1 em decorrência do giro de estoque.

8.5 RETORNO SOBRE O CICLO FINANCEIRO

Anteriormente, mostrou-se que o retorno sobre o investimento em estoque (RSIE) é uma medida que relaciona o giro de estoque com a margem. Mais ainda, este índice mostra qual foi o lucro obtido com cada unidade monetária investida na empresa em seu estoque.

Desta forma, o RSIE é um indicador rico sobre a política de estocagem de uma empresa, auxiliando o administrador a visualizar melhor a relação entre o prazo de estocagem, a margem e o retorno obtido. Para finalizar o capítulo, procura-se, aqui, expandir o conceito do RSIE proposto inicialmente.

A título de exemplo, considere uma situação em que uma empresa compra um produto por $ 8.000 e o vende por $ 10.000 obtendo uma margem de 20%. Suponha também um prazo de estocagem de um mês e venda a vista. Neste caso, o RSIE é dado por:

$$\text{RSIE} = \frac{0,20 \times 1}{1 - 0,20} = 0,25$$

Suponha que a empresa passe a efetuar suas vendas concedendo um prazo médio de 30 dias. Nesta situação, o ciclo financeiro passa a ter a configuração apresentada na Figura 8.6.

Figura 8.6 *Exemplo de ciclo financeiro.*

Observe que, nestas circunstâncias, a empresa investe recursos não somente para aquisição do estoque, mas também para financiar seu cliente. Ampliando a visão do retorno sobre investimento em estoque, deve ser considerado que a partir deste instante a empresa tem investimento em duplicatas a receber.

Deste modo, a análise pelo ciclo financeiro da empresa torna-se mais importante e abrangente. Considerando-se que a empresa efetua compra a cada mês, tem-se o seguinte fluxo de caixa para os próximos meses:

Mês	Estoques ($)	Duplicatas a Receber ($)	Fluxo de Caixa Acumulado $)
0	8.000	0	− 8.000
1	8.000	10.000	− 16.000
2	8.000	10.000	− 14.000
3	8.000	10.000	− 12.000
4	8.000	10.000	− 10.000
5	8.000	10.000	− 8.000
6	8.000	10.000	− 6.000
7	8.000	10.000	− 4.000
8	8.000	10.000	− 2.000
9	8.000	10.000	0

Nesta situação, a empresa investiu $ 16.000 em seu ciclo financeiro pela compra de seus estoques e financiamento de seus clientes através das duplicatas a receber. No exemplo, o ciclo financeiro é de dois meses e corresponde à soma do prazo médio de recebimento e do prazo médio de estocagem. Deste modo, o giro financeiro é de 0,5.

Utilizando o conceito de giro financeiro, pode-se calcular o retorno sobre o ciclo financeiro (RSCF), conforme a equação 8.4.

$$RSCF = \frac{\text{Giro Financeiro} \times \text{Margem}}{1 - \text{Margem}}$$ 8.4

sendo

Giro Financeiro = 1/Ciclo Financeiro

$$RSCF = \frac{0,5 \times 0,2}{1 - 0,2} = 0,125$$

Desta forma, a cada unidade investida no ciclo financeiro, a empresa obtém $ 0,125 de retorno por mês. Outra forma de obter o mesmo resultado é comparar o retorno monetário obtido por cada unidade vendida ($ 2.000, no caso) com o investimento máximo necessário ($ 16.000 – ver quadro anterior, coluna do fluxo de caixa acumulado), conforme apresenta a equação 8.5.

$$RSCF = \frac{\text{Lucro Bruto}}{\text{Investimento Máximo}}$$ 8.5

RSCF = 2.000/16.000 = 0,125

Neste caso, o valor do investimento máximo também pode ser obtido, de forma mais fácil, pela equação 8.6.

| Investimento Máximo = Ciclo Financeiro × Custo da Mercadoria Vendida | 8.6 |

O leitor deve ter notado que a concessão de um prazo de pagamento para os clientes faz aumentar o ciclo financeiro e, consequentemente, reduzir o retorno obtido por cada unidade monetária investida no ciclo financeiro.

Suponha agora que a empresa compre a prazo e venda a vista. Sendo, *por exemplo*, o prazo de estocagem de dois meses e o prazo de pagamento a fornecedores de um mês, tem-se a situação apresentada na Figura 8.7.

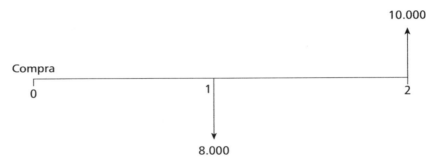

Figura 8.7 *Exemplo de ciclo financeiro.*

Neste caso, a empresa é financiada durante um mês por seus fornecedores, o que reduz as necessidades de recursos a serem investidos em estoque. Aqui, o ciclo financeiro é obtido pela diferença entre o prazo médio de estocagem e o prazo médio de pagamento a fornecedores, ou seja, corresponde a um mês.

A situação dos estoques, das duplicatas a pagar e do fluxo de caixa é apresentada abaixo:

Mês	Estoques	Duplicatas a Pagar	Fluxo de Caixa Acumulado
0	8.000	8.000	0
1	16.000	8.000	– 8.000
2	16.000	8.000	– 6.000
3	16.000	8.000	– 4.000
4	16.000	8.000	– 2.000
5	16.000	8.000	0

Desta forma a empresa necessitou de investimentos da ordem de $ 8.000 e obtém, a cada mês, um retorno de $ 2.000. O retorno sobre o ciclo financeiro é dado pela relação entre o retorno obtido pela inversão máxima necessária, conforme a equação 8.4:

$$RSCF = \frac{\$\ 2.000}{\$\ 8.000} = 0,25$$

ou, de outra forma, o retorno sobre o investimento realizado no ciclo financeiro depende do giro deste ciclo e da margem praticada pela empresa (equação 8.3):

$$RSCF = \frac{1 \times 0,2}{1 - 0,2} = 0,25$$

Desta forma, um acréscimo no retorno sobre o ciclo financeiro pode ser obtido pela redução do prazo médio de estocagem e do prazo médio de recebimento das vendas ou através do aumento do prazo médio de pagamento a fornecedores. Esta alteração no ciclo financeiro pode, inclusive, compensar uma redução eventual na margem da empresa.

De outro modo, uma empresa poderá aumentar suas vendas através da redução de sua margem – e por consequência no preço –, mantendo o mesmo retorno, através da adequação de seu ciclo financeiro.

De certa forma, o retorno sobre o ciclo financeiro, conforme enunciado neste capítulo, integra toda a administração da liquidez de uma empresa, sendo um importante indicador da gestão financeira de curto prazo.

EXERCÍCIOS

Questões

1. Em situações onde a economia apresenta baixos níveis de inflação, a empresa deve-se preocupar com avaliar o impacto da variação de preços nos seus resultados?

2. O que é perda de estocagem não realizada? Quando esta perda será realizada?

3. Qual a relação entre investimento em estoque e nível de serviço?

4. Quais os dois fatores que afetam o retorno de um investimento em estoque?

5. Explique como a curva ABC pode ajudar a empresa a gerenciar seus estoques.

6. É possível relacionar a curva ABC (Figura 8.5) com o nível de serviço (Figura 8.3)?

7. Relacione o retorno sobre o ciclo financeiro e a necessidade de capital de giro (vide Capítulo 3).

Problemas

1. Considere a seguinte demonstração da movimentação de estoque de uma empresa, apurada segundo o custo de reposição:

($ Mil)

	Período 1	Período 2
Receita	400,00	400,00
Custo de Reposição	– 350,00	– 360,00
Ganho de Estocagem Realizado	0	10,00
Lucro Realizado	50,00	50,00
Ganho não Realizado	0	40,00
Lucro Corrente não Realizado	50,00	90,00

Faça uma breve análise sobre este resultado.

2. A Caldense apresentou a seguinte movimentação no seu estoque:

Dia 1º – Compra de 40 unidades por $ 20,00 cada.

Dia 30 – Venda de 20 unidades por $ 30,00. Nesta data, o custo de reposição era de $ 19 por unidade.

Apure o lucro usando o custo de reposição.

Avaliação da Decisão de Estocagem **255**

3. Um supermercado trabalha com um prazo de estocagem de 15 dias e margem de 10%. Uma loja de móveis possui prazo de estocagem de 4 meses e margem de 30%. Qual das duas empresas é mais rentável?

4. Uma *empresa* possui as seguintes informações sobre seus estoques:

Produto	Receita Mensal ($)	Produto	Receita Mensal ($)	Produto	Receita Mensal ($)
A	89	I	183	Q	426
B	875	J	258	R	591
C	1.188	K	94	S	493
D	142	L	125	T	115
E	235	M	309	U	652
F	27	N	232	V	454
G	54	O	172	W	354
H	91	P	59	X	642
				Y	367
				Z	48

Faça uma classificação ABC para os produtos desta empresa.

5. A Cia. Patense possui um prazo de estocagem de dois meses, um prazo de pagamento a fornecedores de um mês e um prazo de cobrança de um mês. A margem praticada é de 20% para um custo médio de $ 40,00 por unidade.

a. Determine o investimento máximo no ciclo financeiro.

b. A empresa está estudando a aceitação de cartão de crédito. Isso deve aumentar o prazo de recebimento para dois meses. Qual deve ser o aumento na margem para manter a mesma rentabilidade?

c. Para a situação proposta, qual o valor do investimento marginal?

RESPOSTAS DOS PROBLEMAS

Capítulo 1

1. Resposta no manual de soluções disponível no *site* da Editora

2.
	31.12.x7	30.11.x7
LC	2,32	2,65
LS	1,46	1,66

3. 2,62

4. a) $LC = 2,0$; b) sim

5. $LS = 1,15$; LI 0,25; LPond = 2,82

6. Líq. ponderada: 0,98

   Duration: 15,0; 22,0; 40; 195

Capítulo 2

1. Origens = 6.829; Aplicações = 7,089; Variação Caixa = – 260

2. FCO = 2.619; Disponível em 31/12 = 6.651

3. A WT GRANT era, até 1975, uma grande empresa comercial estadunidense. A incapacidade de gerar fluxo de caixa com as operações levou à sua falência, apesar dos bons índices de rentabilidade, de liquidez e de endividamento. Para uma análise mais

detalhada, ver o artigo Fluxo de Caixa e DOAR publicado no *Caderno de Estudos da FIPECAFI* (1994) e no *Boletim do IBRACON* (Dezembro de 1994) de César Augusto Tibúrcio Silva et al.

4. O índice consegue prever a falência.

5. Fluxo de caixa das atividades negativo.

6. A primeira empresa está no início das operações. A segunda é uma empresa na segunda fase do ciclo de vida. Já as empresas D e E estão na parte final do ciclo de vida.

Capítulo 3

1. NIG = 836 e 952,8; SD = (407,1) e (359); CCL = 477 e 545,7

2. NIG = 4.400; NTFP = 73.200

3. NIG = 5.000; 5.000; –30.000; SD = 10.000; –10.000; 10.000; NTFP = 125.000; 145.000; 125.000; CCL = 15.000; – 5.000; – 20.000

4. NIG = 6,3 milhões ou 76 dias de vendas.

5. NIG em Dias de Vendas = \$ 11,25 mil; Novo NIG = $11,25 \times (1.500/30) = 562,5$ mil

6. a) NIG médio = 93,42; desvio = 14,20

   b) Estoques = 29,33; Clientes = 123,83; Fornecedores = 59,75

   c) Corr = – 0,67

   d) NIG médio = 93,42

Capítulo 4

1. Caixa Mínimo = 5.000

2. 7 operações, sendo que cada resgate será de R\$ 140,00

3. Situação 1 = 3; Situação 2 = 4; Situação 3 = 5; Situação 4 = 6

4. $h^* = 29,36$

5. $h^* = 23,30$; $h^* = 36,99$; $h^* = 20,89$

6. $h^* = 500$

Capítulo 5

1. a) Lucro marginal = 468.000; b) Aceitar

2. a) 13.800; b) 9.440; c) 28.000; d) 68.000; e) 18.000; f) 18.000; g) VPL = 76.400; h) sim

3. a) e b) Resposta no manual de soluções disponível no *site* da Editora; c) 38%

4. Como existe uma redução de 2% no número de clientes pode-se confrontar o resultado sem investigação, R$ 160,00, e o resultado com análise discriminante, R$ 171,50. Assim, 160 < 171,50 × 0,98, significando que ainda assim vale a pena investigar.

Capítulo 6

Atenção: Questões 1 e 4 são conceituais. Respostas no manual de soluções disponível no *site* da Editora.

2. a) 23,3 e 22,5; b) 33.750

3. DRV = 21,7 – 28,5 – 45,1 – 48,4; Variação Venda = 13.815; – 39.986; – 10.269; Variação na cobrança = 21.249; 28.908; 5.030

5. Vantajoso. Redução volume de insolvente de $ 2.282.

Capítulo 7

1. a) 32,86; b) 16,43; c) 657,56; d) 657,58; e) 1,3144 dias; f) 91,43; g) 79,46 unidades

2. 64 unidades. A 95% tem-se 1,68 × 50 = 84 unidades ou 20 unidades adicionais. Isto leva a um investimento adicional de R$ 80,00.

3. 4.000/3.885; 5.000/3.394; 7.500/6.800; 2.564/1.675

4. a) 2.500 unidades; b) > $ 0,3061

5. Situação padrão = 2 meses; situação 1 = 3 meses; situação 2 = 4 meses

6. Produto k

	6º	7º	8º
Necessidade			20
Estoque			– 4
Líquido			16
Realizado		16	

Produto M

	3º	4º	5º	6º
Necessidade				16
Estoque				6
Líquido				10
Realizado		10		

Produto L

	1º	2º	3º	4º	5º	6º
Necessidade			14			32
Estoque			3			0
Líquido			11			32
Realizado	11			32		

Produto N

	2º	3º	4º	5º	6º
Necessidade		10			60
Estoque		8			0
Líquido		2			60
Realizado	2			60	

Capítulo 8

1. Ganhos iguais no primeiro período.

   No segundo período, o lucro realizado deve-se ao ganho de estocagem (compra antes do aumento de preços).

2. Perda de estocagem = $ 20

   Lucro realizado = $ 200

   Lucro não realizado = $ 180

3. Supermercado = 0,222; Móveis = 0,107

4.

Produto	Faturamento	Soma Acumulada	Participação Acumulada
C	1.188	1.188	14,36
B	875	2.063	24,93
U	652	2,715	32,81
X	642	3.357	40,57
R	591	3.948	47,71
S	493	4.441	53,67
V	454	4.895	59,15
Q	426	5.321	64,30
Y	367	5.688	68,74
W	354	6.042	73,02
M	309	6.351	76,75
J	258	6.609	79,87
E	235	6.844	82,71
N	232	7.076	85,51
I	183	7.259	87,72
O	172	7.431	89,80
D	142	7.573	91,52
L	125	7.698	93,03
T	115	7.813	94,42
K	94	7.907	95,55
H	91	7.998	96,65
A	89	8.087	97,73
P	59	8.146	98,44
G	54	8.200	99,09
Z	48	8.248	99,67
F	27	8.275	100,00

A segregação em ABC pode ser feita, por exemplo, da seguinte forma: Produtos CBU-XRSV, que representam 60% do faturamento, seriam da linha A

5.   a) Investimento máximo = 2 × 40,00 = R$ 80,00 por produto

b) RSCF atual = [0,5 × 0,2/0,8] = 0,125

0,125 = [0,333 × Margem] / [1 – Margem] ⇒ Margem = 27,27%

c) Investimento marginal = 3 × 40 = R$ 120,00 por produto.

BIBLIOGRAFIA

ALMEIDA, Ronaldo Schimidt G. de. *Demonstração dos fluxos de caixa*: fundamentos, aspectos normativos, elaboração e análise. 2001. Dissertação (Mestrado) – Universidade de Brasília, Brasília.

ARMSTRONG, David. Sharpening inventory management. *Harvard Business Review*. Harvard, 1985.

ASSAF NETO, Alexandre. *Estrutura e análise de balanços*. 10. ed. São Paulo: Atlas, 2011.

_____; MARTINS, Eliseu. *Administração financeira*. São Paulo: Atlas, 1996.

_____. *Matemática financeira e suas aplicações*. 11. ed. São Paulo: Atlas, 2009.

_____. *O fluxo de caixa e sua importância para gestão empresarial*. Temática Contábil e Balanços. São Paulo: IOB, 1989.

BAUMOL, William J. The transactions demand for cash: an inventory theoretic approach. *Quarterly Journal of Economics*. Nov. 1952.

BEAVER, William. Financial Ratios as predictors of Failure. *Journal of Accounting Research*, p. 71 -111, 1966.

CAOUETTE, John et al. *Gestão do risco de crédito*. Rio de Janeiro: Qualitymark, 1999.

EMERY, Gary; COGGER, Kenneth O. The measurement of liquidity. *Journal of Accounting Research*. Chicago: University of Chicago, v. 20, nº 2, Autumn 1982.

FENSTERSEIFER, Jaime E.; HOPPEN, Norberto. Sobre alguns modelos de lote econômico de compras com inflação. *Revista de Administração de Empresas*. Rio de Janeiro: FGV, v. 25, nº 2, abr./jun. 1985.

FLEURIET, Michel. *A dinâmica financeira das empresas brasileiras*. Belo Horizonte: Consultoria Empresarial e Fundação Dom Cabral, 1980.

GALLINGER, George; HEALEY, P. Basil. *Liquidity analysis and management*. Reading: Addison-Wesley, 1991.

JENSEN, Michael. The agency costs of free cash flow corporate finance and takeovers. *American Economic Review*. Nashville: American Economic Association, maio, 1986.

JONES, Daniel. JIT & the EOQ model. *Management Accounting*, Montvale: National Association of Accountants, v. 17, nº 8, 1991.

KEYNES, John M. *A teoria geral do emprego, do juro e da moeda*. São Paulo: Atlas, 1990.

KIM, Yong; SRINIVASAN, Venkat. *Advances in working capital managament*. Greenwich: Jai, 1991. v. 2.

MANESS, Terry; ZIETLOW, John. *Short-term financial management*. Minneapolis: West, 1993.

MARTINS, Eliseu; ASSAF, Alexandre. *Administração financeira*. (Livro de Exercícios). São Pauto: Atlas, 1986

MEHTA, Dileep R. *Administração do capital de giro*. São Paulo: Atlas, 1974.

MILLER, M. H.; ORR, Daniel. A model of the demand for money by firms. *Quarterly Journal of Economics*, Aug. 1966.

MORRIS, James R. The role of cash balances in firm valuation. *Journal of Financial and Quantitative Analysis*, v. 18, nº 4, Dec. 1983.

MULFORD, Charles; COMSKEY, Eugene. *Financial warnings*. New York: John Wiley, 1996.

MULLER, Max. *Essentials of inventory management*. New York: Amacom, 2003

PARKINSON, Kenneth; KALLBERG, Jarl. *Corporate liquty*. Homewood: Irwin, 1993.

PEREIRA, Airton Gil Paz. *Tudo sobre cadastro, crédito e cobrança*. São Paulo: Nobel, 1990.

SAGNER, James S. *Essentials of working capital management*. Hoboken: John Wiley, 2011.

SANVICENTE, Antonio Z. *Administração financeira*. São Paulo: Atlas, 1987.

SARTORIS, William; HILL, Ned. A generalized cash flow approach to short-term financial decisions. *The Journal of Finance*, 38, p. 349-360, May 1983.

SCHERR, Frederick. *Modern working capital management*. Englewood Cliffs: Prentice Hall, 1989.

SILVA, César Augusto Tibúrcio. Estimativa de créditos de liquidação duvidosa. *IOB*. Temativa contábil, Balanços. São Paulo: IOB, 1984.

_____. *Contribuição ao estudo do capital de giro a partir do retorno sobre o ciclo financeiro*. Tese (Doutoramento) – Faculdade de Economia e Administração. São Paulo: FEA/USP, 1996.

_____. Custo de oportunidade para o comércio. *Temática contábil e balanços*, nº 24, São Paulo: IOB, 1996.

_____. Fluxo de Caixa e DOAR. *Caderno de Estudos da FIPECAFI* (1994).

SILVA, Sergio E. Dias da. *Gerência financeira*. São Paulo: Saraiva, 1991.

SMITH, Keith V.; GALLINGER, George. *Readings on short-term financial management*. 3. ed. St. Paul: West, 1988.

TAVARES, Ricardo F. *Crédito e cobrança*. São Paulo: Atlas, 1988.

WHITE, Gerald et al. *Financial statements*. New York: John Wiley, 1998.

ÍNDICE REMISSIVO

A

Abrangência do fluxo de caixa, 34
Administração de contas bancárias, 120
Administração de valores a receber, 125
Administração do capital de giro, 1
Administração do disponível, 99
Administração financeira de estoques, 196
Aging, 175
Alternativas de financiamento do capital de
    giro, 18
Alternativas de investimentos em giro, 13
Amortização dos passivos, 50
Análise, 169
Análise da alteração da política de crédito,
    132
Análise da relação risco e retorno, 163
Análise de balanços, 144
Análise de crédito por pontuação, 141
Análise de Markov, 191
Análise discriminante, 143
Análise do fluxo de caixa, 38, 53
Análise dos modelos de administração de
    caixa, 114
Análise e controle de valores a receber, 169
Análise e dimensionamento dos investimentos,
    65
Análise multiperíodo na concessão de crédito,
    154

Aperto de liquidez, 7
Aplicação financeira, 25
Apuração do fluxo de caixa, 38
Apuração do fluxo de caixa por balanços
    consecutivos, 40
Ativo circulante financeiro, 67
Ativo circulante operacional, 67
Avaliação da decisão de estocagem, 235

B

Balanço patrimonial, 3, 74
Balanço patrimonial ajustado, 75

C

Caixa mínimo, 101
Caixa mínimo operacional, 103
Cálculo de necessidades de investimento em
    capital de giro a partir do ciclo financeiro,
    81
Cálculo do índice de inadimplência, 176
Capital de giro, 1
Capital de giro (circulante) líquido (CCL), 5,
    73, 74
Capital de giro líquido negativo, 7
Capital de giro líquido positivo, 6
Capital de giro permanente, 4
Capital de giro próprio, 8
Capital de giro sazonal, 4

CAPM, 99
Características econômicas particulares de cada setor, 196
Causas das movimentações na carteira de valores a receber, 178
CCL, 5
Centralizar ou descentralizar, 121
Ciclo econômico, 12
Ciclo financeiro, 12
Ciclo financeiro da empresa, 81
Ciclo financeiro e econômico, 11
Ciclo operacional, 8, 12
Ciclo operacional de uma empresa industrial, 9
Ciclo operacional e necessidades de recursos, 10
Cinco C's do crédito, 140
Circulante financeiro, 66
Circulante operacional, 66
Circulante permanente (não cíclico), 66
Cobertura de dívidas, 54
Cobertura de investimentos, 55
COE, 218
Compensação e sistema brasileiro de pagamentos, 120
Comportamento do fluxo de caixa, 57
Comportamento fixo e sazonal, 4
Concessão de crédito, 139
Concessão de desconto, 129
Conciliação entre o *just-in-time* e o lote econômico de compra, 225
Conflito risco-retorno, 12
Crédito, 125
Créditos duvidosos e cronologia dos valores a receber, 171
Crescimento do CCL, 21
Cronologia das contas realizáveis, 172
Curva ABC, 244
Custo da falta, 215
Custo da informação, 155
Custo da informação – uso da árvore de decisão, 157
Custo de estocagem, 199, 204
Custo de estocagem total, 200
Custo de falta, 211
Custo de interrupção (CI), 206
Custo de oportunidade, 217
Custo de oportunidade em investimento em estoque, 217
Custo de oportunidade esperado (COE), 218
Custo do pedido, 199
Custo do pedido total, 201

Custo-meta, 224
Custo total de estocagem, 204

D

Decisão de concessão de crédito pela análise das demonstrações contábeis, 144
Decisão de concessão pelo sistema de pontuação, 141
Demanda constante, 198
Demonstração de origens e aplicações de recursos – DOAR, 47
Demonstrações contábeis do cliente, 145
Desconto, 208
Despesa com devedores, 128
Despesas de cobrança, 127
Despesas operacionais, 231
Desvio-padrão do NIG, 95
Determinação da duração (*duration*), 28
Determinístico, 214
Dinâmica do *overtrading*, 88
Distribuição normal, 215, 216
Dois tipos de custo, 199
Duplicatas descontadas, 74
Duração da aplicação financeira, 28
Duração de empréstimos, 29
Duração de estoques, 29
Duração de fornecedores, 29
Duração de valores a receber, 28
Duration, 163, 164
Duration e liquidez, 25
Duration para política de crédito, 164
DVR – dias de vendas a receber, 173, 175

E

Efeito tesoura, 91
Elementos de uma política de crédito, 128
Empréstimos, 26
Equilíbrio financeiro, 14, 15, 79
Especulação, 100
Estabelecendo o limite de crédito, 145
Estoque, 230
Estoque de segurança, 214
Estoques, 26
Estoques com inflação, 236
Estoques com variações específicas de preços, 237
Estoques em situações de variações de preços, 236
Estrutura alternativa de maior risco, 20
Estrutura alternativa de menor risco, 19
Estruturação de um sistema de concessão de

Índice Remissivo

crédito, 148
Estrutura das taxas de juros, 16
Estrutura de financiamento, 79
Estrutura de risco mínimo, 18
Estudo comparativo da carteira de duplicatas a receber, 187
Estudo da transição do risco de crédito, 185

F

Falta planejada, 210
Float, 121
Flutuações e financiamento dos ativos, 76
Fluxo de caixa, 26, 33, 41, 100
Fluxo de caixa efetivo, 44
Fluxo de caixa operacional, 48, 50
Fluxo de caixa proveniente das operações, 37
Fluxo de caixa residual, 52
Fluxo de materiais, 230
Fluxo do capital circulante líquido, 47
Fluxo indireto, 46
Fluxos de caixa incrementais, 51
Fluxos de caixa (situação atual e proposta), 135
Fluxo sobre lucro, 57
Fluxos operacionais, 37
Folga financeira, 7
Forma como estão estruturadas as empresas, 130
Fornecedores, 26
Frequência acumulada, 245

G

Geração interna de caixa, 37
Gestão de risco de crédito, 185
Giro dos valores a receber, 169, 170
Goodwill, 211

I

Ilustrações de estruturas patrimoniais, 70
Indicador de liquidez empresarial, 20
Índice de inadimplência, 171
Índice de liquidez de caixa, 58
Inflação, 182
Inflação e investimento em estoques, 212
Investimento, 134
Investimento em estoque, 127, 196, 217
Investimento fixo, 67
Investimentos de capital, 127
IR pago, 45

J

Just-in-time (JIT), 196, 221

L

Lead time, 223
LEC simplificado, 219
Legais, 37
Lei de Pareto, 244
Liquidez corrente, 22
Liquidez imediata, 22
Liquidez seca, 22
Lote econômico de compra (LEC), 198, 199
Lote econômico de compra – situação de desconto, 210

M

Manufacturing Resources Planning II – MRP II, 226
Matriz de correlação, 151
Matriz de correlação dos clientes insolventes, 151
Matriz de correlação dos clientes solventes, 151
Matriz de transição (T), 188
Medidas financeiras, 127
Mensurando a liquidez da empresa, 116
Método direto, 47
Método indireto, 47
Modelo de Baumol, 104
Modelo de dia da semana, 113
Modelo de Miller e Orr, 108
Modelo de precificação de ativos (*capital asset pricing model* – CAPM), 99
Modelo Miller-Orr, 109
Moderna teoria de carteiras, 99
MRP II (*Manufacturing Resources Planning II*), 226
Mudança da política de crédito, 136

N

Natureza e definições da administração do capital de giro, 2
Necessidade de capital de giro, 65
Necessidade de investimento em capital de giro, 68
Necessidade de investimento em capital de giro com base em dias de vendas, 85
Necessidade de investimento em capital de giro (NIG), 81
Necessidades totais de recursos, 15

Necessidade total de financiamento permanente (NTFP), 69, 77
Nível de serviço, 216
NTFP, 69

O

Optimized Production Technology (OPT), 230
Origens e aplicações de caixa, 39
Os grupos patrimoniais operacionais, financeiro e permanente, 66
Overtrading, 87
Overtrading – superexpansão das vendas, 87

P

Padrões de crédito, 128
Pagamentos a fornecedores, 45
Pagamentos de despesas, 45
Passivo circulante financeiro, 67
Passivo circulante operacional, 67
Passivo permanente, 67
Perda inflacionária, 182
PERL, 119
Política de cobrança, 128
Política de crédito, 127, 162
Política de estoques através de demonstrativos contábeis, 247
Política de venda do fornecedor, 197
Ponto de recompra, 203
Ponto de retorno, 108
Possibilidade de exaustão das reservas líquidas – PERL, 119
Prazo de crédito, 130
Prazo de estocagem, 235
Prazo médio de cobrança (PMC), 82
Prazo médio de estocagem das matérias-primas (PME), 82
Prazo médio de fabricação (PMF), 82
Prazo médio de pagamento a fornecedores (PMPF), 83
Prazo médio de pagamento das despesas operacionais (PMPD), 83
Prazo médio de venda (PMV), 82
Pré-alta, 213
Precaução, 100
Probabilidade de pagamento, 130
Processo de controle, 169
Proteção contra perdas inflacionárias, 197

Q

Quadro de transição, 188

R

RAROC, 163
Razões para demanda de caixa, 100
Recebimento de vendas, 44
Recebimento instantâneo do estoque, 198
Recurso gargalo, 231
Recurso não gargalo, 231
Redução da complexidade do processo produtivo, 224
Redução da movimentação do estoque, 223
Redução na quantidade comprada dos fornecedores, 223
Redução no número de defeitos, 222
Redução no número de fornecedores, 223
Referências bancárias e comerciais, 156
Relação entre giro e margem, 243
Relação entre medidas financeiras e elementos de uma política de crédito, 131
Relação entre nível de serviço e investimento em estoque, 239
Restrição do prazo, 130
Retorno do patrimônio líquido, 54
Retorno sobre ativo, 56
Retorno sobre investimento em estoque, 239
Retorno sobre o ciclo financeiro (RSCF), 250, 251
Retorno sobre o investimento em estoque (RSIE), 242
Retorno sobre vendas, 56
Retorno total, 55
Risco de insolvência da empresa, 79
Risco na decisão de crédito, 162
RSCF, 251
RSIE, 242

S

Saldo de disponível (SD), 67, 70
Saldo máximo de caixa, 108
Saldo mínimo, 108
Sincronia do ciclo financeiro, 91
Sincronia do NIG, 92
Sistema brasileiro de pagamentos (SBP), 120
Sistema de concessão de crédito, 147
Situação de produção, 206
Situações especiais do lote econômico de compra, 206

T

Taxa de queima, 57
Taxas de retorno para diferentes situações de risco, 14

Teorema do limite central, 216
Transação, 100

V

Valores a receber, 26, 182
Valores a receber em dias de vendas, 173
Valores a receber em inflação, 158
Variabilidade da demanda, 215

Variação do poder aquisitivo, 182
Variações na carteira de valores a receber, 179
Variações na cobrança, 180
Variações nas vendas, 179
Variações nos valores a receber, 179
Volatilidade e financiamento do investimento necessário em capital de giro, 76